Deutsch *aktiv* Neu

Ein Lehrwerk für Erwachsene

Grundstufe 2
Lehrbuch

Deutsch *aktiv* Neu

Ein Lehrwerk für Erwachsene

Grundstufe in 2 Bänden

GS 2 Lehrbuch

Kapitel 13–24

Kees van Eunen, Josef Gerighausen, Gerd Neuner, Theo Scherling, Reiner Schmidt und Heinz Wilms

LANGENSCHEIDT

BERLIN · MÜNCHEN · WIEN · ZÜRICH · NEW YORK

Zeichnungen und Layout: Theo Scherling
Umschlaggestaltung: Theo Scherling, unter Verwendung eines Fotos des Presse- und Informationsamts der Bundesregierung, Bonn
Redaktion: Gernot Häublein
Verlagsredaktion: Hans-Reinhard Fischer

Deutsch aktiv Neu
Ein Lehrwerk für Erwachsene

Ausgabe in 3 Bänden	**1 A** (Kapitel 1–8)	**1 B** (Kapitel 9–16)	**1 C** (Kapitel 17–24)
Lehrbuch	49100	49120	49140
Arbeitsbuch	49101	49121	49141
Lehrerhandreichungen	49102	49122	49142
Glossare			
Deutsch–Englisch	49103	49123	49143
Deutsch–Französisch	49104	49124	49144
Deutsch–Griechisch	49109	49129	49149
Deutsch–Italienisch	49105	49125	49145
Deutsch–Polnisch	49108	49128	49148
Deutsch–Portugiesisch	49113	–	–
Deutsch–Rumänisch	49112	49132	–
Deutsch–Russisch	49111	49131	49151
Deutsch–Spanisch	49106	49126	49146
Deutsch–Türkisch	49107	49127	49147
Cassetten			
1 Hörtexte	84550	84555	84560
2 Sprechübungen **und**	84551	84556	–
Begleitheft	49110	49130	–
Folien	84552	84557	84562
Ausgabe in 2 Bänden	**GS 1 Lehrbuch** (Kapitel 1–12) 49160	**GS 2 Lehrbuch** (Kapitel 13–24) 49165	
	GS 1 Arbeitsbuch (Kapitel 1–12) 49161	**GS 2 Arbeitsbuch** (Kapitel 13–24) 49166	

 = Dieser Text aus dem Lehrbuch ist wörtlich auf den Cassetten 1 zu 1 B und 1 C aufgezeichnet.

 = Zu diesem Abschnitt des Lehrbuchs enthalten die Cassetten 1 zu 1 B und 1 C zusätzliche Hörmaterialien.

Druck: 5. 4. 3. | Letzte Zahlen
Jahr: 94 93 92 | maßgeblich

Druck: Druckhaus Langenscheidt, Berlin
Printed in Germany · ISBN 3-468-49165-4

Inhaltsverzeichnis

Kapitel 13 11

● **Verständigungsbereiche (Notionen)**
Zwang / Notwendigkeit / Abhängigkeit: Aktionen / Reaktionen zu Bitte, Befehl, Aufforderung, Handlungsanleitung
Qualität: Eigenschaften von Produkten und Maschinen
Raum: Bewegung / Richtung – Ruhezustand

● **Intentionen**
Auffordern: bitten, befehlen, raten, anleiten, erklären (Dienstleistungen, Handlungsanweisungen, Rezepte, Bedienungsanleitung, Verkehrshinweise)

● **Situationen**
Chef – Untergebene am Arbeitsplatz; Küchenchef am Arbeitsplatz; Fachmann für Kopiergeräte vor Laienpublikum; Verkehrsminister an Autofahrer / Urlaubsreisende

A **Texte und kommunikative Aufgaben**

A1 Feuer für den Chef! 11
A2 Bitte machen Sie mit! 12
A3 So wird Püree zubereitet 13
A4 Frisches Püree 13
A5 EP 50 14
A6 Sie sollten die verkehrsreichen Tage meiden 15
A7 „Ein schöner Tag" 16

B **Grammatik und grammatische Übungen**

B1 Der Imperativ 18
B2 Der Konjunktiv mit „würd-" 18
B3 Das Passiv: Form 19
B4 Das Passiv: Präsens 19
B5 Passiv ⟷ Aktiv: Bedeutung 20
B6 Passiv mit „Agens"-Nennung 20
B7 Aktiv mit Indefinitpronomen 21
B8 Passiv bei Modalverben 21
B9 Passiv im Nebensatz 21
B10 Aufforderungen 22
Übungen Ü1 bis Ü6 23

Kapitel 14 24

● **Verständigungsbereiche (Notionen)**
Vergleich (Entsprechung – Unterschiedlichkeit) –
im Qualitativen: Merkmale, Eigenschaften, Bewertungen (körperlich und geistig): Menschen, Deutsche – Franzosen, Männer – Frauen
im Quantitativen: Fläche, Einwohnerzahl usw. der deutschsprachigen Länder

● **Intentionen**
Bewunderung / Vorliebe ausdrücken, begründen, rechtfertigen, relativieren, korrigieren

● **Situationen**
Beim Schönheitswettbewerb

A **Texte und kommunikative Aufgaben**

A1 Die Schönheit des menschlichen Körpers oder: die Komparation im Deutschen 24
A2 Rocka ist die Schönste 25
A3 Deutschsprachige Länder 26
A4/5 Die Deutschen und die Bundesrepublik 28
A6 Franzosen und Deutsche 31
A7 Frauensache – Männersache? 32
A8 „Seltsamer Spazierritt" 33

B **Grammatik und grammatische Übungen**

B1 Die Graduierung des Adjektivs: Formen 34
B2 Der Vergleich (1–4) 35
B3 Reflexive Verben (mit Reflexivpronomen) 37
B4 Das Verb und die Ergänzungen (4): Verbativergänzung 37
Übungen Ü1 bis Ü5 38

Kapitel 15 39

● **Verständigungsbereiche (Notionen)**
Identität: ausgedrückt durch Kleidung, Aussehen, Sprache, Handlungsweise von Personen
Qualität: Merkmale, Eigenschaften von Klima, Wetter, Kleidung
Quantität: Zahlen zur Bevölkerungsentwicklung in der Bundesrepublik, zur Verbreitung der deutschen Sprache im Ausland

A **Texte und kommunikative Aufgaben**

A1 Ob wir den wohl erkennen? 39
A2 Wie willst du das wissen? 41
A3 Einbrecher kam während der Party 41
A4 Ist das etwa Lehmann? – Nein, glaub ich nicht. 44
A5 Es soll kalt bleiben 45
A6 Zählung soll Klarheit schaffen 46
A7 Blaschkes haben ausländische Gäste 47

● **Intentionen**

Überzeugung, Vermutung, Zweifel, Nichtwissen in bezug auf Personen und Handlungsweisen, Witterungsverhältnisse ausdrücken

● **Situationen**

Vor, während und nach einer Party; zwei Personen beobachten einen Fremden / Bekannten auf der Straße; Start zu einer Urlaubsreise; ausländische Gäste zu Besuch

B Grammatik und grammatische Übungen

B1 Futur I und Futur II: Formen 48
B2 Konjunktiv II der Modalverben: Formen 48
B3 Futur I und Futur II: Bedeutung und Gebrauch ... 49
B4 Konjunktiv II der Modalverben: Bedeutung und Gebrauch 49
Übungen Ü1 bis Ü7 50

Kapitel 16 51

● **Verständigungsbereiche (Notionen)**

Wiederholung

Identität, Qualität: Porträt Steffi Graf
Zeitrelationen: Nach 400 000 Kilometern ohne Führerschein jetzt verurteilt
Merkmale, Eigenschaften, Wertungen: Warum nicht deutsch?, Kinderschutzbund
Quantität, Vergleich: Essen und Trinken

A Texte und kommunikative Aufgaben

A1 Porträt Steffi Graf 51
A2 400 000 Kilometer ohne Führerschein 53
A3 Warum nicht deutsch? 53
A4 Essen und Trinken in der Bundesrepublik Deutschland 54
A5 „Der Kinderschutzbund" 55
A6 „Der Verkäufer und der Elch"/„Der spannende Teil folgt im Labor" 56

B Grammatik und grammatische Übungen

B1 Das Verb und die Ergänzungen (5): Präpositionalergänzung 57
B2 Das Verb und die Ergänzungen (6): Genitivergänzung 57
B3 Wortbildung (1) 58
B4 Wortbildung (2) 59
B5 Wortbildung (3) 59
Übung Ü1 60

Unregelmäßige Verben: Stammformen 61

Kapitel 17 63

Thema 1: Generationen

A1 Peter Bichsel, *Die Tochter* 64
A2 Bei den Eltern wohnen oder ausziehen? – Zwei Interviews 67
A3 „Bei uns ist das anders!" Elham Abdel Attif, *Petra denkt anders* 68

Thema 2: Sprache in Texten I

A4 *Vermißtes Kind schlief in einem Schneehaufen* 69
A5 Was ist ein Text? 70

Situation: Auf der Bank 71

Grammatik

B1 Passiv (Wiederholung und Ergänzung) 72
B2 Vorgangspassiv und Zustandspassiv 72
B3 Partizip I: Bildung 72
B4 Partizip II und Partizip I als Attribut 73
B5 Partizip II und Partizip I: Grundbedeutung 73
B6 Partizipialkonstruktionen mit Partizip II und Partizip I 73
B7 Partizipialkonstruktion und Relativsatz 74
B8 Der Konjunktiv II (gebildet vom Präteritum): Formen 75
B9 Der Konjunktiv II (gebildet vom Plusquamperfekt): Formen 75
B10 Der Konjunktiv II: Gebrauch 76
Übungen Ü1–Ü8 77

Wortschatz

B11–16 Zusammengesetzte Substantive (Komposita) 79
Übungen Ü9–Ü14 79

Kapitel 18 81

Thema 1: Familie, Soziale Beziehungen
A1 Ernst Jandl, *familienfoto* 82
A2 Gespräch mit Knut und Ulla Kokoschka 83
A3 GRIPS-Theater Berlin, *Lied der Kinder* 84

Thema 2: Sprache in Texten II
A4 *Mann fing Kind* 85
A5 *Der kluge Affe* 86

Situation: Auf der Polizeiwache 87

Landschaften und Literatur I
„Literarische Landkarte" 88
Der Rattenfänger von Hameln 89

Grammatik
B1 Direkte und indirekte Frage 90
B2 Sätze als Ergänzungen 92
Übungen Ü1–Ü6 93

Wortschatz
B3 Verwandtschaftsbezeichnungen, Lebensdaten 96
Übungen Ü7–Ü9 96

Kapitel 19 97

Thema 1: Reisen I
A1 Joseph von Eichendorff, *Aus dem Leben eines Taugenichts* 98
A2 Joseph von Eichendorff, *Das zerbrochene Ringlein* 101
A3 Tülin Emircan, *Entfremdung* 102

Thema 2: Bildung · Ausbildung
A4 Bertolt Brecht, *Lernen – wozu?* 103
A5 *„Ich pauke und vergesse"* 104
A6 Chancen auf dem Arbeitsmarkt / Berufswünsche junger Leute 105
A7 Interview mit der Buchhändlerin und Studentin Anne G. 106
A8 Hildesheimer Volkshochschule 108

Thema 3: Sprache in Texten III
A9 „Bei Versuchen mit Neugeborenen..." 109

Situation: Öffentliche Verkehrsmittel
1 Flughafen 110
2 Taxi 111

Grammatik
B1 Stellung der Satzglieder: Vorfeld – Mittelfeld (– Nachfeld) 112
B2 Satzglieder im Vorfeld 112
B3 Satzglieder im Mittelfeld 113
B4 Dativergänzung und Akkusativergänzung im Mittelfeld 114
B5 Zusätzliche Angaben im Vorfeld und im Mittelfeld 115
Übungen Ü1–Ü6 116
Wortschatz
B6 Berufsbezeichnungen 117
Übung Ü7 117
B7 Unterrichts- und Studienfächer 118

Kapitel 20 119

Thema 1: Medien
A1 Interview mit Gerlinde Geffers 120
A2 Ein neuer Rundfunksender stellt sich vor 121
A3 Radiosendung *„Kinder als Kunden"* 122

Thema 2: Arbeit und Beruf
A4 *Krise bei Kohle und Stahl* 123
A5 *Aufruf zu friedlichem Miteinander* 124
A6 *Maschinenschlosser Anke kommt mit den Jungens bestens zurecht* 125
A7 Peter Bichsel, *Die Beamten* 126

Grammatik
B1 Präpositionalergänzungen nach Substantiv, Adjektiv, Verb 130
B2 Direkte Rede – Indirekte Rede (Redewiedergabe) 131
B3 Konjunktiv I (Präsens) 131
B4 Indirekte Rede: Indikativ *oder* Konjunktiv I (Präsens) *oder* Konjunktiv II (Präteritum) *oder* „würde"-Form 132
B5 Konjunktiv I (Perfekt): Formen 134
B6 Konjunktiv I (Perfekt): Gebrauch 134

Situation: An der Grenze 127

Landschaften und Literatur II
Die Loreley 128

Übungen Ü1–Ü5 135

Wortschatz
B7 Die Wortfamilie *Arbeit / arbeiten / Arbeiter* ... 136
Übungen Ü6–Ü7 136

Kapitel 21 137

Thema 1: Frauen / Männer
A1 Jungen – Mädchen 138
A2 Ehefrau, Hausfrau, Mutter: Christel Dorpat, *Ein Vormittag* 139
A3 Ursula Krechel, *Meine Mutter* 141

Thema 2: Lernen und Gedächtnis
A4 Verstehen, Behalten, Vergessen 142
A5 Das menschliche Gedächtnis 143
A6 Tips zum Üben und Lernen 145

Thema 3: Sprache in Texten IV
A7 Josef Guggenmos, *Ich male mir den Winter* . 146

Situation: Auf der Post 148

Grammatik
B1 Der Adversativsatz 149
B2 Koordination von Sätzen 149
B3 Mehrfache Subordination von Sätzen 150
B4 Attribute I 150
Übungen Ü1–Ü6 151

Wortschatz
B5 Wortbildung: Komposita 153
Übungen Ü7–Ü12 153
B6 „als" 154

Kapitel 22 155

Thema 1: Politik und Politiker
A1 *Demokratie – ja, Politiker – nein.* 156
A2 Interviews über Politiker 157
A3 Das politische System der Bundesrepublik .. 158
A4 Vor einer Landtagswahl 158
A5 Nach der Landtagswahl: Ergebnisse und Folgen 159

Thema 2: Reisen II
A6 Romantisches Heidelberg 160
A7 Drei Tage in Heidelberg 160
A8 Ein romantisches Lied: Joseph Viktor von Scheffel, *Alt Heidelberg, du feine...* 161
A9 Ulrich Greiner, *Mein Liebste ist verschwunden* 162

Situation: An der Tankstelle 163

Landschaften und Literatur III
Die sieben Schwaben 164

Grammatik
B1 Funktionsverb-Gefüge 165
B2 Nebensätze mit „ohne daß / ohne...zu" 166
B3 Nebensätze mit „anstatt daß /anstatt...zu" .. 166
B4 Attribute II 166
B5 Reziproke Verben 167
Übungen Ü1–Ü5 168

Wortschatz
B6 Ansichten / Meinungen ausdrücken 169
B7 Zusammengesetzte Adjektive 169
Übungen Ü6–Ü9 169
B8 un- = „nicht / ohne" 170

Kapitel 23 171

Thema 1: Tourismus, Urlaub, Freizeit
A1 Massentourismus 172
A2 Dieselbe Meldung – zwei Zeitungen 172
A3 Interview mit einem Tourismus-Experten ... 173
A4 Kurt Tucholsky, *Die Kunst, falsch zu reisen* ... 174

Grammatik
B1 Konstruktion mit „sein zu..." 181
B2 Konstruktion mit „haben zu..." 181
B3 Modalverben: Partizip II 182
B4 Nebensätze ohne Konjunktion 183

A5 „Was machen Sie in Ihrer Freizeit?" (Interview) ... 175

Thema 2: Die Heide
A6 Lüneburger Heide ... 176
A7 Johann Wolfgang von Goethe, *Heidenröslein* ... 177
A8 Johann Wolfgang von Goethe, *Erlkönig* ... 178

Situation: Im Hotel ... 180

Übungen Ü1–Ü5 ... 184

Wortschatz
B5 Zeitangaben ... 185
Übungen Ü6–Ü7 ... 185

Kapitel 24 ... 187

Lieder und Spiele
1 Fredrik Vahle, *Die Krähe* ... 188
2 Ein Gruppenspiel – ein Partnerspiel ... 189

Eine Detektivgeschichte
3 Wolfgang Ecke, *Der Bildband* ... 190

Bilder, Vergleiche, Redensarten
4 Tierische Welt ... 191

Spiele
5 Ein Dialogspiel und ein Spielprojekt ... 193

Bezeichnungen für Werkzeuge und Geräte
6 Der Mensch: Geschöpf – Herrscher – ...? ... 194

Kritisches Gedicht / Satirische Karikatur
7 Jürgen Theobaldy, *Kleinstadtgedicht* ... 196
8 *Stau-Versorger* ... 196

Landschaften und Literatur IV
9 *Eulenspiegel* ... 197

1

Ü1 Spielen Sie „Auffordern"

- einen Stuhl bringen
- die Zeitung geben
- Bier holen
- Herrn X rufen
- .....

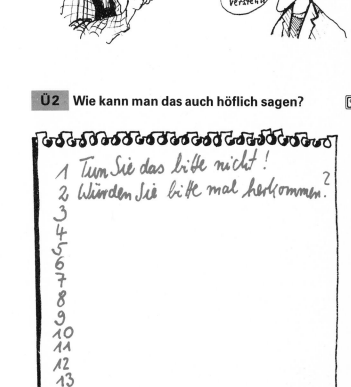

Uwe Timm

Erziehung

laß das
komm sofort her
bring das hin
kannst du nicht hören
hol das sofort her
kannst du nicht verstehen
sei ruhig
faß das nicht an
sitz ruhig
nimm das nicht in den Mund
schrei nicht
stell das sofort wieder weg
paß auf
nimm die Finger weg
sitz ruhig
mach dich nicht schmutzig
bring das sofort wieder zurück
schmier dich nicht voll
sei ruhig
laß das

wer nicht hören will
muß fühlen

Ü2 Wie kann man das auch höflich sagen?

1 Tun Sie das bitte nicht!
2 Würden Sie bitte mal herkommen?
3
4
5
6
7
8
9
10
11
12
13
14
15
16
17
18
19
20

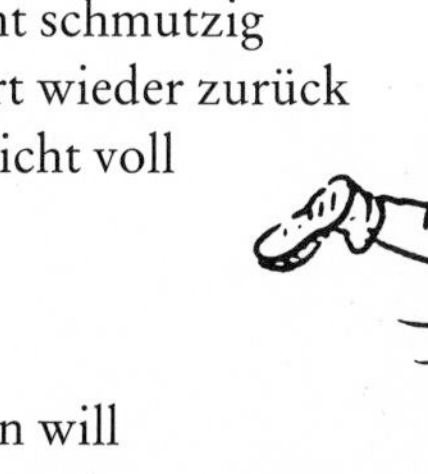

2 Bitte machen Sie mit!

Sie sollen eine Figur zeichnen, bemalen, ausschneiden und zusammenfalten.
Nehmen Sie bitte ein Stück Pappe:

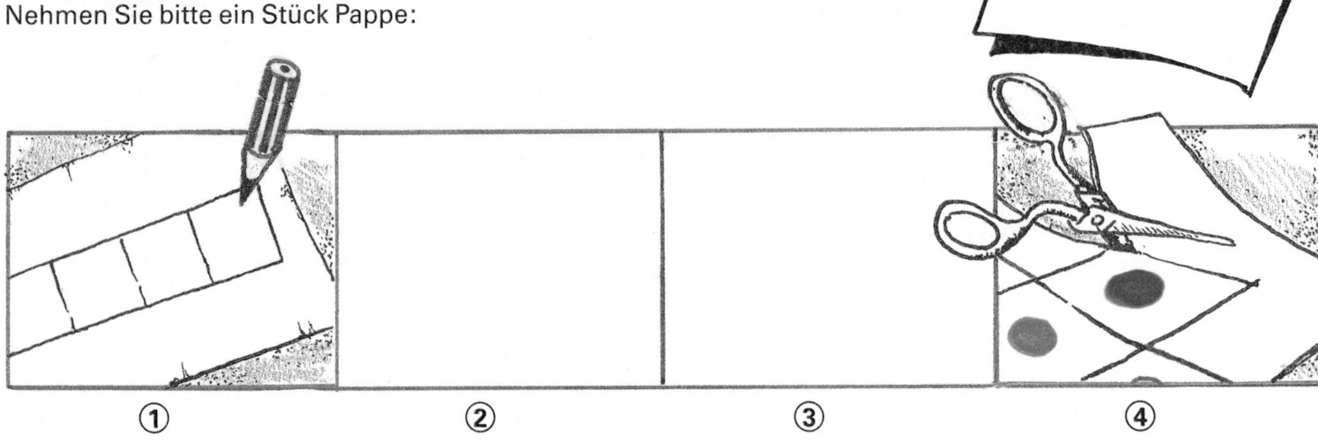

① Zeichnen Sie vier Quadrate (Seitenlänge 3 cm) mitten auf diese Pappe. Die Quadrate sollen in einer Linie von links nach rechts nebeneinanderliegen.

② Zeichnen Sie je ein Quadrat über und unter das dritte Quadrat von links. Malen Sie auf diese beiden Quadrate einen blauen Kreis.

③ Malen Sie auf das erste und dritte Quadrat von links einen roten Kreis und auf das zweite und vierte Quadrat einen grünen Kreis.

④ Jetzt schneiden Sie bitte die ganze Figur aus und machen daraus einen Körper. Die bunten Kreise sollen nach außen zeigen.

Wenn die blauen, roten und grünen Kreise auf den gegenüberliegenden Flächen sind, dann haben Sie die Aufgabe richtig gelöst!

Ü 3 Ein Zeichenspiel

Ein Kursteilnehmer bekommt ein Bild (ein Beispiel ist in den *Lehrerhandreichungen*). Er/Sie beschreibt nun das Bild, die anderen Kursteilnehmer zeichnen es nach der Beschreibung:

„Rechts oben ist ein ..... . Sie zeichnen jetzt in die Mitte einen ...... Vorne rechts müssen Sie eine ..... malen ...“

Zum Schluß vergleichen sie alle ihre Bilder mit dem Originalbild.

3

So wird 1 Beutel MAGGI Flockenpüree zubereitet: (Packung enthält 2 Beutel)

1. ½ l Wasser mit ½ Kaffeelöffel Salz aufkochen.
2. Topf von der Kochstelle nehmen.
3. ¼ l kalte Milch und ein Stück Butter/Margarine zugeben. Bitte nicht mehr Milch verwenden als vorgeschrieben.
4. Püreeflocken kurz einrühren, ca. 1 Minute quellen lassen und noch einmal mit dem Kochlöffel durchrühren (nicht schlagen).

Ü4 – **Wissen Sie, wie Kartoffelpüree schmeckt? Ißt man es auch in Ihrem Land?**
– **Das „Maggi-Flockenpüree" ist schon fast fertig; man kann es sehr schnell zubereiten. Vergleichen Sie die Anweisungen 1.–4. mit den vier Bildern: Was gehört zusammen? Was kann man auf den Bildern nicht sehen?**

4

Frisches Püree!

Herr Roscher, der Küchenchef des „Hoberger Landhauses" in Bielefeld, meint, daß man sich auch bei einem einfachen Gericht wie dem Kartoffelpüree Mühe geben muß.

Hier die Reihenfolge seiner Arbeitsschritte:

Die Kartoffeln werden geschält und in Stücke geschnitten. Dann werden sie in Salzwasser gekocht und anschließend durch eine Kartoffelpresse gepreßt. Darüber wird heiße Milch mit Butter, Salz und Muskat gegossen.

Ü5 – **Beschreiben Sie: Wie macht Herr Roscher Kartoffelpüree?**
„Er schält die Kartoffeln ....."
– **Hören Sie jetzt das Interview mit dem Küchenchef. Vergleichen Sie seine Beschreibung mit den Arbeitsschritten / der Zeichnung oben.**

Ü6 – **Welches Kartoffelpüree ist einfacher zuzubereiten?**
– **Welches Kartoffelpüree schmeckt wohl besser: das von „Maggi" oder das von Herrn Roscher? Warum?**

Ü7 **Beschreiben Sie, wie *Sie* ein einfaches Gericht zubereiten.**

B3–7

Wasser mit 1/2 Kaffeelöffel Salz aufkochen.	Das Wasser wird mit 1/2 Kaffeelöffel Salz aufgekocht.
Topf von der Kochstelle nehmen.	Der Topf wird von der Kochstelle genommen.

5

EP 50

Für den normalen, kleinen Kopienbedarf gibt es jetzt den kleinen Normalpapier-Kopierer Minolta EP 50. Fürs Büro, für zu Hause – kurzum: für jeden Arbeitsplatz.

Die Bedienung
Klar und übersichtlich angeordnet sind die farbig gekennzeichneten Funktionstasten beim Minolta EP 50: die grüne Start-Taste, die orangefarbene Unterbrecher- bzw. Lösch-Taste, die blauen Kopienvorwahl-Tasten und der Kontrastregler. Die Ziffernanzeige zeigt die vorgewählte Kopienanzahl bis zu 19 Stück.

BEDIENUNGSELEMENTE UND ANZEIGELAMPEN

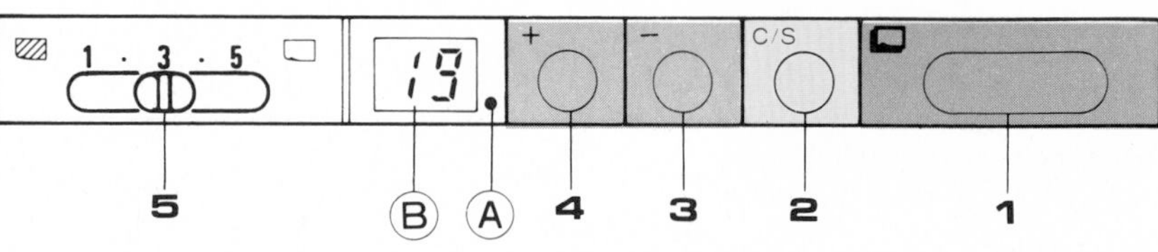

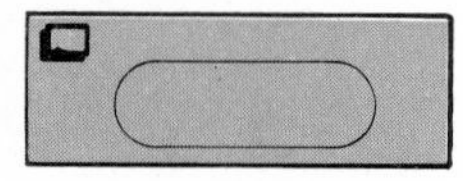
Kopiertaste

Durch Druck auf diese Taste wird ein Kopiervorgang ausgelöst.

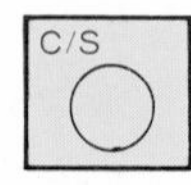

Lösch/Stopp-Taste

Durch einmaliges Drücken dieser Taste wird ein Mehrfachkopierablauf gestoppt. Nochmaliges Drücken setzt die Anzeige auf „1“ zurück.

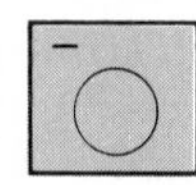

„–“-Taste

Vermindern der gewünschten Kopienzahl zwischen 1 und 19.

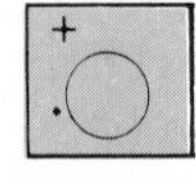

„+“-Taste

Erhöhen der gewünschten Kopienzahl zwischen 1 und 19.

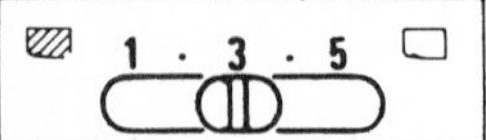

Belichtungsregler

Mit dem Belichtungsregler kann der Kontrast der Wiedergabe eingestellt werden.
Stellung „3“ paßt für normale Vorlagen.
Ist die Wiedergabe zu dunkel, muß der Belichtungsregler nach rechts, also in Richtung „5“, verschoben werden.
Ist die Wiedergabe zu hell, muß der Belichtungsregler nach links, also in Richtung „1“, verschoben werden.

Ü8

- **Wie viele Kopien produziert der Kopierer in diesem Augenblick?**
- **Können Sie die Tasten an diesem Apparat auf deutsch erklären?**

Ü9

Hören Sie jetzt die Erklärungen eines Fachmannes vom Tonband.

- **Wie schnell ist der Kopierer betriebsbereit?**
- **Was sagt der Fachmann zu den Tasten 2, 3, 4?**
- **Der EP 50 ist für den „normalen, kleinen Kopienbedarf“ – was bedeutet das?**

Ü10

Was machen Sie?

- **Das Original, das Sie kopieren wollen, ist sehr hell und blaß.**
- **Sie brauchen von einem Original 30 Kopien.**

Jedes Jahr dieselben Verkehrsprobleme!

6

Ü 11

Wenn zu viele Autos auf den Straßen sind, gibt es „Staus" und „Behinderungen"; d.h., man muß oft langsam fahren oder warten.

- **Warum gibt es am 16.–17. Juni Staus?**
- **Zwischen welchen Städten gibt es Verkehrsprobleme?**
- **Was ist ratsam? Was soll man tun?**
- **Wann kann man besser in Urlaub fahren?**
- **Wann und wo gibt es in *Ihrem* Land Verkehrsprobleme?**

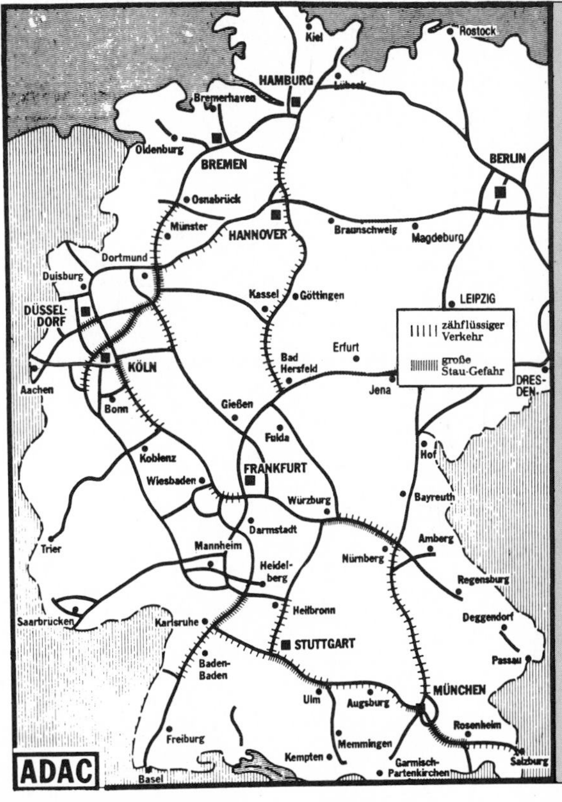

Stau-Prognose für 16./17. Juni

Mit starken Behinderungen

ist am Wochenende vor allem auf den Autobahnen in Baden-Württemberg (dort beginnen heute die Ferien), in Bayern und im Raum Köln zu rechnen. Diese graphische Übersicht zeigt die vom ADAC veröffentlichten „Stau-Strecken".
Auf der Fahrt in den Süden ist es ratsam, schon am Freitagnachmittag in diesen Staugebieten auf Nebenwege auszuweichen.
Wer in Ruhe seinen Urlaub beginnen will, sollte demnach am Dienstag oder Mittwoch starten.

Liebe Urlaubsreisende!

Ihr wohlverdienter Urlaub steht vor der Tür.
Wenn Sie im Familienrat beschlossen haben, Ihren Urlaubsort mit dem eigenen Fahrzeug anzusteuern, dann sollten Sie auf jeden Fall die verkehrsreichen Tage meiden. Obwohl das Autobahnnetz mittlerweile rd. 8.400 km lang ist und viele Baustellen in der Urlaubszeit aufgehoben werden, kommt es zur Ferienzeit immer wieder zu Staus und quälenden Stop-and-go-Fahrten. Tun Sie sich das nicht an; wählen Sie eine Fahrtroute, die weniger befahrene Landstraßen mit einschließt. Es lohnt sich, so ein bißchen mehr von unserem schönen Land kennenzulernen.
Mein Tip: Den Staus ausweichen und schon die Fahrt genießen. Denjenigen, die noch die Möglichkeit haben, sich zwischen der Fahrt mit dem Auto oder Motorrad und einer Bahnreise zu entscheiden, empfehle ich, sich in die Obhut der Deutschen Bundesbahn zu begeben. Denn mit der Bahn, z.B. im Autoreisezug, haben Sie nicht nur bei der An- und Abfahrt zum Urlaubsort zusätzliche Urlaubsentspannung. Vielfach sind auch die Kosten günstig, vor allem dann, wenn die besonderen Angebote gezielt wahrgenommen werden.
Mein Rat: Lassen Sie sich gegebenfalls von den Fachleuten der Eisenbahn informieren.
Einen schönen Urlaub und eine gute und sichere Fahrt wünscht Ihnen und Ihren Angehörigen

der Bundesminister für Verkehr

Ü 12

Hören Sie Rundfunk-Durchsagen zu Verkehrsstaus auf bundesdeutschen Autobahnen bei Beginn der Schulferien.

- **Wo sind die größten Staus?**
- **Was sollen die Autofahrer tun, die nach Süden in den Urlaub fahren?**

Ü 13 **Der Verkehrsminister gibt Ratschläge/Empfehlungen:**

„Sie sollten auf jeden Fall ..."
„Tun Sie sich das nicht an!"
(= Machen Sie das nicht, es ist nicht gut für Sie!)
„Wählen Sie ..."
„Mein Tip: ..."
„Ich empfehle ..."
„Mein Rat: ..."

- **Suchen Sie diese Ausdrücke im Text.**
- **Was rät der Minister?**

7

Ein schöner Tag

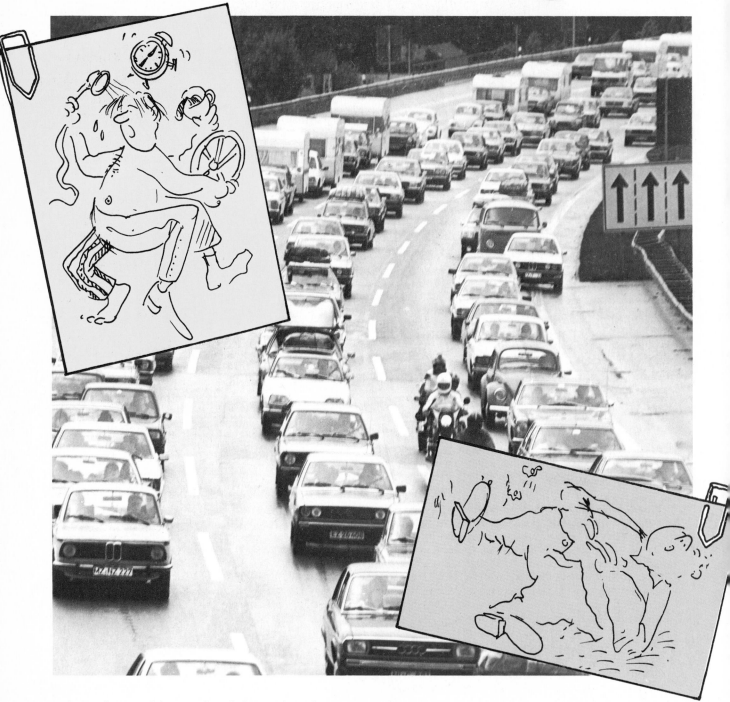

- Bitte lesen Sie noch nicht weiter!
  Die Bilder oben zeigen Ihnen: Einen großen Teil der Geschichte kennen Sie schon.
- Was sagen die beiden Zeichnungen? Zeigen sie verschiedene Personen?
  Oder ist es zweimal dieselbe Person?
- Was bedeutet die ganze Bildseite?
  Ist das eine schöne oder eine unangenehme Geschichte?
- Sie haben jetzt schon eine Idee von der Geschichte. Erzählen Sie!
- Vergleichen Sie nun den folgenden Text mit "Ihrer" Geschichte.

Liselotte Rauner

Ein schöner Tag

Es ist jeden Sonntag dasselbe. Früh um sechs Uhr: raus aus den Federn! Und dann geht die Hetze gleich los. Flink unter die Dusche! Schnell den Tisch decken! Rasch Kaffee trinken! Die Zeit drängt. Vater fährt schon den Wagen aus der Garage. Wartet ... und hupt. Die Fahrt ins Blaue ist wieder fällig. Wozu ist denn das Auto da? Damit man raus kommt aus der Stadt! Ins Grüne! An die frische Luft! Das ist ja so gesund für die Kinder!

Till ist fünf Jahre alt. Dieter ist zehn Jahre älter. Er wird dafür sorgen, daß der kleine Bruder sich nicht langweilt. Dieter denkt während der Fahrt an seine Freunde. Die dürfen um diese Zeit noch pennen. Treffen sich um zehn im Schwimmbad. Wollen am Nachmittag zu Ulla, die in ihrem Garten eine Party gibt. Und abends gehen sie alle ins Theater. Ohne Dieter. Der hat ja seine Familie. Der hat seine Ordnung. Dafür opfert Vater jeden Sonntag seine freie Zeit.

Die Fahrt geht zügig voran. Und dann kommt der erste Stau. Das kann lange dauern. Aber keiner stellt den Motor ab. Die Gase verpesten die Luft. Und es wird heiß im Wagen; denn es ist ein schöner Tag. Till fängt an zu weinen. Vater flucht. Und Mutter wird nervös, weil sie nicht helfen kann.

Doch nach einer halben Stunde geht es schon weiter. Aber die nächste Schlange hält etwas länger auf. Das wird dem kleinen Till nun doch zuviel. Er brüllt und tobt. Keiner kann ihn mehr beruhigen. Vater bewilligt endlich eine Pause!

Jetzt geht der Ärger erst richtig los. Das Bier ist warm. Die Milch ist sauer. Und der Kartoffelsalat ist verdorben. Zum Glück ist ein Lokal in der Nähe. Es ist sehr voll. Man muß zu lange auf das Essen warten. Soviel Geduld kann man von Vater nicht verlangen. Es ist ja auch noch Obst im Wagen. Und nun fährt Vater hinaus in die freie Natur. Es ist ein schöner Tag. Das Wetter könnte nicht besser sein.

Am Rande eines Waldes läßt man sich nieder. Eine Minute später liegt Vater in tiefem Schlaf. Mutter gönnt ihm die Ruhe. Sie sorgt dafür, daß die Kinder nicht stören. Die Heimfahrt wird auch wieder Nerven kosten. Das Radio meldet: Chaos auf allen Straßen in Richtung Ruhrgebiet.

Ü 14 **In dieser Geschichte sind viele Wörter und Wendungen für Tempo/Bewegung und Ruhe/Stopp. Notieren Sie bitte!**

raus aus den Federn!
Hetze
.....

pennen
Stau
.....

Ü 15

Können Sie die Geschichte zeichnen? Z. B. so:

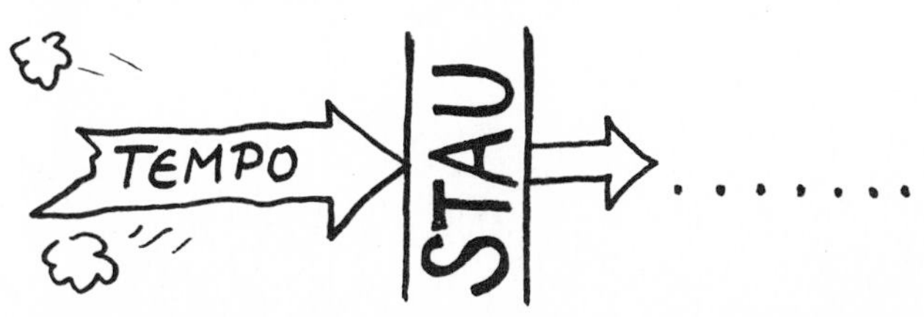

Ü 16

Ein Teil der Geschichte gehört nicht direkt zur Handlung? Welcher?

1 Der Imperativ

2. Gebrauch

Erziehung

nimm die Finger weg
sitz ruhig
mach dich nicht schmutzig
bring das sofort wieder zurück
schmier dich nicht voll
sei ruhig
laß das

1. Formen

Infinitiv	geben	nehmen	machen	sein	haben
Singular 2. Person	gib! geben Sie!	nimm! nehmen Sie!	mach! machen Sie!	sei! seien Sie!	hab! haben Sie!
Plural 1. Person 2. Person	geben wir! gebt! geben Sie!	nehmen wir! nehmt! nehmen Sie!	machen wir! macht! machen Sie!	seien wir! seid! seien Sie!	haben wir! habt! haben Sie!

Ü1

2 Der Konjunktiv mit „würd-"

1. Formen

Infinitiv		geben		
Singular				
1. Person	ich	würd-	e	geben
2. Person	du	würd-	est	geben
	Sie	würd-	en	geben
3. Person	er sie es	würd-	e	geben
Plural				
1. Person	wir	würd-	en	geben
2. Person	ihr	würd-	et	geben
	Sie	würd-	en	geben
3. Person	sie	würd-	en	geben
		würd-		**+ INFINITIV**

→ 10B1

2. Gebrauch

Würdest du … bitte … geben?
Würden Sie … bitte … geben?

Würdet ihr … bitte … geben?
Würden Sie … bitte … geben?

Ü1

Das Passiv: Form 3

Der Küchenchef erklärt:

Wie	wird	Kartoffelpüree	bereitet?
Die Kartoffel	wird		geschält.
Sie	wird	in kleine Stücke	geschnitten.
Die Kartoffeln	werden	in Salzwasser	gekocht.
Sie	werden	durch eine Kartoffelpresse	gepreßt.
Heiße Milch	wird	über die Kartoffeln	gegossen.
	werd-	+	PARTIZIP II

werd- + PARTIZIP II → PASSIV

Ü2

Das Passiv: Präsens 4

Infinitiv			gesehen werden	gekocht werden	vorbereitet werden
Singular					
1. Person	ich	werd- e	gesehen	—	vorbereitet
2. Person	du	wir - st	gesehen	—	vorbereitet
	Sie	werd- en	gesehen	—	vorbereitet
3. Person	er / sie / es	wird -	gesehen	gekocht	vorbereitet
Plural					
1. Person	wir	werd- en	gesehen	—	vorbereitet
2. Person	ihr	werd- et	gesehen	—	vorbereitet
	Sie	werd- en	gesehen	—	vorbereitet
3. Person	sie	werd- en	gesehen	gekocht	vorbereitet
		PRÄSENS von „werden“	**+ P A R T I Z I P II**		

Ü2

5 Passiv ←→ Aktiv: Bedeutung

Passiv

Die Kartoffel	wird	geschält.
Sie	wird	geschnitten.
Die Kartoffeln	werden	gekocht.
Sie	werden	gepreßt.

Verb im PASSIV

NOMINATIV-ERGÄNZUNG

Die Kartoffel	wird geschält.
A K T I O N	

Aktiv

Der Koch	schält	die Kartoffel.
Er	schneidet	sie.
Er	kocht	die Kartoffeln.
Er	preßt	sie.

Verb im AKTIV

NOMINATIV-ERGÄNZUNG

AKKUSATIV-ERGÄNZUNG

Der Koch	schält	die Kartoffel.
AKTEUR	A K T I O N	

Ü3

6 Passiv mit „Agens"-Nennung (selten) → 13B3

Die	Kartoffel	wird	**vom** (= **von** dem) Koch	geschält.
Das	Essen	wird	**vom** (= **von** dem) Ober	serviert.
Die	Wörter	werden	**von** der Lehrerin	erklärt.
			AKTEUR/AKTEURIN („Agens")	

Ü4

Aktiv mit Indefinitpronomen → 13B1 7

Der Küchenchef erklärt:

Wie	bereitet	man Kartoffelpüree?
Man	schält	die Kartoffel.
Man	schneidet	sie in kleine Stücke.
Man	kocht	die Kartoffeln in Salzwasser.
Man	preßt	sie durch eine Kartoffelpresse.
Man	gießt	heiße Milch über die Kartoffeln.

? ?
? **Man** ?
? ?

Verb im AKTIV

Ü4

Passiv bei Modalverben → 9B3 8

Der Kopierer	muß	zuerst	eingeschaltet	werden.
Der Kontrast	kann	mit dem Regler	eingestellt	werden.
Der Belichtungsregler	muß	nach rechts	geschoben	werden.
Die Vorlagen	müssen	auf die Glasplatte	gelegt	werden.
Die Kopien	können	jetzt	gemacht	werden.

Modalverb im AKTIV

Vollverb im INFINITIV PASSIV

PARTIZIP II + werden

Ü5

Passiv im Nebensatz → 9B4.2, 13B1, 13B6 9

Wir achten darauf,	**daß**	das Püree	langsam	erwärmt	**wird**.
Es ist wichtig,	**daß**	die Garzeit	nicht	überschritten	**wird**.
Auf der Packung steht,	**daß**	das Püree	beliebig	variiert	werden **kann**.
Der Koch sagt,	**daß**	die Milch	leicht	gesalzen	werden **kann**.

PARTIZIP II + werd- + MODALVERB

Ü6

13B

10 Aufforderungen

①

Anleitung

Aussagesatz (Aktiv)

Ich schalte den Kopierer ein.
Jetzt betätige ich die grüne Taste.
Wir wählen eine feste Kartoffel.
Wir stellen ein zweites Gefäß auf.
Man schält die Kartoffeln.

Du kommst jetzt (sofort) her!
Ihr lernt das auswendig!

②

Aussagesatz (Passiv)

Die Kartoffel wird geschält.
Sie wird in kleine Stücke geschnitten.
Die Kartoffeln werden gekocht.
Sie werden gepreßt.
Heiße Milch wird über die Kartoffeln gegossen.

Erklärung/Anleitung

③

Fragesatz

Kannst du nicht hören!?
Könnt ihr das nicht verstehen!?
Hast du mich (nicht) verstanden!?
Wann bist du endlich fertig!?
Warum dauert das so lange!?

Gibst Du mir (bitte) mal Feuer?
Hilfst Du mir (bitte)?

Bitte

④

Konjunktiv (im Fragesatz)

Würden Sie mir bitte Feuer geben?
Würdest du mich bitte mitnehmen?
Könntest du mal eben kommen?
Könnten Sie mir das erklären?

Sie sollten auf jeden Fall die verkehrsreichen Tage meiden.
Du solltest einmal zum Arzt gehen.

Rat

⑤

Infinitiv

½ Liter Wasser mit Salz aufkochen.
Topf von der Kochstelle nehmen.
¼ Liter kalte Milch zugeben.
Püreeflocken kurz einrühren.
Püree noch einmal durchrühren (nicht schlagen).

Anleitung

⑥

Imperativ

Faß das nicht an!
Sitz ruhig!
Nimm das nicht in den Mund!
Stell das sofort wieder weg!
Paß auf!

Zeichnen Sie vier Quadrate!
Schneiden Sie bitte die Figur aus!

Anleitung/Anweisung

Ü 1 Formulieren Sie Ihre Wünsche bitte:
a) als Befehl (mit dem Imperativ), b) als Bitte (mit dem Konjunktiv mit „würd-")

Beispiel: Ihr(e) Partner(in) soll das Fenster zumachen.
a) Mach das Fenster zu! b) Würdest du/Würden Sie bitte das Fenster zumachen?

Aufgabe: Ihr(e) Partner(in) soll 1. den Satz noch einmal wiederholen. 2. etwas ruhiger sein. 3. Ihnen seinen/ihren Bleistift geben. 4. Sie anrufen. 5. Brötchen mitbringen. 6. Sie in seinem/ihrem Auto mitnehmen. 7. Ihnen etwas zu trinken geben. 8. Sie vom Bahnhof abholen. 9. Ihnen den Weg zu seiner/ihrer Wohnung erklären. 10. die Rechnung bestellen. 11. ein Taxi rufen. 12. die Hotelrechnung bezahlen.

Ü 2 Erklären Sie bitte: Wie wird das gemacht?

Beispiel: Vier Quadrate auf die Pappe zeichnen.
Vier Quadrate werden auf die Pappe gezeichnet.

Aufgabe: 1. je ein Quadrat über und unter das dritte Quadrat von links zeichnen 2. auf diese beiden Quadrate einen blauen Kreis malen 3. die ganze Figur ausschneiden 4. die Quadrate zu einem Würfel zusammenfalten und zusammenkleben 5. ½ l Wasser mit ½ Kaffeelöffel Salz aufkochen 6. Topf von der Kochstelle nehmen 7. ¼ l kalte Milch und ein Stück Butter zugeben 8. Püreeflocken kurz einrühren 9. nach einer Minute das Püree noch einmal durchschlagen

Ü 3 Erklären Sie bitte:
a) Wie machen wir das? (AKTIV); b) Wie wird das gemacht? (PASSIV)

Beispiel: zunächst eine festkochende Kartoffel wählen
a) Zunächst wählen wir eine festkochende Kartoffel. **b) Zunächst wird eine festkochende Kartoffel gewählt.**

Aufgabe: 1. zuerst die Kartoffeln schälen 2. die Kartoffeln in kleine Stücke schneiden 3. die Kartoffeln in Salzwaser kochen 4. ein anderes Gefäß mit frischer Milch aufsetzen 5. die Milch mit einem guten Stück Butter „versetzen" 6. etwas Muskatnuß in diese Milch reiben 7. die Milch leicht salzen 8. das Kochwasser der Kartoffeln abgießen 9. die Kartoffeln durch die Kartoffelpresse pressen 10. heiße Milch über die gepreßten Kartoffeln gießen 11. die Milch mit einem Schneebesen unter die Kartoffeln unterrühren 12. zum Schluß das Püree mit dem Schneebesen richtig durchschlagen 13. wenn es nötig ist, noch etwas Milch nachgeben 14. so Kartoffelpüree bereiten

Ü 4 Erklären Sie bitte:

Dr. Oetker **Gala Pudding-Pulver**

1. Von ½ Liter kalter Milch 4 Eßl. abnehmen und damit das Pudding-Pulver und 2–3 gehäufte Eßl. Zucker anrühren.
2. Die übrige Milch zum Kochen bringen.
3. Die Milche von der Kochstelle nehmen, das angerührte Pudding-Pulver hineingeben und unter Rühren kurz aufkochen lassen.
4. Den Pudding in Gläser oder in eine Glasschale füllen und kalt stellen.

Dr. August Oetker

a) Wie macht man das?

b) Wie haben Sie das gemacht?

Beispiel:
a) Zuerst **nimmt man** von einem ½ Liter kalter Milch 4 Eßlöffel **ab**; dann .....
b) Zuerst **habe ich** von ½ Liter kalter Milch 4 Eßlöffel **abgenommen**; dann .....

Ü 5 Was kann/muß gemacht werden? Erklären Sie bitte →13A5

Der Kopiervorgang	mit der orangefarbenen Taste
Der Kopierer	mit dem Regler
Der Kontrast	zuerst
Der Belichtungsregler	nach rechts
Die Vorlagen	jetzt
Die Kopien	auf die Glasplatte
Die Bedienungsanleitung	sorgfältig
Die Kopienzahl	mit den blauen Tasten

beachten – einschalten – einstellen – eintippen – legen – machen – schieben – stoppen

Beispiel: Die Bedienungsanleitung **muß** sorgfältig **beachtet werden.**

Ü 6 Ergänzen Sie bitte den folgenden Lückentext (PASSIV-FORMEN mit/ohne Modalverben)

Für ein gutes Püree ist es wichtig, daß gute Zutaten __ __. Zuerst __ die Kartoffeln __ __. Dann __ sie in kleine Stücke __ __, damit die Garzeit nicht __ __. Die Kartoffeln __ in Salzwasser __. Gleichzeitig __ ein 2. Gefäß mit frischer Milch __, die auch leicht __ __ __. Wenn die Kartoffeln gar sind, __ das Kochwasser __ __. Danach __ die Kartoffeln durch eine Kartoffelpresse __ __. Jetzt __ die heiße Milch über die gepreßten Kartoffeln __ __. Die Milch __ dann mit einem Schneebesen unter die Kartoffeln __; dabei ist es wichtig, daß die ganze Masse kräftig __ __, damit eine schöne Konsistenz __ __. Das fertige Püree __ als Beilage zu vielen Gerichten __ __.

wählen – schälen – schneiden – überschreiten – kochen – aufsetzen – salzen – abgießen – pressen – gießen – unterrühren – schlagen – erreichen – servieren

1 Die Schönheit des menschlichen Körpers oder: die Komparation im Deutschen

○ Die beiden Sieger! Bravo!
● Ist sie nicht wunderschön?
○ Ja, aber er ist Spitzenklasse! Schau mal, die Beine: sagenhaft!
● Die sind doch viel zu dick! Der ganze Mann ist zu dick und schwer. Und der Kopf ist viel zu klein!
○ Der ist genau richtig. Er muß dick sein! Er ist ja doppelt so groß wie sie.
● Setz deine Brille auf! Er ist höchstens einen Kopf größer als sie.
○ Anderthalb! – Und sein Pokal ist auch viel größer und schöner.
● Mensch, Rocko, die Pokale sind doch gleich groß!
○ Na gut, sie sind beide schön, er und sie. Die schönsten Menschen in Europa. Bravo! Bravo!!! – Wie findest du mich eigentlich?
● Dich, Rocko??? Du meinst – deine Figur? Na ja, du hast schöne kurze, dicke Beine .....
○ Hoffentlich krieg ich auch mal einen Pokal dafür!

Deutsche Muskelfrau holte den Titel

23jährige Freiburgerin Monika Steiner wurde in Hamburg Europameisterin der Body-Builder

Die 23jährige Freiburgerin Monika Steiner(rechts) gewann bei den Europameisterschaften der Body-Builder
Samstagabend in Hamburg den Titel. Sie konnte sich bei der Muskelschau vor Mary Zengerling aus den
Niederlanden behaupten. Amateur-Europameister der Männer wurde der Brite Owen Neal (links), der sich im
Stechen gegen Harald Merzenich (Düsseldorf) und seinen Landsmann Ramsford Smith durchsetzte. Bei den
Profi-Body-Buildern siegte Bill Richardson, der für seinen Erfolg ein Preisgeld von knapp 10 000 Mark erhielt.

Ü1 Europameisterschaften im Body-Building B1

	Damen (Amateure)	Herren (Amateure)	Herren (Profis)
1.	Monika Steiner (D)		
2.			
3.			

ROCKISSIMA, ROCKISSIMO

2

Rocka ist Miss Universum: Sie ist das schönste Mädchen, das es im ganzen Universum gibt. Keine andere Frau ist so schön wie sie. Sie hat die längste Nase, eine Nase, die viel länger ist als jede andere Nase und mit der sie viel besser riechen kann als jede andere Frau.
Sie hat auch die größten Augen – Augen, mit denen sie besser sehen kann als irgendein Mensch und mit denen sie sogar nach hinten sehen kann.
Und dann ihre Arme! Sie sind viel dünner als Menschenarme, fast so dünn wie Bleistifte. Ihr Bauch aber ist dick, deshalb ist Rocka fast so dick wie groß.
Und dann ihre wunderbar kurzen Beine, die kürzer sind als alle Menschenbeine! Schön sind auch ihre Füße, die fast so lang (oder so kurz?) sind wie ihre Beine.
Das beste aber ist ihre Hautfarbe, die so wunderbar blau ist, noch blauer als der Himmel. Nun sagen Sie selbst: Kennen Sie eine Frau, die so tiefblau ist? Das also ist Rocka, die Rocko liebt (und umgekehrt).

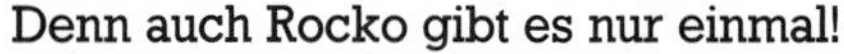

Denn auch Rocko gibt es nur einmal!
Niemand kann langsamer laufen als er, niemand kann kleinere Sprünge machen als er, niemand hat so wenig Kraft wie er.
Rocko kann am längsten nichts tun und weniger arbeiten als alle anderen. Schließlich kennt er die langweiligsten Geschichten, bei denen man wunderbar schlafen kann.
Am besten aber findet Rocka, daß niemand weniger Geld hat als Rocko und daß niemand so schön blau ist wie er. Rocko ist der schwächste, faulste, ärmste und blauste von allen. Und das findet Rocka wunderbar!

Nun sagen Sie selbst: Kennen Sie einen Mann, der so schwach, so faul, so arm und so blau ist?

B1–2

Ü2 Vergleichen Sie
- **die Körperteile**
- **die Größe**
- **das Gewicht**
- **die Geschwindigkeit/das Tempo**
- **das Aussehen/die Schönheit**
- **das Alter**
- **den Charakter**
- **die Stärke/Kraft**

dieser Tiere miteinander:

3 Deutschsprachige Länder

Ü3 **– Vergleichen Sie diese drei Länder:**
– Suchen Sie Superlative, z. B.:
„Die Schweizer werden am ältesten."
(Lebenserwartung 79 Jahre!)

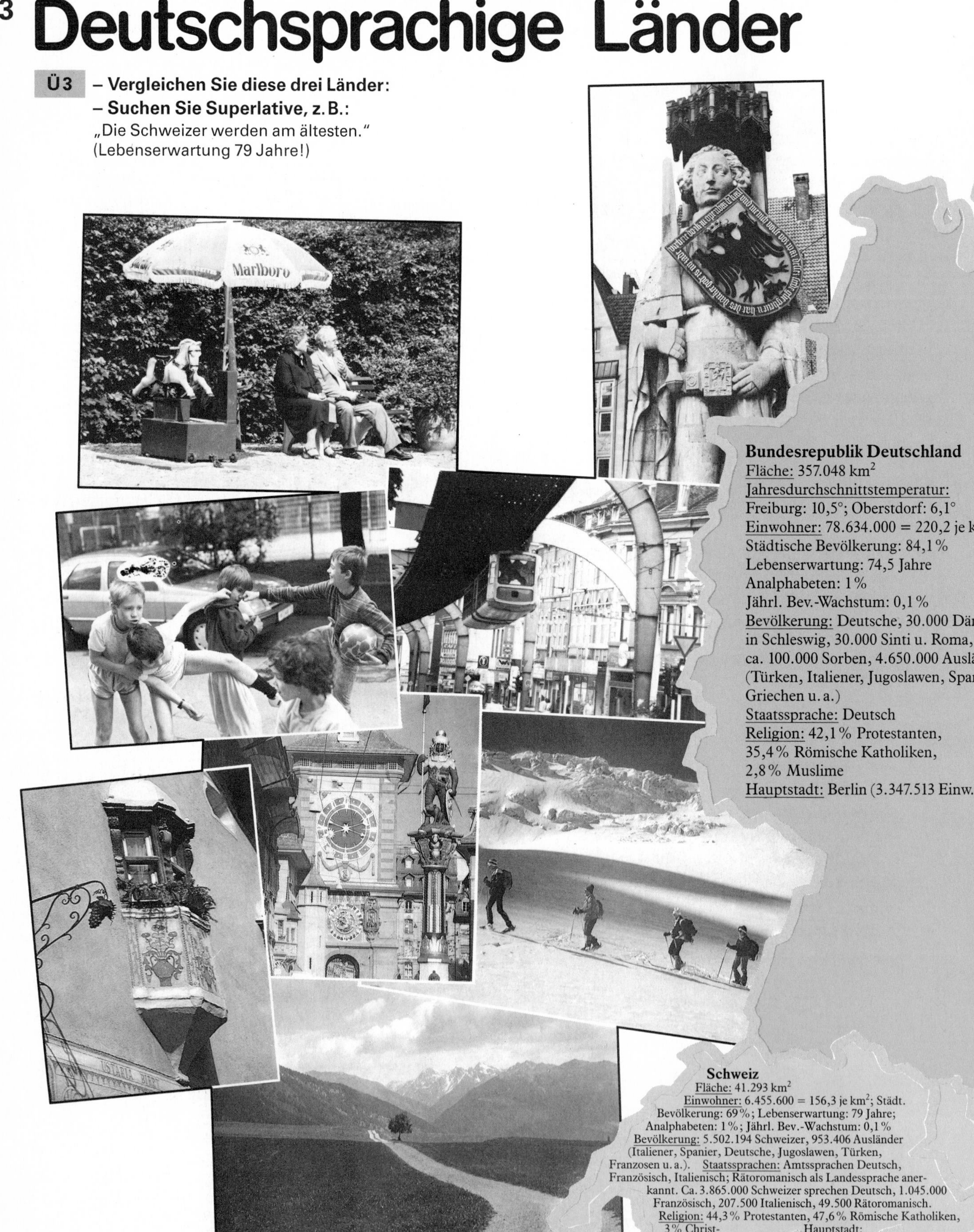

Marlboro
Bundesrepublik Deutschland
Fläche: 357.048 km²
Jahresdurchschnittstemperatur:
Freiburg: 10,5°; Oberstdorf: 6,1°
Einwohner: 78.634.000 = 220,2 je km
Städtische Bevölkerung: 84,1 %
Lebenserwartung: 74,5 Jahre
Analphabeten: 1 %
Jährl. Bev.-Wachstum: 0,1 %
Bevölkerung: Deutsche, 30.000 Däne
in Schleswig, 30.000 Sinti u. Roma,
ca. 100.000 Sorben, 4.650.000 Auslän
(Türken, Italiener, Jugoslawen, Spani
Griechen u. a.)
Staatssprache: Deutsch
Religion: 42,1 % Protestanten,
35,4 % Römische Katholiken,
2,8 % Muslime
Hauptstadt: Berlin (3.347.513 Einw.)
Schweiz
Fläche: 41.293 km²
Einwohner: 6.455.600 = 156,3 je km²; Städt.
Bevölkerung: 69 %; Lebenserwartung: 79 Jahre;
Analphabeten: 1 %; Jährl. Bev.-Wachstum: 0,1 %
Bevölkerung: 5.502.194 Schweizer, 953.406 Ausländer
(Italiener, Spanier, Deutsche, Jugoslawen, Türken,
Franzosen u. a.). Staatssprachen: Amtssprachen Deutsch,
Französisch, Italienisch; Rätoromanisch als Landessprache aner-
kannt. Ca. 3.865.000 Schweizer sprechen Deutsch, 1.045.000
Französisch, 207.500 Italienisch, 49.500 Rätoromanisch.
Religion: 44,3 % Protestanten, 47,6 % Römische Katholiken,
3 % Christ-
katholiken,
3 % Juden
Hauptstadt:
Bern
(142.100
Einw.)

Ü4 **Schreiben Sie eine Statistik für *Ihr* Land.**

B2

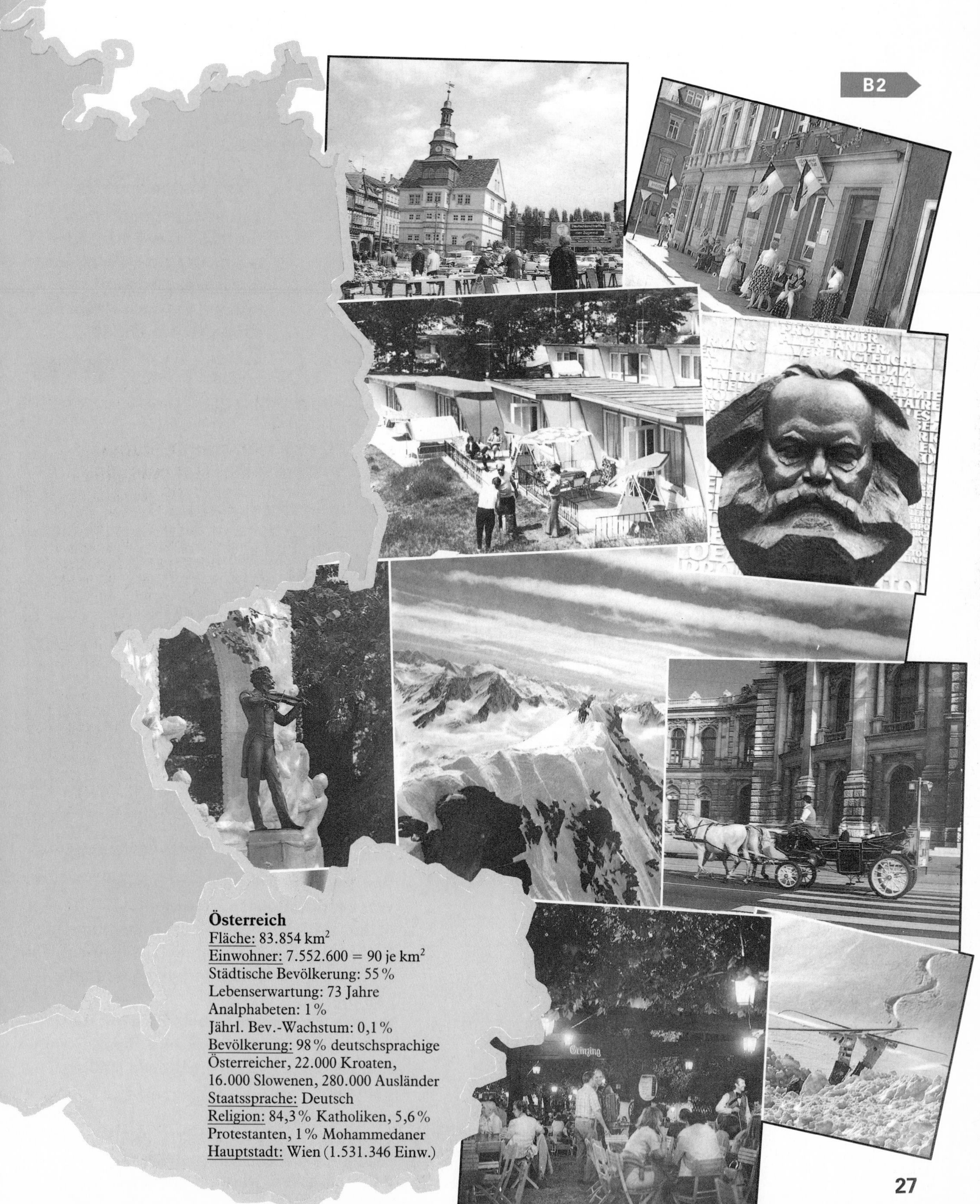

Österreich
Fläche: 83.854 km^2
Einwohner: 7.552.600 = 90 je km^2
Städtische Bevölkerung: 55 %
Lebenserwartung: 73 Jahre
Analphabeten: 1 %
Jährl. Bev.-Wachstum: 0,1 %
Bevölkerung: 98 % deutschsprachige Österreicher, 22.000 Kroaten, 16.000 Slowenen, 280.000 Ausländer
Staatssprache: Deutsch
Religion: 84,3 % Katholiken, 5,6 % Protestanten, 1 % Mohammedaner
Hauptstadt: Wien (1.531.346 Einw.)

4

Wie sind die Deutschen?

Vor allem sehr verschieden! Lustig und ernst, dumm und intelligent, sensibel und plump, nüchtern und phantasievoll, faul und fleißig, höflich und frech, konservativ und progressiv, interessant und langweilig. Also, wie sind sie?

Bei einem Vortrag auf dem Deutschlehrerkongreß in Lissabon 1987 schrieb der Referent an die Tafel:

Der Deutsche	...	nicht, er	...	sich.

und bat seine Zuhörer, ihm passende Verben zu diktieren. Die nannten folgende Beispiele:

schimpft		ärgert	
weint		schämt	
glaubt		wundert	
ißt		ernährt	
duscht		kratzt	
genießt		plagt	

Ü5 **Was meinen Sie:**
Waren das nur grammatisch korrekte Sätze, oder waren das auch Meinungen über die Deutschen?
Können *Sie* noch einige passende Verben finden?

B3

5 Es folgen 5 Texte über die Bundesrepublik und die Deutschen. Bearbeiten Sie die Texte in Arbeitsgruppen.

a **Ü6**

- **Bevor Sie Text a) lesen: Welche deutschen Vornamen kennen Sie? Schreiben Sie eine Liste.**
- **Katharina und Christian sind „Nummer eins": Sie waren 1986 die häufigsten Vornamen für neugeborene Kinder. Wer hat diese Umfrage gemacht?**
- **Schreiben Sie Listen der beliebtesten Vornamen für Mädchen bzw. für Jungen an die Tafel / auf ein Plakat.**
- **Wie klingen diese Namen?**
- **Warum ist Christian ein ganz besonderer Vorname?**
- **Geben Sie Ihren Mitschülern deutsche Vornamen!**

Katharina verdrängt Stefanie Christian bleibt Nummer eins

Wiesbaden (dpa)
Christian und Katharina sind 1986 von Eltern in der Bundesrepublik am häufigsten als Vornamen ihrer Kinder gewählt worden. Wie die Gesellschaft für deutsche Sprache in Wiesbaden als Ergebnis ihrer jährlichen Umfrage mitteilte, steht damit Christian im zehnten Jahr ununterbrochen auf der Liste der beliebtesten Vornamen an erster Stelle, diesmal vor Daniel und Sebastian. Bei den Mädchen verdrängte Katharina den auf Platz sechs abgerutschten Namen Stefanie und behauptet sich vor Christina (-e) und Jennifer. Die beliebtesten Vornamen 1986 (in Klammer die Position des Vorjahres) waren bei den Buben: 1. Christian (1), 2. Daniel (3), 3. Sebastian (2), 4. Michael (4), 5. Alexander (5), 6. Stefan (6), 7. Dennis (9), 8. Patrick (–), 9. Tobias (–) und 10. Philipp (7). Bei den Mädchen: 1. Katharina (2), Christina (-e) (4), 3. Jennifer (6), 4. Sara (h) (7), 5. Julia (3), 6. Stefanie (1), 7. Nadine (–), 8. Anna (-e) (5), 9. Kat(h)rin (8) und 10. Sabrina (10).

b

Ordnungsliebe und Fleiß bleiben die Haupterziehungsziele

Bonn (dpa)
Ordnungsliebe und Fleiß sind für fast die Hälfte der Bundesbürger auch heute noch die wichtigsten Erziehungsziele. 49 Prozent von 2700 Deutschen, die das Institut für Angewandte Sozialwissenschaft (INFAS) in diesem Jahr befragte, nannten diese beiden Eigenschaften an erster Stelle. Fast ebensoviele Bundesbürger, 46 Prozent, gaben der Erziehung zu Selbständigkeit und freiem Willen Vorrang. Folgsamkeit und Anpassung waren für 24 Prozent die idealen Eigenschaften.

Ü7

- **Was sind Haupt/erziehung/s/ziele? Wer bestimmt diese Ziele wohl?**
- **In diesem Artikel sind Substantive mit der Endung -ung, z. B. Ordnung (aus ordnen), und -heit/-keit, z. B. Selbständigkeit (aus selbständig). Suchen Sie weitere Substantive mit diesen Endungen im Text und andere, die Sie kennen. Aus welchen Verben/Adjektiven sind sie gebildet?**

Ü8

- **Schreiben Sie die Statistik: „49%: Fleiß ..."**
- **Machen Sie eine Umfrage in Ihrem Kurs. Formulieren Sie die Frage(n) vorher.**

ren mit der Arbeit der Polizei zufrieden.

Bundesrepublik an zweiter Stelle der Einbruchsstatistik

Paris (dpa)

Die Bundesrepublik liegt an zweiter Stelle der internationalen Einbruchsstatistik. Wie das französische Informations- und Dokumumentationszentrum der Versicherungen mitteilte, werden in der Bundesrepublik jährlich im Durchschnitt 16 Einbrüche pro 100 000 Einwohner begangen. Nur Großbritannien liegt nach der Übersicht mit 18 Einbrüchen pro 100 000 Einwohner noch darüber. Frankreich lag mit einer Quote von acht Einbrüchen noch hinter den USA (13),aber vor Japan (3). Bei der Berechnung wurden sämtliche Einbrüche und Diebstähle in Wohnungen, Häuser, Geschäfte oder Ämter berücksichtigt.

100 Tote durch Hochwasser im peruanischen Dschungel

c

Ü 9 **Was bedeuten die Wortzusammensetzungen:**
Einbruch/s/statistik
Dokumentation/s/zentrum?

Ü 10 **Machen Sie aus dem Text eine Statistik:**

Land	jährlich Einbrüche/Einwohner
1.	
2. Bundesrepublik	16 / 100.000
3.	
4.	
5.	

d

Ü 11 – **Welche Qualitäten hat für Sie „ein sympathischer Mensch"? Sammeln Sie bitte:**

– **Finden Sie einige dieser Qualitäten in dem folgenden Artikel?**

Nur ein Ausländer entdeckte bei den Deutschen Humor

Deutsche sind vor allem fleißig, ordentlich, diszipliniert und genau, doch selten spontan, offen und herzlich. Dieses Meinungsbild hat eine Auswertung der Alexander-von-Humboldt-Stiftung ergeben, die die Erfahrungen von 300 ausländischen Wissenschaftlern zusammenfaßt, die ein Jahr oder länger in der Bundesrepublik Deutschland gelebt haben.
Überwiegend wird das Verhalten der Deutschen gegenüber Ausländern als freundlich, höflich oder hilfsbereit bezeichnet. Doch 20 Prozent der Aussagen sind negativ.
Die Gäste stellten bei den Deutschen Fleiß, Disziplin, Ordnung, Zuverlässigkeit, Genauigkeit und Sparsamkeit fest, aber sie vermißten Phantasie, Flexibilität und Risikofreudigkeit. Sie nannten die Deutschen „ernst, reserviert, verschlossen, unpersönlich, kühl". Die meisten fanden es schwierig, freundschaftliche engere Kontakte mit Deutschen herzustellen.

Ü 12 – **Unterstreichen Sie alle genannten Eigenschaften („ordentlich", „Phantasie" usw.)**

– **Sortieren Sie nach:**

vorhanden (+)	nicht oder selten vorhanden (–)
fleißig ...	spontan ...

– **Wer hat „die Deutschen" so beschrieben? Vergleichen Sie mit Ihren eigenen Erfahrungen.**
– **Können Sie sich und Ihre Landsleute beschreiben?**
– **Finden Sie es wichtig, „sympathisch" zu sein?**

e **Ü 13**

- Sagen Sie „du“ oder „Sie“ zu Ihren Mitschülern im Deutschkurs? Warum „du“ – warum „Sie“?
- Gibt es in Ihrer Sprache einen Unterschied in der Anrede: „du“/„Sie“?
- Zu wem sagen Sie in Ihrer Sprache „du“, zu wem „Sie“?
- Wer „duzt“ sich jetzt häufiger als früher in der Bundesrepublik? Lesen Sie im folgenden Text nach.

Das Duzen wird immer beliebter

Stuttgart (AZ) – **„Sagen wir ‚Du‘ zueinander?“ Unter den Deutschen wird dieser Satz immer beliebter; immer mehr Menschen gehen vom steifen „Sie“ zum vertrauteren „Du“ über.**

Der Tübinger Kulturwissenschaftler Hermann Bausinger, der dieses „Phänomen“ untersuchte, kam zu interessanten Ergebnissen: So empfinden die Studenten beispielsweise das „Du“ als Zeichen der Solidarität.

Mehr geduzt wird vor allem am Arbeitsplatz. Selbst in den Lehrerzimmern, in denen früher stets gesiezt wurde, herrscht heute das „Du“ vor.

Nur die älteren Lehrkräfte sind oftmals noch „Du-Muffel“.

Lehrer, die überdies zugelassen haben, von ihren Schülern geduzt zu werden, ernteten zwar kaum Protest von den Eltern, um so mehr aber von den Schulämtern.

Nach Ansicht der Wissenschaftler bauen sich jüngere Menschen heute mit dem „Du“ schneller zwischenmenschliche Brücken: „So können wir leichter und besser miteinander umgehen“, bekamen die Wissenschaftler oft zu hören.

Ü 14

- Warum sagen Studenten und jüngere Leute „du“ zueinander?
- Wie klingt für Sie „du“ – wie klingt „Sie“?
- Sie möchten zu einem Deutschen gerne „du“ sagen. Wie fragen Sie, was sagen Sie?

Franzosen

Deutsche

6

Vor einer Reihe von Jahren machte DER SPIEGEL in Frankreich und in der Bundesrepublik eine Umfrage.

Er fragte die Franzosen:
1. Wie sind die Franzosen?
2. Wie sind die Deutschen?

Und er fragte die Deutschen:
1. Wie sind die Deutschen?
2. Wie sind die Franzosen?

In einer Tabelle mit 14 verschiedenen Qualitäten und ihrem jeweiligen Gegenteil („fleißig – faul") sollten die Menschen ankreuzen, wie sie das andere Volk finden und was sie über sich selbst denken.

Ü 15 – **Was denken und sagen Franzosen über Deutsche und über sich selbst?**
– **Wie ist die Meinung der Deutschen über die Franzosen und über sich selbst?**

Franzosen über Deutsche: mutig und fleißig

Die Eigenschaften erst der Deutschen und dann des eigenen Volkes sollten die Franzosen in der SPIEGEL-Umfrage anhand von 14 Gegensatz-Paaren und einer Skala mit sieben Punkten angeben. Die Anweisung im Fragebogen: „Bitte kreuzen Sie an, wie sehr jede Eigenschaft Ihrer Ansicht nach auf die Deutschen zutrifft. Je mehr Sie Ihr Kreuz nach rechts setzen, desto mehr trifft die rechte Eigenschaft zu. Je mehr Sie Ihr Kreuz nach links setzen, desto mehr trifft die linke Eigenschaft zu."

Es ergaben sich als Mittelwerte:

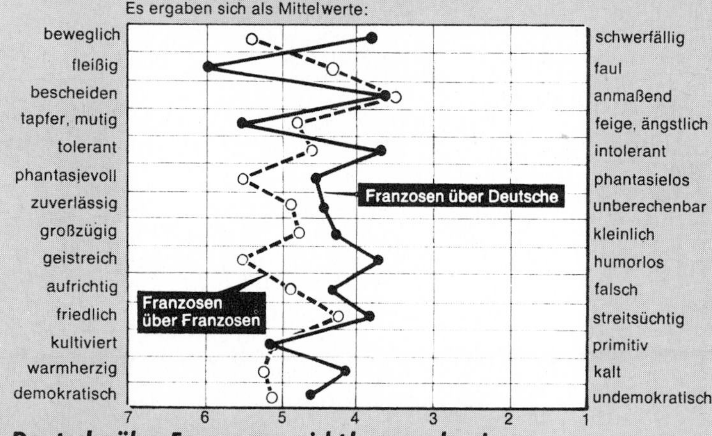

Deutsche über Franzosen: nicht besser als wir

Wie die Franzosen wurden in der Parallel-Umfrage in der Bundesrepublik auch die Deutschen um ihr Urteil über die Eigenschaften des eigenen und des Nachbarvolkes gebeten. Die Mittelwerte:

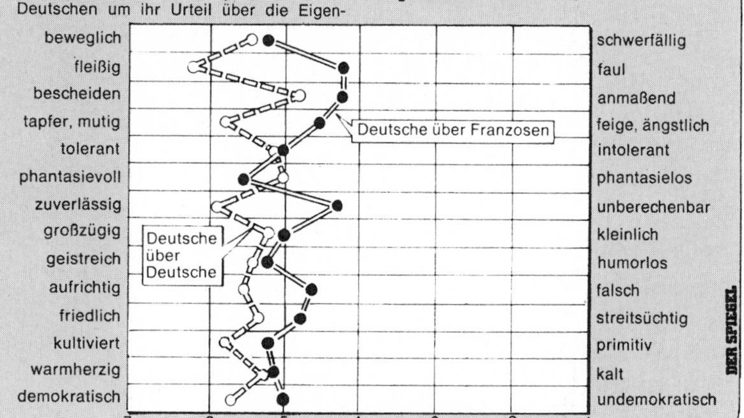

Ü 16 – **Was denken *Sie* über solche Umfragen?**
– **Wie sind die Deutschen? Wie ist *Ihre* Meinung?**
– **Wie denken die Menschen in *Ihrem* Land über sich selbst?**

7

Forscher: Waschen und Kochen immer noch Frauensache

Bonn (AP)

"Frauen/sache": Sachen/Aufgaben, die Frauen machen
"Waschen und Kochen" - und welche Aufgaben noch? Was glauben Sie?

Kochen und Waschen sind auch bei jungen Ehepaaren in der Bundesrepublik immer noch die Domäne der Frauen. Zu diesem Ergebnis kommt eine an der Universität Oldenburg erstellte Forschungsarbeit, die der AID-Verbraucherdienst in Bonn veröffentlichte. Grundlage der Untersuchung waren Interviews mit 667 Ehepaaren, die in den Jahren 1950, 1970 und 1980 geheiratet hatten. Danach war in 92,0 Prozent der Ehepaare des Jahrgangs 1980 das Waschen ausschließlich Aufgabe der Frau. Auch bei anderen Aufgaben lag die Hauptlast beim weiblichen Geschlecht: Staubwischen zu 80,2 Prozent, Kochen zu 75,3 Prozent und Frühstück zubereiten zu 74,4 Prozent. Als Hauptaufgabe des Mannes wurden das Autowaschen (65,6 Prozent), Reparaturen in der Wohnung (92,98 Prozent) und die Leerung des Mülleimers (37,0 Prozent) angesehen. Die Kinder werden dagegen meist abwechselnd von Vater und Mutter zu Bett gebracht. Die Forscher stellten ferner fest, daß sich auch bei jungen Ehepaaren die Männer nach der Geburt des ersten Kindes aus dem Haushalt zurückziehen.

Ehepaare Jahrgang 1980

FRAUEN:			
Waschen	100 %	....	.....%
....	80,2%	....	.....%
MÄNNER:			
Autowaschen	65,6%	....	.....
....	92,98%		
FRAUEN UND MÄNNER:			
Kinder zu Bett bringen			

Ü 17 **Was machen Sie lieber?**

Geschirr spülen Wäsche waschen und trocknen Wohnung saubermachen Kochen Kindern bei Schulaufgaben helfen Steuererklärung ausfüllen	oder	Geschirr abtrocknen bügeln einkaufen auf Kinder aufpassen Auto putzen Briefe schreiben .....

Ü 18 – **Fragen Sie weiter: Was tust du / tun Sie lieber?**
– **Was tun Sie am liebsten zu Hause?**

8

Johann Peter Hebel

Seltsamer Spazierritt

Ein Mann reitet auf seinem Esel nach Haus und läßt seinen Buben zu Fuß nebenher laufen.
Kommt ein Wanderer und sagt: „Das ist nicht recht, Vater, daß Ihr reitet und laßt Euern Sohn laufen; Ihr habt stärkere Glieder."
Da stieg der Vater vom Esel herab und ließ den Sohn reiten.
Kommt wieder ein Wandersmann und sagt:

- Wie geht diese Geschichte weiter? Haben Sie eine Idee? Überlegen Sie, diskutieren Sie, notieren Sie!
- Lesen Sie dann weiter und vergleichen Sie Ihre Überlegungen mit dem Text!

„Das ist nicht recht, Bursche, daß du reitest und lässest deinen Vater zu Fuß gehen. Du hast jüngere Beine."
Da saßen beide auf und ritten eine Strecke.
Kommt ein dritter Wandersmann und sagt: „Was ist das für ein Unverstand, zwei Kerle auf einem schwachen Tiere? Sollte man nicht einen Stock nehmen und euch beide hinabjagen?"
Da stiegen beide ab und gingen selbdritt zu Fuß, rechts und links der Vater und der Sohn und in der Mitte der Esel.
Kommt ein vierter Wandersmann und sagt: „Ihr seid drei kuriose Gesellen. Ist's nicht genug, wenn zwei zu Fuß gehen? Geht's nicht leichter, wenn einer von euch reitet?"
Da band der Vater dem Esel die vorderen Beine zusammen, und der Sohn band ihm die hintern Beine zusammen, zogen einen starken Baumpfahl durch, der an der Straße stand, und trugen den Esel auf der Achsel heim.
So weit kann's kommen, wenn man es allen Leuten will recht machen.

Z. 1 *Bub:* Junge, Sohn
Z. 3 *Das ist nicht recht, daß Ihr reitet und laßt Euern Sohn laufen:* ....., daß Ihr reitet und Euern Sohn laufen laßt.
Z. 7 *lässest:* (alt für) läßt
Z. 13 *selbdritt:* (alt für) zu dritt, alle drei zusammen
Z. 15 *kurios:* komisch
Z. 22 *wenn man es allen Leuten will recht machen:* wenn man es allen Leuten recht machen will.

B4

Ü 19 **– Wie viele Teile (Stationen) hat die Geschichte?**
– Wie viele Wanderer kommen? Was sagen sie? Unterstreichen Sie die Argumente.
– Erzählen Sie die Geschichte.
– Können Sie eine ähnliche Geschichte erzählen/schreiben?

14 B

1 Die Graduierung des Adjektivs: Formen

① Regelmäßig

POSITIV	langsam	klein	schön	
KOMPARATIV	langsam- er	klein- er	schön- er	-er
SUPERLATIV	der / das / die langsam- st- e	der / das / die klein- st- e	der / das / die schön- st- e	-st
	am langsam- st- en	am klein- st- en	am schön- st- en	-st

② Mit Umlaut

POSITIV	stark	groß	jung	
KOMPARATIV	stärk- er	größ- er	jüng- er	-er
SUPERLATIV	der / das / die stärk- st- e	der / das / die größ- t- e	der / das / die jüng- st- e	-st
	am stärk- st- en	am größ- t- en	am jüng- st- en	-st

UMLAUT

③ Mit Umlaut und dentalem Stammauslaut

POSITIV	alt	kurz	
KOMPARATIV	ält- er	kürz- er	-er
SUPERLATIV	der / das / die ält- est- e	der / das / die kürz- est- e	-est
	am ält- est- en	am kürz- est- en	-est

④ **Unregelmäßig**

POSITIV	gut	viel	gern(e)
KOMPARATIV	besser	mehr	lieber
SUPERLATIV	der / das / die } beste	der / das / die } meiste	der / das / die } liebste
	am besten	am meisten	am liebsten

Ü1

Der Vergleich (1)

2

1. Rocka hat (genau)so große Füße wie Rocko.
   Sie hat einen (genau)so großen Pokal wie er.

2. Rocko ist (genau)so blau wie Rocka.
   Er ist (genau)so schön wie sie.

3. Rocka kann (genau)so schön singen wie Rocko.
   Sie freut sich (genau)so sehr wie er.

.....**(genau)so** **POSITIV** → **wie**.....

Ü2

Der Vergleich (2)

1. Die Bundesrepublik hat mehr Einwohner als die Schweiz.
   Die Schweiz hat weniger Einwohner als Österreich.

2. Österreich ist größer als die Schweiz.
   Die Schweiz ist kleiner als die Bundesrepublik.

3. In der Schweiz wächst die Bevölkerung nicht schneller als in Österreich.
   In der BRD wächst die Bevölkerung nicht langsamer als in der Schweiz.

..... **KOMPARATIV** → **als**.....

Ü3

Der Vergleich (3)

1. Rocka ist	das schönste Mädchen	(**von allen**).			
	das **aller**schönste Mädchen.				
Sie hat	die längste Nase	(**von allen**).			
	allerlängste Nase.				
2. Rocka ist	die schönste.	(**von allen**).			
	die **aller**schönste.				
	am schönsten	(**von allen**).			
	am **aller**schönsten.				
3. Rocko kann	am längsten	(**von allen**)	nichts tun.		
	am **aller**längsten		nichts tun.		

SUPERLATIV

Ü4

Der Vergleich (4): Besonderheiten

1. Wer hat die bessere Figur (von den beiden)?
   Mir gefällt die jüngere besonders gut.

   KOMPARATIV (**ohne „als“**)

2. Der Mann ist (viel) **zu** dick.
   Er hat einen (viel) **zu** dicken Kopf.

   zu **POSITIV**

3. junge Menschen: circa 15–30 Jahre
   jüngere Menschen (= ziemlich junge Menschen): ca. 30–45 Jahre
   ältere Menschen (= ziemlich alte Menschen): ca. 45–65 Jahre
   alte Menschen): circa 65–X Jahre

   KOMPARATIV (**ohne „als“**)

Reflexive Verben (mit Reflexivpronomen) 3

„Der Deutsche schimpft nicht, er ärgert **sich**."
„Der Deutsche weint nicht, er schämt **sich**."
„Die Deutschen essen nicht, sie ernähren **sich**."
„Die Deutschen genießen nicht, sie plagen **sich**."

Infinitiv	sich	ärgern		
Singular				
1. Person	ich	ärgere	mich	= **Personalpronomen** (→ **8B1**)
2. Person	du	ärgerst	dich	
	Sie	ärgern	**sich**	⚠
3. Person	er / sie / es	ärgert	**sich**	
Plural				
1. Person	wir	ärgern	uns	= **Personalpronomen** (→ **8B1**)
2. Person	ihr	ärgert	euch	
	Sie	ärgern	**sich**	⚠
3. Person	sie	ärgern	**sich**	

Ebenso: sich freuen, sich schämen, sich ernähren, sich plagen...

Das Verb und die Ergänzungen (4): Verbativergänzung 4

→ **2B5, 5B2, 7B2, 8B4**

Ein Mann	ließ	seinen Buben	zu Fuß laufen.
Der Vater	läßt	den Sohn dann	reiten.
Du	läßt	deinen Vater	zu Fuß gehen?!

Verb

Nominativergänzung (Subjekt)	**Verbativergänzung: Verb im Infinitiv**
Wer? oder **Was?**	**Was geschehen?**

Ü5

14 B

Ü1 Bilden Sie Sätze nach den folgenden Mustern (Muskeln – dick) →14A1, 14A2

a) **Monika Steiner / Owen Neal / Rocka / Rocko hat die dicksten Muskeln.**
b) **Niemand hat dickere Muskeln.**
c) **Seine / Ihre Muskeln sind am dicksten.**

Aufgabe:

dick	stark	langsam	Muskeln	Hose	Zähne
groß	alt	schön	Augen	Bikini	Schuhe
lang	jung	gut	Beine	Pokal	Haare
kurz	klein	viel	Arme	Körper	Bauch
			Nase	Brust	.....

Ü2 Vergleichen Sie bitte →14A1, 14A2

Monika / Owen / Rocko
Rocka / meine Freundin
mein Freund / niemand
ich / wir / er / sie / du
wer ...

so schön sein
so stark sein
so dicke Muskeln haben
so verliebt sein
so lange Beine haben
sich so freuen können
so wenig arbeiten
so gut Deutsch sprechen
so viele Steaks essen können
so viel trainieren
.....

ich / du / er / sie / wir
ihr / niemand / Rocko
Rocka / Owen / Monika
meine Freundin / mein
Freund ...

Beispiele:

a) **Wer kann (genau)so viele Steaks essen wie Owen?**
b) **Niemand ist so schön wie Rocka.**

Ü3 Vergleichen Sie bitte →14A3

Österreich / Schweiz /
Bundesrepublik /
„mein Land"

Einwohner
Quadratkilometer
Einwohner je km^2
Analphabeten
Protestanten
Katholiken
Sprachen
Lebenserwartung

Österreich / Schweiz /
Bundesrepublik /
„mein Land"

Ü4 Ergänzen Sie bitte

Beispiel: (teuer) – (gut): Die **teuersten** Autos sind nicht immer die **besten**.

Aufgabe: 1. (billig) – (schlecht): Die ..... Autos sind nicht ...... 2. (groß) – (einsam): Die ..... Männer sind oft ...... 3. (schnell) – (gut): Die ..... Entschlüsse sind oft ...... 4. (laut) – (lieb): Die ..... Kinder sind oft ...... 5. (alt) – (gut): Die ..... Freunde sind meistens ...... 6. (klein) – (schön): Die ..... Freuden sind oft ...... 7. (schön) – (langweilig): Die ..... Menschen sind oft ...... 8. (stark) – (intelligent): Die ..... Männer sind nicht ...... 9. (dumm) – (groß): „Die ..... Bauern haben meistens die ..... Kartoffeln." 10. (wenig) – (viel): Leute, die am ..... zu sagen haben, reden oft am ......

Ü5 Bilden Sie bitte sinnvolle Sätze nach den folgenden Mustern:

a) **Warum ärgern Sie sich so? – Ich ärgere mich ja gar nicht!**
b) **Warum beruhigen Sie sich nicht? – Ich habe mich ja schon beruhigt!**
c) **Niemand plagt sich so sehr wie du.**

sich ärgern – sich schämen – sich wundern – sich plagen – sich freuen – sich bemühen – sich aufregen – sich beruhigen

Herr und Frau von Kopra haben zu einer Party geladen. 1
Mittags findet Frau von Kopra einen Zettel unter der Tür:

an Die gastGeBerin !
am 9.7. PasSieRT ein dieBStAhl im IHREm Haus.
BriLLAnTen-EdE Ist unter IhreN GästEN.
Alter etwa 45. SchwarzeS lockiges Haar, Kleiner
schnurrBArt – Berliner AKZenT (SpRICHT wenig!) träGT
Jackett mit Fischgrätenmuster – krawaTte quEr GestreifT
gruß&kuß

○ Der 9. 7. – das ist heute. Sollen wir die Party absagen?

● Alle Gäste ausladen? Das geht jetzt nicht mehr!
Es ist schon nach fünf, die ersten kommen bestimmt schon gegen sieben.
Und die Musiker sind engagiert. Die müssen wir auf jeden Fall bezahlen.

○ Wie viele Leute hast du denn eingeladen?

● Keine Ahnung. Zwanzig oder dreißig.

○ Kennst du sie denn alle?

● Nur zum Teil. Viola hat auch noch welche eingeladen.
Und einige kommen bestimmt auch ohne Einladung.

○ Fischgrätenmuster, schwarzes Haar, Schnurrbart – den erkennen wir doch sofort!
Oder soll ich den alten Inspektor holen?

● Der hört doch nicht mehr gut!

○ Hat aber scharfe Augen.

● Sagst du ihm Bescheid? Und zeig ihm den Brief! Er soll rechtzeitig kommen.

○ Ja, sag ich ihm. Schließ alle Fenster!

● Huch, ist das spannend! Ob wir den wohl erkennen?

○ Klar, wer trägt schon Fischgrätenmuster und gestreifte Krawatte?!

Sollen wir die Party absagen?	– Das geht jetzt nicht mehr!
Wie viele Leute hast du eingeladen?	– Keine Ahnung! Zwanzig oder dreißig.
Kennst du sie denn alle?	– Nur zum Teil.
Soll ich den Inspektor holen?	– Der hört doch nicht mehr gut!
Sagst du ihm Bescheid?	– Ja, mach ich / sag ich ihm.
Ob wir den wohl erkennen?	– Klar! Ganz bestimmt.

Ü1 Wer ist Frau von Kopra
Herr von Kopra
der Inspektor
Brillanten-Ede ?

Begründen Sie Ihre Vermutung.

Ü2 Hören Sie Gespräche auf der Party:

- Wer spricht mit wem?
- Wer sind die einzelnen Personen?
- Woran erkennen Sie Brillanten-Ede?

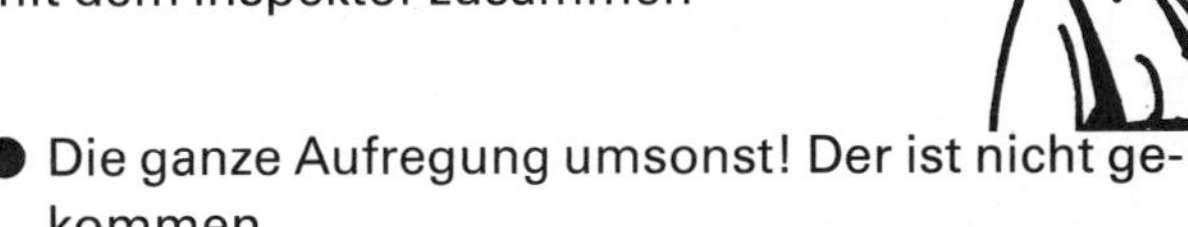

Um 22.30 Uhr hat sich der letzte Gast verabschiedet. Die Musiker haben ihre Instrumente eingepackt und sind gegangen.
Herr und Frau von Kopra haben mit dem Inspektor zusammen einen Rundgang durch das Haus gemacht. Alles war in Ordnung. „Sehen Sie, es ist nichts passiert! Gut, daß Sie mich gerufen haben", hat der Inspektor gesagt und ist auch gegangen. 2

● Die ganze Aufregung umsonst! Der ist nicht gekommen.

○ Ob er was gemerkt hat?

● Da waren aber mehrere Herren mit Fischgrätenmuster und gestreifter Krawatte.

○ Das ist wohl gerade Mode. Einfach geschmacklos!

● Und einer hatte auch schwarzes lockiges Haar.

○ Mit dem hab ich mich unterhalten. Der war's nicht.

● Wie willst du das wissen?

○ Der war so nett. Und so was merkt man.

● Na, na, mir hat der nicht gefallen, etwas mysteriös. Hatte er einen Akzent?

○ Das hab ich nicht bemerkt. Er hat eigentlich wenig gesprochen. Aber mysteriös war er nicht.

● Ich glaube, du bist doch zu naiv.

○ Sag mal, wo ist denn deine Perlenkette?

● Oh! – Mach mich nicht nervös!

○ Ist die runtergefallen? Oder hat die etwa jemand abgemacht? –
Auf dem Teppich liegt sie nicht!

● Also, ich hab nichts gemerkt. Komm, wir müssen nochmal suchen!
Zum Glück hab ich meine Brillanten heute nicht getragen .....

3

Einbrecher kam während der Party

GRÜNWALD — Während ein Geschäftsmann mit seinen Gästen in seiner Villa in Grünwald (Landkreis München) eine Party feierte, wurde er um mehr als 100.000 Mark erleichtert. Ein Einbrecher war über die Mauer des Grundstücks gestiegen und hatte sich — unbemerkt von Hausherrn und Gästen — Zugang zum Schlafzimmer verschafft. Dort fand er Brillanten und sieben Brillantringe.

Ü3

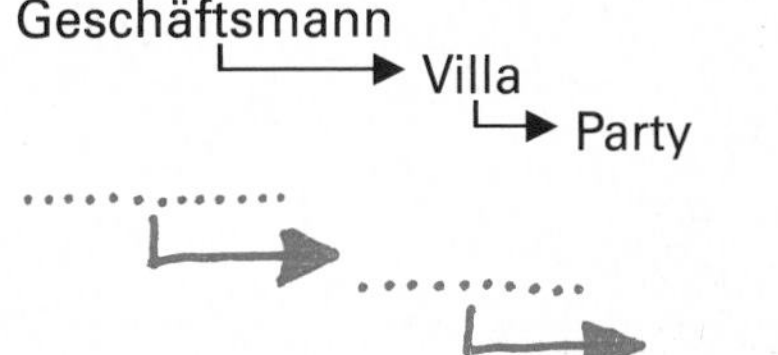

Der ist nicht gekommen.	– Ob er was gemerkt hat?	– Da waren aber mehrere Herren mit Fischgrätenmuster.
Der war es nicht.	– Wie willst du das wissen?	– Der war so nett. So was merkt man.
	Hatte er einen Akzent?	– Das habe ich nicht bemerkt. Er hat wenig gesprochen.
Wo ist denn deine Perlenkette?	– Mach mich nicht nervös!	– Ist die runtergefallen? Auf dem Teppich liegt sie nicht.

15 A

So kann man im Deutschen Vermutungen ausdrücken:

1. **Ich glaube/vermute,** Frau von Kopra hat ihre Perlenkette .....
2. **Ich kann mir vorstellen,** daß sie noch im Schrank liegt.
3. **Vermutlich** ist sie runtergefallen und liegt auf dem Teppich.
4. **Vielleicht/möglicherweise** ist die Kette gerissen, und die Perlen liegen verstreut auf dem Boden.
5. Sie hat sie **wohl** gar nicht umgelegt.
6. Die Kette **wird** in den Ausschnitt **gerutscht sein,** und Frau von Kopra **wird** sie **wohl** beim Ausziehen **wiederfinden.**
7. Die Kette **könnte** im WC **liegen.**

Ü4 Machen Sie aus den folgenden Behauptungen Vermutungen.

Herr von Kopra ist Bankdirektor, ein sparsamer Mann. Seine Frau liebt den Luxus, vor allem Schmuck und elegante Kleider. Sie gibt jede Woche eine Party, lädt in großer Zahl Gäste ein, auch Leute, die sie gar nicht kennt, weil sie Menschen um sich braucht, weil sie immer im Mittelpunkt stehen will. Sie kann kein normales Leben führen, sie kann nicht allein sein.
Ihr Mann hat den Drohbrief geschrieben; er will seiner Frau Angst machen und ihr ‚eine Lektion erteilen'. Er tut das, obwohl er sie liebt; darum endet der Drohbrief mit „Gruß & Kuß".
Die Herren mit dem Fischgrätenmuster und den gestreiften Krawatten sind Angestellte seiner Bank, die er zur Party in sein Haus bestellt hat. Außerdem hat er einen Zauberkünstler engagiert, der unbemerkt Sachen verschwinden lassen kann. Der hat Frau von Kopra schon bei der Begrüßung blitzschnell die Perlenkette abgenommen. Er ist als erster gekommen, so daß keiner außer Herrn von Kopra etwas bemerkt hat.

Ü5 Notieren Sie Ihre eigenen Vermutungen zu der Party und dem Diebstahl.

Ü6 Was können Sie auf diesem Foto erkennen?

Ü7 Was bedeutet dieses Bild Ihrer Meinung nach?

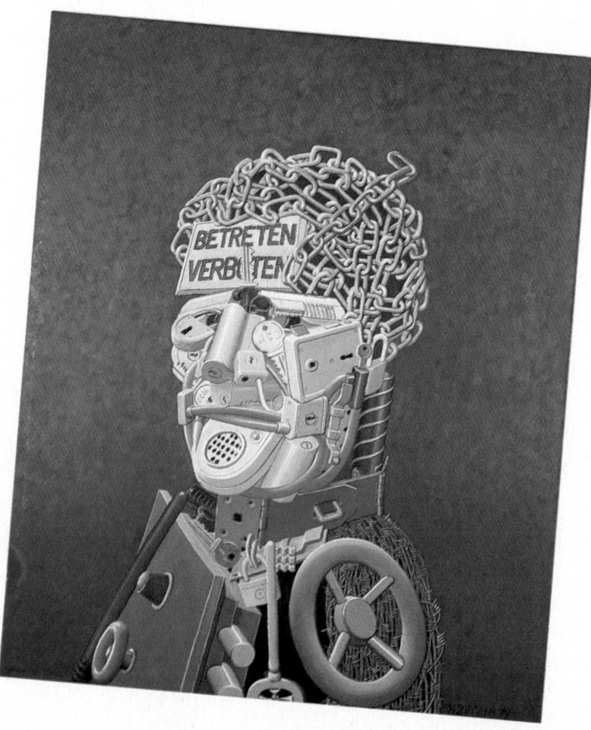

Ü 8 **Was glauben Sie?**

- Was ist hier passiert?
- Warum liegen die Möbel auf der Straße?
- Was sagen die Leute, denen die Möbel gehören?
- Was werden sie tun?
- Was würden *Sie* tun?
- Was sagen/tun die Nachbarn?

Ü 9 **Was denken Sie?**

- In welchen Ländern wird wohl viel Deutsch gelernt? Warum?
- Warum lernen jetzt mehr Menschen Deutsch? Was vermuten Sie?
- Welche Auswirkungen könnte der EG-Binnenmarkt auf die Verbreitung der verschiedenen Sprachen haben?

Man spricht Deutsch – auch im Osten

Frankfurt (AP) – Der amerikanische Tourist schaut verwundert, als der Maler auf der Prager Karlsbrücke seine Frage nicht versteht und zurückfragt: „Sprechen Sie Deutsch?“ Ähnlich überrascht zeigte sich jüngst der französische Präsident François Mitterrand, als auf der Konferenz über eine europäische Konföderation in Prag die meisten Politiker aus Mittel- und Osteuropa ihre Reden in Deutsch hielten. Allein in diesen Ländern lernen derzeit rund zwölf Millionen Menschen Deutsch. (...)

Das wachsende Interesse darf aber nicht darüber hinwegtäuschen, daß sich Englisch als die Weltsprache durchgesetzt hat. Aus einer Untersuchung geht hervor, daß Englisch in allen 80 Amtssprache ist, Französisch in fast 70, in rund der Hälfte zudem Spanisch und Arabisch – nicht einmal in 20 Organisationen aber Deutsch.

Ü 10 **Was ist hier wohl passiert?**

15 A Ist das etwa Lehmann? – Nein, glaub ich nicht.

4

○ Kennst du den?
● Den hab ich doch schon mal gesehen!? Ist das etwa Lehmann?
○ Lehmann? Nein, glaub ich nicht. Warum kriecht der wohl auf dem Boden?
● Das ist Lehmann! Natürlich! Ich erkenne ihn doch wieder.
○ Du irrst dich! Was macht der da bloß auf dem Boden? Verstehst du das? Ist der betrunken? Oder hingefallen?
● Du kannst sagen, was du willst, das ist Lehmann!!
○ Nein, das ist er ganz sicher nicht. Ich kenne ihn doch! Schau mal, was hat der da? Diese kleinen Dinger, sind das Perlen?
● Ich glaube nicht. Wer spielt denn mit Perlen auf der Straße?
○ Der spielt doch nicht! Der sucht sie!
● Wieso denn? Hat er sie etwa verloren?
○ Auf jeden Fall sind das Perlen!
● Unsinn, das sind Murmeln!
○ Murmeln glänzen doch nicht! Ich wette, das sind Perlen!
● Ja, kann sein. Ich glaub, du hast recht. Was macht der bloß? Verstehst du das?
○ Ich glaub, ich hab's!

Ü 11 **Ist das etwa Jane Fonda?**

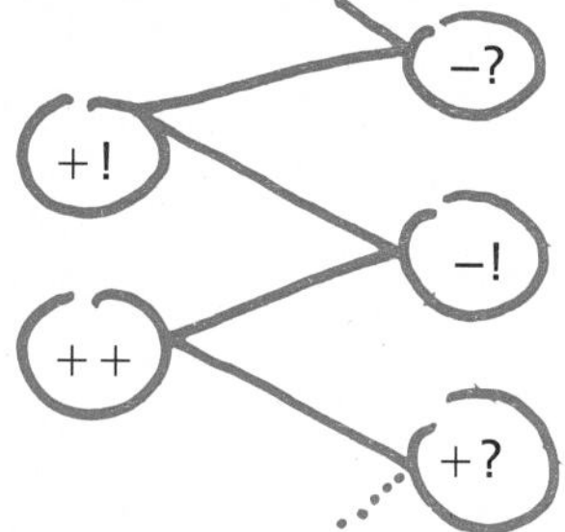

Das ist doch meine Uhr!

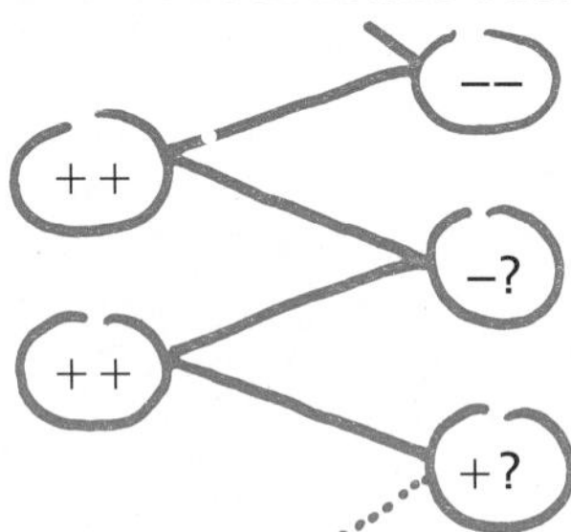

Ü 12 **Denken Sie sich ähnliche Dialoge aus: ?, –, +, +!, ––, ++ usw.**

? +! ++	Ist das etwa Lehmann? Das ist Lehmann! Natürlich! Du kannst sagen, was du willst, das ist Lehmann!	–? –! ––	Nein, glaub ich nicht. Du irrst dich. Nein, das ist er ganz sicher nicht. (Ich kenne ihn doch!)
? +! ++	Sind das Perlen? Auf jeden Fall sind das Perlen! Ich wette, das sind Perlen!	–? –! +?	Ich glaube nicht. Unsinn, das sind keine Perlen! (Das sind Murmeln.) Ja, kann sein. Ich glaube, du hast recht.

5

Reisewetter

Nord- und Ostseeküste: Rasch wechselnde Bewölkung, Schauer, 15 bis 19, Wasser 17 bis 20 Grad. In Ostfriesland am Donnerstag Durchzug eines Regengebietes, örtlich Gewitter. Mäßiger und böiger Südwestwind.

Schwarzwald, Bodensee: Veränderlich bewölkt, schauerartige Niederschläge, örtlich gewittrig, 17 bis 22, im Hochschwarzwald um 10 Grad.

Südbayern: Stark bewölkt, zeitweise Regen oder Gewitter, um 15 Grad.

Südfrankreich, Spanien, Portugal: Heiter bis wolkig, zwischen 23 und 32 Grad, örtlich auch darüber.

Kanarische Inseln: Heiter, zeitweise wolkig, 21 bis 26 Grad.

Österreich, Schweiz: Alpennordseite: Wechselnd, meist stark bewölkt, Schauer oder Gewitter, 14 bis 18, in 2000 m Höhe um 5, in 3000 m um minus 2 Grad. Südseite: Längere Aufheiterungen, kaum Schauer, 17 bis 22 Grad.

Italien: Meist sonnig, nachmittags einzelne Gewitter. 26 bis 31 Grad.

Jugoslawien: Wechselnd, im Norden meist stark bewölkt, Schauer oder Gewitter. Später zunehmend sonnig. Im Norden 18 bis 23, im Süden um 25 Grad.

Griechenland, Türkei: Im Norden Gewitter, sonst meist sonnig, um 30 Grad.

- ● Ihr erkältet euch! Ihr seid ja viel zu dünn angezogen!
- ○ Das Wetter wird bestimmt besser.
- ✻ Es ist doch Sommer! Man muß an den Sommer glauben.
- ● Aber der Wetterbericht ist ganz schlecht. Es soll kalt bleiben.
- ○ In Jugoslawien ist es ganz sicher warm. Da schwitzen wir.
- ● Vielleicht, kann sein. Aber erstmal sind wir noch in Deutschland. Ihr friert euch tot!
- ✻ Mensch, es muß doch besser werden! Nun haben wir schon vier Wochen Regen. Ich glaube, in Süddeutschland .....
- ● Nee, da ist es auch ganz schlecht. Nehmt doch wenigstens einen dicken Pullover mit! Ich fürchte, ...
- ○ O.K., wenn du meinst. Vielleicht hast du recht.

Ich weiß:	Ihr seid viel zu dünn angezogen! Da ist es auch ganz schlecht.
Ich bin überzeugt:	Das Wetter wird bestimmt besser. In Jugoslawien ist es ganz sicher warm. Es muß doch besser werden!
Ich glaube:	Ich glaube, in Süddeutschland ist es schön.
Ich zweifle:	Vielleicht, kann sein, aber ..... Ist es da nicht zu kalt? Vielleicht hast du recht.
Ich habe gehört:	Es soll so kalt bleiben.

Vier Tage später: Die drei sind in Jugoslawien. Das Wetter ist kühl und regnerisch. Hans und seine Freundin wollen den Urlaub abbrechen und wieder nach Hause zurück. Christian ist dagegen: „Ich habe euch gewarnt, daß ihr viel zu dünn angezogen seid. Ihr habt doch gewußt, daß es kalt bleibt!"

Stefanie: „Wir konnten nicht wissen, daß es auch in Jugoslawien kalt ist!"
Christian: „Ich habe euch gesagt, daß der Wetterbericht schlecht ist!"
Hans: „Aber nur für Deutschland!"
Christian: „Nein, ich habe gesagt, daß ....."

Ü 13 **Hören Sie den Reisewetterbericht und spielen Sie das Gespräch weiter.**

6

Zählung soll Klarheit schaffen

Nur noch 43 Millionen Bundesbürger im Jahr 2030?

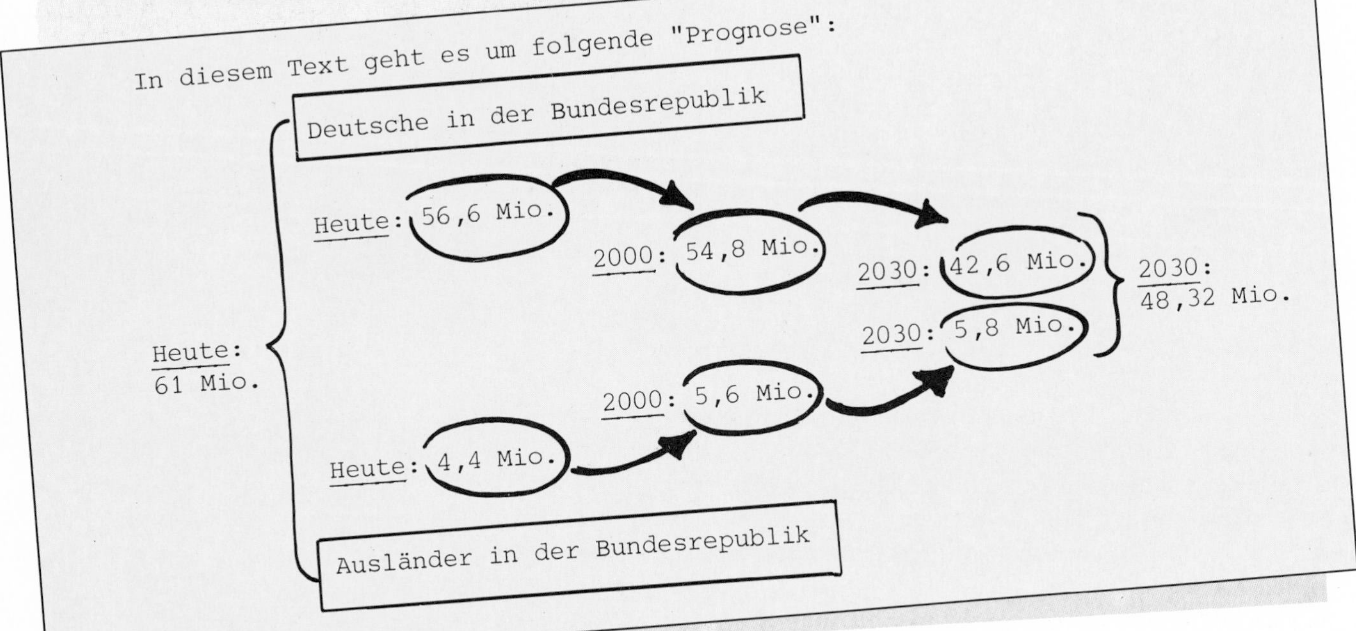

Bonn (dpa/ap)

Die Zahl der Bundesbürger wird bis zum Jahr 2030 um rund 14 Millionen abnehmen, wenn die jetzige Bevölkerungsentwicklung anhält. Dies geht aus einem aktualisierten Bericht hervor, der am Dienstag vom Bundeskabinett verabschiedet wurde. Danach wird die Zahl der Bundesbürger von derzeit rund 56,6 Millionen bis zum Jahr 2000 auf 54,8 Millionen abnehmen, bis zum Jahr 2030 aber dann deutlich auf 42,6 Millionen zurückgehen.

Nach Auswertung der Volkszählung 1987 könnten die Zahlen noch ungünstiger ausfallen. Fachleute nehmen an, daß die tatsächliche Bevölkerungszahl um eine Million niedriger liegt, als bisher angenommen wird.

Man geht davon aus, daß die ausländische Bevölkerung zunimmt. Ihre Zahl dürfte nach dieser Prognose von 4,4 Millionen im Jahr 1985 auf 5,6 Millionen bis zum Jahr 2000 und auf 5,8 Millionen bis zum Jahr 2030 steigen. Für die Gesamtbevölkerung – rund 61 Millionen im Jahr 1985 – ergibt sich bis 2000 nur ein geringfügiger Rückgang der Einwohnerzahl.

Nach realistischen Modellrechnungen dürften in der Bundesrepublik im Jahr 2030 nur noch 48,32 Millionen Einwohner leben, heißt es in dem Bericht weiter.

Ü 14 Unterstreichen Sie die Zahlenangaben dieser Prognose im Text

Ü 15 Suchen Sie diese Formulierungen für „Prognose" im Text:

- „Die Zahl *wird* abnehmen/zurückgehen."
- „Die Zahlen *könnten* noch ungünstiger ausfallen."
- „Man *geht davon aus,* daß ....."
  (= Man glaubt, daß .....)
- „Ihre Zahl *dürfte* ..... steigen."

Ü 16 Diskutieren Sie:
Ist es gut oder schlecht, wenn die Einwohnerzahl eines Landes zurückgeht?

B1–4

7

Herr und Frau Blaschke bekommen Besuch von ausländischen Gästen. Die Gäste bringen noch 2 Freunde mit. Damit haben Blaschkes nicht gerechnet!

Frau Blaschke hat Angst, daß sie zu wenig gekocht hat.

Frau Blaschke bietet ihren Gästen zu essen an. Aber die sagen, daß sie keinen Hunger haben. Blaschkes sind ratlos!

Frau Blaschke bietet den Gästen noch einmal zu essen an; aber die danken wieder. Da deckt sie den Tisch ab. Ihr Mann holt jetzt was zu trinken.

Nach 3 Stunden sind Blaschkes wieder allein.

B2, 4

Ü 17 **– Wiederholen Sie die Aussagen/Gedanken der einzelnen Personen. Beginnen Sie mit:**
„ⓧ denkt/
glaubt/meint/vermutet/fragt/fragt sich, daß/ob .....“
– Was ist *Ihre* Meinung?
– Was glauben *Sie:* Wie geht die Geschichte weiter? Werden Blaschkes ihre Gäste einmal fragen, warum sie nichts gegessen haben?
– Kann man in Ihrem Land einfach Freunde zum Besuch mitbringen?
– Welche Erfahrungen haben Sie mit deutschen Gastgebern/Gästen gemacht? Berichten Sie bitte!

1 Futur I: Formen

Infinitiv		kommen werden	
Singular			
1. Person	ich	werde	kommen
2. Person	du	wirst	kommen
	Sie	werden	kommen
3. Person	er / sie / es	wird	kommen
Plural			
1. Person	wir	werden	kommen
2. Person	ihr	werdet	kommen
	Sie	werden	kommen
3. Person	sie	werden	kommen
		„werd"- +	INFINITIV PRÄSENS
Ebenso:	ich	werde	**verlieren**

Futur II: Formen

	gekommen sein werden		
ich	werde	gekommen	sein
du	wirst	gekommen	sein
Sie	werden	gekommen	sein
er / sie / es	wird	gekommen	sein
wir	werden	gekommen	sein
ihr	werdet	gekommen	sein
Sie	werden	gekommen	sein
sie	werden	gekommen	sein
	„werd"- +	INFINITIV PERFEKT	
ich	werde	**verloren**	**haben**

Ü1–5

2 Konjunktiv II der Modalverben: Formen → 5B1, 9B1, 10B1, 13B2

Infinitiv		können	dürfen	müssen	mögen
Singular					
1. Person	ich	könn- t- e	dürf- t- e	müß- t- e	möch- t- e
2. Person	du	könn- t- est	dürf- t- est	müß- t- est	möch- t- est
	Sie	könn- t- en	dürf- t- en	müß- t- en	möch- t- en
3. Person	er / sie / es	könn- t- e	dürf- t- e	müß- t- e	möch- t- e
Plural					
1. Person	wir	könn- t- en	dürf- t- en	müß- t- en	möch- t- en
2. Person	ihr	könn- t- et	dürf- t- et	müß- t- et	möch- t- et
	Sie	könn- t- en	dürf- t- en	müß- t- en	möch- t- en
3. Person	sie	könn- t- en	dürf- t- en	müß- t- en	möch- t- en

UMLAUT – „t" – ENDUNG

Ü6

⚠ ich soll- t- e / woll- t- e → = **Indikativ Präteritum**

Futur I und Futur II: Bedeutung und Gebrauch → 13B10 3

① **Futur I**

Die Einwohnerzahl wird
bis zum Jahr 2030 abnehmen.

Futur II

Die Einwohnerzahl wird
im Jahr 2030 abgenommen haben.

② **Futur I**

Sie wird Ihre Kette (wohl) wiederfinden.

Er wird jetzt (wohl) keine Zeit haben.

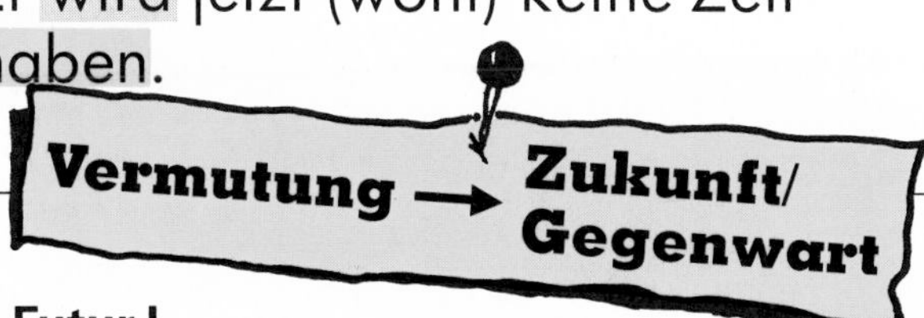

Futur II

Die Kette wird in den Ausschnitt gerutscht sein.

Er wird gestern (wohl) keine Zeit gehabt haben.

③ **Futur I**

„Kommst du auch?" – „Ich werde kommen!"
„Kommt ihr auch?" – „Wir werden kommen!"

④ **Futur I**

„Du wirst (jetzt sofort) kommen!"
„Ihr werdet das bis morgen auswendig lernen!"

Ü1–5

Konjunktiv II der Modalverben: Bedeutung und Gebrauch → 13B2 4

Die Zahl könnte noch weiter abnehmen.

Die Zahl dürfte nach den Prognosen steigen.

800 Mark müßten für Essen und Trinken reichen.

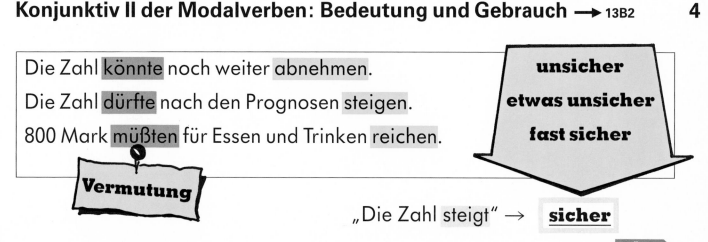

unsicher
etwas unsicher
fast sicher

„Die Zahl steigt" → **sicher**

Ü6

15B

Ü1 Drücken Sie die Vermutungen anders aus (mit dem FUTUR I).

Beispiel: Warum ist Peter noch nicht da?
Ich vermute: Er kommt noch.
Er wird noch kommen.

Aufgabe: Ich vermute: 1. Er hat keine Zeit. 2. Seine Uhr geht nach. 3. Sein Zug hat Verspätung. 4. Sein Auto ist kaputt. 5. Er wartet auf Maria. 6. Er muß noch etwas erledigen. 7. Er ist krank. 8. Er hat keine Lust.

Ü2 Drücken Sie die Vermutungen anders aus (mit dem FUTUR II).

Beispiel: Warum ist Maria noch nicht da?
Ich vermute: Sie ist krank geworden.
Sie wird krank geworden sein.

Aufgabe: Ich vermute: 1. Sie hat ihre Freundin getroffen. 2. Sie ist mit ihrer Freundin ins Kino gegangen. 3. Der Deutschkurs hat länger gedauert. 4. Sie ist in einen Stau gekommen. 5. Sie hat die Einladung vergessen. 6. Sie hat verschlafen. 7. Sie hat den Zug verpaßt. 8. Sie hat Besuch bekommen.

Ü3 Drücken Sie die Versprechen anders aus (mit dem FUTUR I).

Beispiel: Ich komme bestimmt! – **Ich werde kommen!**

Aufgabe: 1. Ich besuche dich morgen. 2. Ich gehe mit dir ins Theater. 3. Ich höre auf zu rauchen. 4. Ich tu das nie wieder. 5. Ich gebe nie wieder so viel Geld für ein Auto aus. 6. Wir schreiben euch bestimmt eine Karte. 7. Wir vergessen euch nie. 8. Wir denken immer an euch.

Ü4 Drücken Sie die Befehle anders aus (mit dem FUTUR I).

Beispiel: Du kommst jetzt sofort her! – **Du wirst jetzt sofort herkommen!**

Aufgabe: 1. Du ißt das jetzt! 2. Du bleibst zu Hause! 3. Du rufst jetzt sofort bei der Polizei an! 4. Du gibst mir sofort meinen Ring zurück! 5. Du entschuldigst dich bei ihr! 6. Ihr sagt jetzt keinen Ton mehr! 7. Ihr benehmt euch anständig! 8. Ihr seid jetzt sofort ruhig!

Ü5 Drücken Sie die folgenden Prognosen anders aus (mit dem FUTUR I).

Beispiel: Ich sage für das Jahr 2000 voraus: Die Probleme werden größer.
Die Probleme werden größer werden.

Ü6 Drücken Sie die folgenden Prognosen „vorsichtiger" aus (mit dem KONJUNKTIV II von Modalverben).

Beispiel: **Die Probleme könnten/dürften größer werden.**

Aufgabe: 1. Die Zahl der Einwohner in der Bundesrepublik nimmt weiter ab. 2. Es gibt mehr alte als junge Menschen. 3. Die Menschen arbeiten nur noch 32 Stunden in der Woche. 4. Roboter und Computer erledigen den größten Teil der Arbeit. 5. Die Menschen haben viel mehr Freizeit. 6. Aber die Zahl der Menschen auf der ganzen Erde wächst immer schneller. 7. Dadurch wird der Hunger auf der Welt zu einem immer größeren Problem. 8. Am schnellsten wächst die Bevölkerung in Asien, Afrika und Lateinamerika.

Ü7 a) Was drücken die folgenden Sätze aus?
PROGNOSE? VERMUTUNG? BITTE? BEFEHL? ANLEITUNG/AUFFORDERUNG? VERSPRECHEN?

Das Papier wird auf die Glasplatte gelegt.
Frau Blaschke wird nicht oft genug zum Essen aufgefordert haben.
Würdest du mir bitte helfen?
Der Kurs des Dollar dürfte bald wieder steigen.
In Jugoslawien müßte es schon 25° warm sein.
Wir werden euch nächstes Jahr wieder besuchen.
Du wirst nicht mit dem Auto nach Hause fahren!
Die Zahl der Arbeitslosen könnte noch weiter zunehmen.
Im Jahr 2000 werden 5,6 Millionen Ausländer in der Bundesrepublik leben.
Die Gäste werden keinen Hunger gehabt haben.
Zuerst werden 6 Rechtecke auf ein Blatt Papier gezeichnet.
Bis zum Bahnhof werden es 10 Minuten zu Fuß sein.
Ich würde wenigstens einen dicken Pullover mitnehmen!
Der Zeitungskasten ist nicht geleert: Lehmanns werden nicht zu Hause sein.
Dort drüben, das müßte das Rathaus sein.

b) Drücken Sie jeden Satz anders aus.

Beispiel: Das Papier wird auf die Glasplatte gelegt. – **Das Papier legt man auf die Glasplatte.**

1

a

Steffi Graf, 17 Jahre, 1,73 Meter groß und 56 Kilo leicht, ist eigentlich ein freundliches und ruhiges Mädchen. Die Reporter loben ihre fröhliche und natürliche Art. Aber wenn sie Tennis spielt, kann man Angst vor ihr bekommen: Der Mund ist schmal, auf der Stirn liegt eine tiefe Falte, und die Augen blicken bösartig auf die kleine Filzkugel. Dann haut sie mit dem Schläger drauf, daß es kracht. Der Ball bekommt dabei eine gefährliche Rotation, genannt „Top-Spin“, und zischt wie eine Rakete über das Netz. „Sie hat eine Vorhand wie ein Dampfhammer“, schreibt die New Yorker „Daily News“. Und ihr Vater grinst stolz: „Auf dem Tennisplatz ist sie ein Killer“.

Ü1
- **Beschreiben Sie bitte diese junge Dame auf dem Foto.**
- **Welche Merkmale/Eigenschaften hat sie? Unterstreichen Sie die Angaben im Text.**
- **Welche Eigenschaften finden Sie positiv (sympathisch), welche negativ? Begründen Sie Ihre Entscheidung.**

Ü2 **Können Sie Ihre Lieblingssportlerin/Ihren Lieblingssportler beschreiben?**

Ü3 **Beschreiben Sie Ihre eigenen Eigenschaften (privat und im Beruf).**

b **Hören Sie eine Radioreportage aus Key Biscayne (Florida):**

- Steffi Graf steht im Finale vor 10.000 Zuschauern. Ihre Gegnerin ist Chris Evert-Lloyd (USA).
- Sie hören den Anfang des Spiels („der erste Punkt überhaupt in diesem Endspiel") und das Ende („So, Matchball für Steffi Graf").
- Dazwischen berichtet der Reporter vom Spiel und von den beiden Spielerinnen. Er lobt vor allem Steffi Graf („Ganz Amerika schwärmt vom deutschen Tenniswunder" – „Was Besseres kann man nicht spielen im Damentennis im Moment" usw.)

Ü4 **„Ganz Amerika schwärmt von ...", „Ihre Vorhand ist unheimlich" – Wie lobt der Reporter Steffi Graf? Notieren Sie bitte.**

Ü5 **Steffi ist** ....

....

....

....

....

c

Die internationale Presse ist sich einig: Die 17 Jahre alte Steffi Graf aus Brühl ist die kommende „Nummer eins" im Damen-Tennis. „Sie ist wie ein Orkan, der in Florida die bisher bestehende Hierarchie komplett weggefegt hat", schreibt „L'Equipe" (Frankreich) stellvertretend für den allgemeinen Tenor. Pressestimmen:

„Corriere dello Sport" (Italien): „Einfach phantastisch, grandios. Sie ist die Tenniskönigin der Welt. Wer kann sie heute noch schlagen?"

„Gazetta dello Sport" (Italien): „Es gibt ein klares Urteil: Diese Steffi Graf kann die Nummer eins werden."

„Miami News" (USA): „Graf hatte das letzte Lachen."

„Daily Mail" (London): „Steffi ist die Königin. Die Art und Weise, wie sie Chris Evert-Lloyd vom Platz fegte, begeisterte und war Werbung für das Damentennis in der Welt."

2

Nach 400 000 Kilometern ohne Führerschein jetzt verurteilt

Gütersloh (dpa)

400 000 Kilometer legte er zurück – 28 Jahre lang chauffierte er Autos und Motorräder unfallfrei durch die Bundesrepublik – sein Pech: Einen Führerschein hat er zeitlebens nie besessen. Jetzt verurteilte ein Schöffengericht in Gütersloh den 45jährigen Verkehrssünder aus Rietberg zu neun Monaten Freiheitsstrafe ohne Bewährung. Außerdem darf der Mann innerhalb der nächsten fünf Jahre keinen Führerschein erwerben. Der Autonarr war in der Vergangenheit mehrmals ohne Fahrerlaubnis aufgefallen, bisher hatte er dafür aber lediglich Geldstrafen kassiert.

Ü6 **Dieser Zeitungsartikel berichtet aus verschiedenen Zeiträumen:**
- **Was ist vor dem Urteil passiert?**
- **Was passiert danach?**

Notieren Sie bitte.

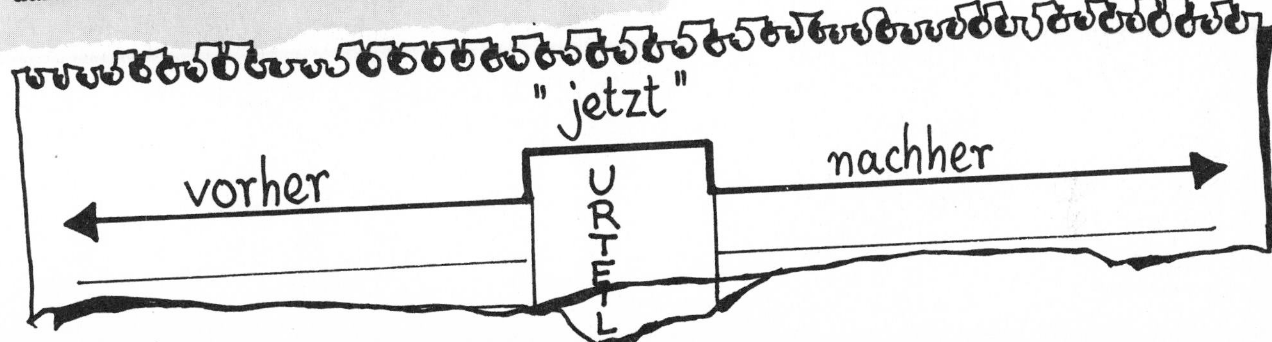

3

Warum nicht deutsch? Von Karl R. Pogarell

Ich habe viel mit Ausländern zu tun – mit denen, die in politischen Rechenschaftsberichten unter dem Stichwort „Internationale Beziehungen" zu finden sind. Diese Leute haben Probleme.

Sie brauchen zum Beispiel ein Visum, eine Wohnung, Geld. Sie alle wollen die deutsche Sprache erlernen oder ihre Sprachkenntnisse verbessern. Letzteres ist leider unmöglich. Deutsch kann man hier nicht lernen. Vielleicht in Peking, New York oder Istanbul, aber nicht hier.

Erstes Beispiel: Ich gehe mit einem chinesischen Hochschullehrer zum Ausländeramt der Stadt. Der Professor braucht eine Visumsverlängerung, sonst kann er seine Untersuchungen zu Goethe nicht abschließen. Der für Asiaten zuständige Beamte – er ignoriert den Gelehrten, spricht meistens mit mir. In einem Anfall von Wachsamkeit und Pflichteifer wendet er sich schließlich noch an jenen und fragt: „Du wollen hier arbeiten, du wollen immer hier bleiben?"

Beispiel zwei: Ein Amerikaner hat lange gebüffelt, bis er die Sprache mit den vielen Fällen einigermaßen beherrschte, nun will er in Deutschland die Probe aufs Exempel machen. Er äußert auch den Wunsch, gelegentlich Tennis zu spielen.

Wir fahren zu einem Verein, ich ermittele den Vorsitzenden inmitten einer großen Runde Biertrinkender und erläutere ihm die Absicht des jungen Mannes aus Kalifornien. Die Herren und Damen sind begeistert. Ein richtiger Amerikaner! Bei uns! Sie stürzen auf ihn zu.

„Nice to see you, of course you can play tennis here on our place. My name is soundso, what is your name, where do you come from?"

„Ich komme aus Kalifornien und heiße David soundso, ich bin hier, um meine Deutschkenntnisse zu verbessern, aber ich würde auch gern ein wenig Tennis spielen."

„Oh, you are comming from California, it's great. I know this beautiful country from my last holidays. From which city are you comming from?"

„Aus Long Beach in Südkalifornien, es ist immer sehr warm dort, aber Deutschland gefällt mir auch sehr gut, ich bin sehr glücklich hier."

„Yes, yes. I know, I understand!"

Ich versuche den Vereinsvorsitzenden darauf aufmerksam zu machen, daß sein Verständnis möglicherweise damit zusammenhängen könnte, daß unser Gast recht passabel deutsch spricht. Vielleicht könnte er ja auch Deutsch sprechen, nur so, weil der David ja noch lernen wolle.

„He speaks German?" Der Mann blickt mich erstaunt an. „Yes", sage ich.

Ü7
- **Wie reagieren die Deutschen auf die beiden Ausländer?**
- **Warum reagieren sie so?**
- **Wie gehen die Gespräche wohl weiter?**
- **Was hätten Sie anstelle des Chinesen und des Amerikaners getan?**
- **Haben *Sie* schon einmal ähnliche Erfahrungen gemacht?**
- **Wie würden Sie mit einem Ausländer reden, der Ihre Sprache nicht gut beherrscht?**

4

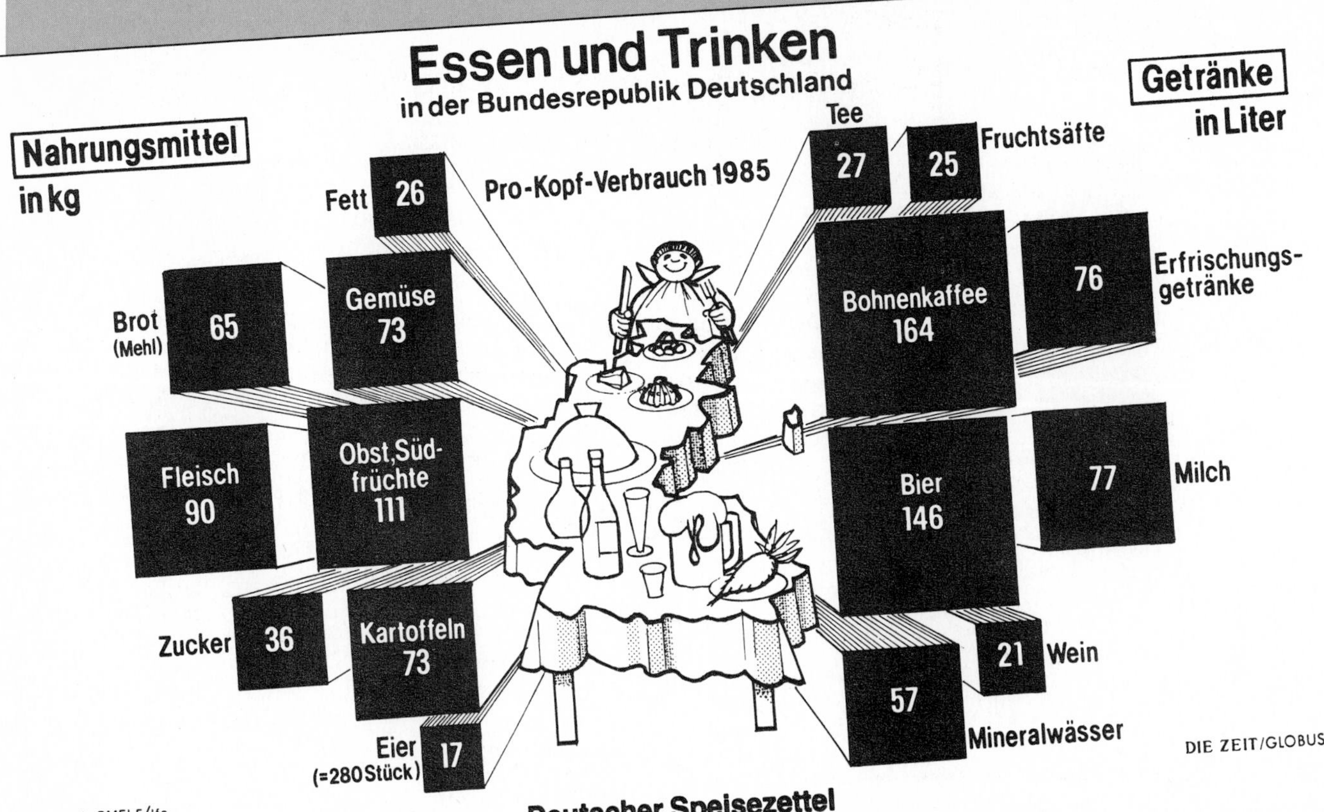

Deutscher Speisezettel

Jeder Bundesbürger hat im vergangenen Jahr durchschnittlich mehr als 500 Kilogramm Nahrungsmittel verzehrt und rund 650 Liter Flüssigkeit dazu getrunken. Der weitaus größte Teil der Ernährung wird mit den großen Grundnahrungsmitteln aufgenommen: Obst und Gemüse, Kartoffeln, Fleisch, Eier, Zucker und Fett. An der Zusammensetzung der Mahlzeiten hat sich in den vergangenen Jahren nur wenig geändert: Vor allem die Mengen von Fett und Zucker, die – im Übermaß genossen – zu ernährungsbedingten Krankheiten führen können, sind in den vergangenen Jahren weitgehend konstant geblieben. Größere Veränderungen gab es beim Getränkeverbrauch. Alkoholhaltige Getränke haben leicht verloren. Erfrischungsgetränke und Fruchtsäfte wurden dafür stärker getrunken.

Ü8 Bitte lesen Sie Graphik und Text und werten Sie aus:

Pro Jahr

Die Deutschen essen: 500 kg	Die Deutschen trinken: 650 l
1. Obst	1. ______
2. ______	2. ______
3. ______	3. ______
4. ______	4. ______
5. ______	5. ______

Ü9 – **Was hat sich in den letzten Jahren in der Bundesrepublik Deutschland beim Konsum geändert? Was ist gleich geblieben?**
– **Welche Unterschiede gibt es im Vergleich zu Ihrem Land?**

Der Kinderschutzbund

Ortsverband Hildesheim e.V. Stadt und Land

Kinderschutz heute - warum?

Kinderschutzarbeit in der Bundesrepublik Deutschland: Was ist das? Ist sie nötig? Welchem Ziel dient sie?

Den meisten Menschen in unserem Lande geht es materiell gut. Sie leben im Wohlstand. Die äußeren Lebensumstände waren nie so günstig wie heute. Die Chancen, das Leben frei zu gestalten, sind groß.

Dennoch gibt es Schattenseiten: soziale Ungerechtigkeiten, Bildungs- und Herkunftsbarrieren, gesellschaftliche Randgruppen. Und daneben im persönlichen Bereich: Ehen, die nicht intakt sind, gestörte Familien, vor allem aber:

- Kinder, die zu kurz kommen
- Kinder, die vernachlässigt werden
- Kinder, die unterdrückt werden
- Kinder, die mißhandelt werden
- Kinder in Heimen
- Kinder ohne elterliche Fürsorge
- Kinder ohne Freiheitsraum
- Kinder, um die sich niemand kümmert

mitten unter uns, überall, oft direkt nebenan, in der eigenen Nachbarschaft.

Wo liegen die Ursachen?

- **Viele Eltern** sind nervös, überreizt, streßgeschädigt, überfordert.
- **Viele Mütter** sind berufstätig, leiden unter der Doppellast des Haushalts und der Berufstätigkeit.
- **Viele Väter** widmen sich vorrangig ihrem Beruf und ihren Interessen, so daß wenig Zeit für die Familie bleibt.
- **Viele Ehepaare** lassen sich scheiden zu einem Zeitpunkt, wo ihre Kinder noch klein sind und der Zuwendung beider Elternteile bedürfen.
- **Viele junge Eltern** sind auf die Aufgabe der Kindererziehung nicht vorbereitet. Ihre Erziehung spielt sich nicht selten zwischen zwei Extremen ab: zwischen übertriebener Verwöhnung und harter Bestrafung.

Was folgt daraus?

Es entstehen Schäden, die lebensprägend für das gesamte Dasein vieler Kinder sind.

Versagende, schwierige, verhaltensgestörte, aggressive Kinder sind immer das Produkt ihrer Umwelt, ihrer Eltern und Erzieher.

Auf keinem Gebiet werden so viele und folgenschwere Fehler gemacht wie bei der Erziehung. Oft aber sind die Eltern überzeugt, daß sie richtig handeln.

B2

Ü 10 **Kinder/schutz/bund – was für ein Verein ist das? Welche Ziele hat er?**

Ü 11 **Es gibt Kinder, die von ihren Eltern keine Liebe und Hilfe bekommen, die schlecht behandelt werden, die geschlagen werden, die nicht spielen dürfen, die nicht in ihren Familien leben können. – Wo und wie steht das oben im Text? Schreiben Sie die Formulierungen auf.**

Ü 12 **Warum geht es diesen Kindern schlecht?**

Ü 13 **„Was folgt daraus?" – Suchen Sie Wörter, die Sie nicht sofort verstehen, im Wörterbuch, z. B. „versagen(d)", „verhaltensgestört."**

Ü 14 **Hören Sie ein Interview mit Frau Geisendorf vom Kinderschutzbund Hildesheim. Sie antwortet auf die Fragen:**

1. **„Kinderschutz heute – ist das nötig?"**
2. **„Wie sieht Ihr Programm aus?"**
3. **„Wie viele Kinder brauchen Hilfe?"**

– **Hören Sie die 1. Antwort.**
Was ist die Hauptschwierigkeit in vielen Familien?

– **Hören Sie die 2. Antwort und notieren Sie:**

Projekte	Kinderbetreuung	Sorgentelefon	Pflege und Adoption	Kleiderbasar	Babysitterdienst

– **Hören Sie die 3. Antwort.**

6

Franz Hohler

DER VERKÄUFER UND DER ELCH

Eine Geschichte mit 128 deutschen Wörtern

Kennen Sie das Sprichwort „Dem Elch eine Gasmaske verkaufen"? Das sagt man bei uns von jemandem, der sehr tüchtig ist, und ich möchte jetzt erzählen, wie es zu diesem Sprichwort gekommen ist.

Es gab einmal einen Verkäufer, der war dafür berühmt, daß er allen alles verkaufen konnte.

Er hatte schon einem Zahnarzt eine Zahnbürste verkauft, einem Bäcker ein Brot und einem Blinden einen Fernsehapparat.

„Ein wirklich guter Verkäufer bist du aber erst", sagten seine Freunde zu ihm, „wenn du einem Elch eine Gasmaske verkaufst."

Da ging der Verkäufer so weit nach Norden, bis er in einen Wald kam, in dem nur Elche wohnten.

„Guten Tag", sagte er zum ersten Elch, den er traf, „Sie brauchen bestimmt eine Gasmaske."

„Wozu?" fragte der Elch. „Die Luft ist gut hier."

„Alle haben heutzutage eine Gasmaske", sagte der Verkäufer.

„Es tut mir leid", sagte der Elch, „aber ich brauche keine."

„Warten Sie nur", sagte der Verkäufer, „Sie brauchen schon noch eine."

Und wenig später begann er mitten in dem Wald, in dem nur Elche wohnten, eine Fabrik zu bauen.

„Bist du wahnsinnig?" fragten seine Freunde.

„Nein", sagte er, „ich will nur dem Elch eine Gasmaske verkaufen."

Als die Fabrik fertig war, stiegen soviel giftige Abgase aus dem Schornstein, daß der Elch bald zum Verkäufer kam und zu ihm sagte: „Jetzt brauche ich eine Gasmaske."

„Das habe ich gedacht", sagte der Verkäufer und verkaufte ihm sofort eine. „Qualitätsware!" sagte er lustig.

„Die anderen Elche", sagte der Elch, „brauchen jetzt auch Gasmasken. Hast du noch mehr?" (Elche kennen die Höflichkeitsform mit „Sie" nicht.)

„Da habt ihr Glück", sagte der Verkäufer, „ich habe noch Tausende."

„Übrigens", sagte der Elch, „was machst du in deiner Fabrik?"

„Gasmasken", sagte der Verkäufer.

P.S. Ich weiß doch nicht genau, ob es ein schweizerisches oder ein schwedisches Sprichwort ist, aber die beiden Länder werden ja oft verwechselt.

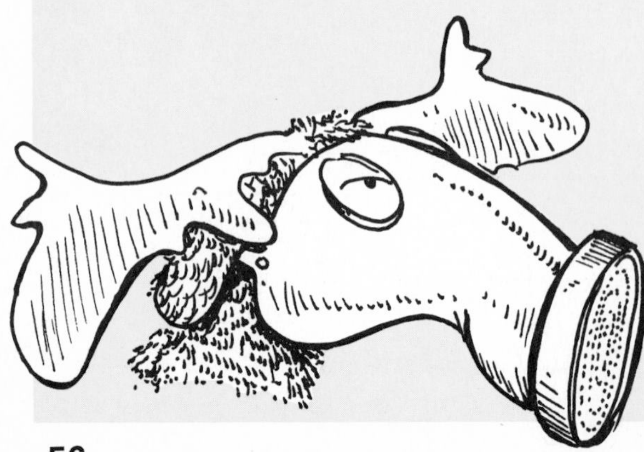

Der spannende Teil folgt im Labor

Die Elchjagd in Schweden wird in diesem Jahr von der Angst vor Cäsium beherrscht

Stockholm. (dpa) Seit mehr als dreißig Jahren geht Erik Andersson in den Wäldern um Hudiksvall, fünf Autostunden nördlich von Stockholm, auf die Jagd nach Elchen. Doch in der jetzt begonnenen Saison ist alles anders, es ist die erste nach Tschernobyl. „Die Angst vor dem Cäsium nimmt mir die Freude," meint der passionierte Jäger, bevor er sich in einer naßkalten Oktobernacht zum erstenmal auf die Pirsch macht.

Auch die äußeren Voraussetzungen der Jagd weisen überdeutlich auf die Folgen der Reaktorkatastrophe im 1 200 Kilometer entfernt liegenden Tschernobyl hin. Während früher stets mehr als vierzig Mitglieder in der Gruppe mit Andersson dabei waren, kamen in diesem Jahr nicht einmal dreißig. „Die anderen versuchen es schon gar nicht mehr wegen des Cäsiums," kommentiert Andersson achselzuckend die gelichteten Reihen.

In Gävleborg, der Region um Hudiksvall, werden die Elche wie in zahlreichen Gebieten Schwedens nicht zum Spaß geschossen. Anders Nilsson, der mit Andersson zusammen jagt, schätzt, daß der Fleischbedarf seiner Familie mit zwei Kindern zu 75 Prozent durch Elch gedeckt wird.

Ihn haben die bisher gemessenen Werte an Cäsium 137 zu makaber anmutenden Rechnungen veranlaßt: „Für mich selbst akzeptiere ich Fleisch mit tausend Becquerel Cäsium pro Kilo. Bis zu 700 Becquerel bekommen es auch die Kinder." Für den Eigenverzehr von Fleisch gibt es in Schweden keine Obergrenzen bei radioaktiven Stoffen. Doch in den Handel darf lediglich Fleisch mit einem Höchstwert von 300 Becquerel pro Kilo gelangen.

Als die Gruppe gegen Mittag ihren Jagdzug beendet, hat Erik Andersson eine kapitale Elchkuh und zwei Kälber erlegt — keine schlechte Beute. Doch der „spannende" Teil der Jagd findet jetzt erst in einem hochmodernen Labor statt. Nachdem noch im Wald die Innereien der Tiere ausgenommen sind, schneidet Andersson kleine Fleischproben und fährt mit ihnen zum Kommune-Labor nach Hudiksvall. Dort wird ihm nach kurzer Zeit das deprimierende Ergebnis der Untersuchung auf Cäsium mitgeteilt.

Für die Elchkuh haben sich 1 600 Becquerel Cäsium pro Kilo ergeben. Der Kadaver und damit mehr als 130 Kilo Wildfleisch müssen von Andersson umgehend im Wald vergraben werden, denn unter den Jägern gilt, daß Elche mit mehr als tausend Becquerel nicht akzeptabel sind.

Das Verb und die Ergänzungen (5): Präpositionalergänzung 1

→ 2B5, 5B2, 7B2, 8B4, 14B4

Der Reporter	berichtet		**vom**	Spiel.
Viele Leute	interessieren	sich	**für**	Tennis.
Ich	warte		**auf**	eine Antwort.
Ich	erinnere	dich	**an**	dein Versprechen.
Die Menschen	reden		**über**	mich.
Zu viel Fett	führt		**zu**	Krankheiten.
Viele Eltern	kümmern	sich nicht	**um**	ihre Kinder.

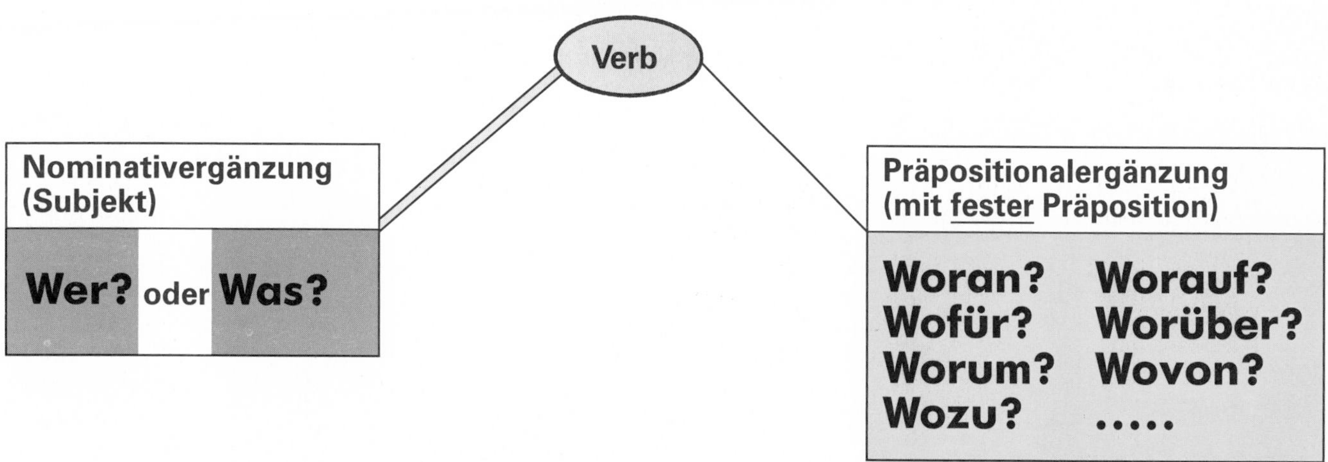

Das Verb und die Ergänzungen (6): Genitivergänzung 2

→ 2B5, 5B2, 7B2, 8B4, 14B4, 16B1

Die Kinder	bedürfen	der Zuneigung der Eltern.
Wir	gedenken	der Toten.

Verb

Nominativergänzung (Subjekt)

Wer? oder **Was?**

Genitivergänzung

Wessen?

Diese Genitivergänzung wird bei nur wenigen Verben und fast nur in schriftlichen Texten verwendet.

3 Wortbildung (1)

3.1 Substantive aus SUBSTANTIV + SUBSTANTIV

der Tennis/platz… …ist ein Platz, auf dem Tennis gespielt wird.
die Radio/reportage… …ist eine Reportage, die man im Radio hören kann.
das Motor/rad… …ist ein (Fahr-)Rad mit Motor.
die Freiheit/s/strafe… …ist eine Strafe, bei der man seine Freiheit verliert.
der Zeitung/s/artikel… …ist ein Artikel (Bericht) in einer Zeitung.
das Nahrung/s/mittel… …ist ein „Mittel" für die Ernährung.

3.2 Substantive aus ADJEKTIV + -heit/-keit

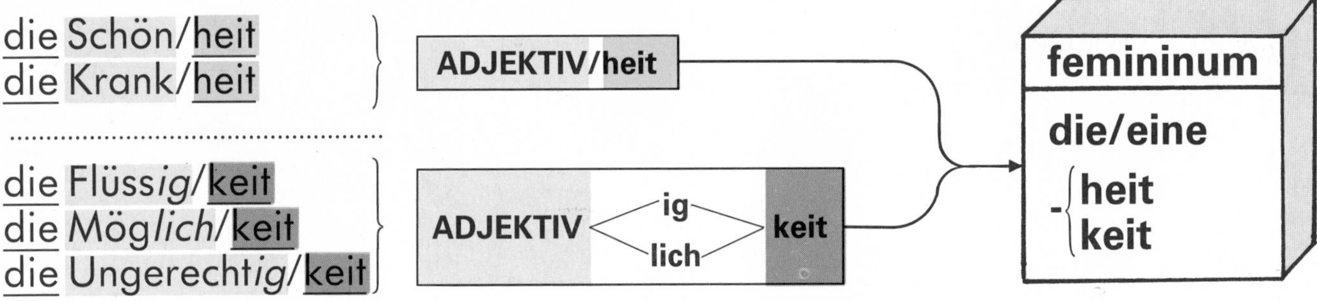

3.3 Substantive aus VERB + -ung

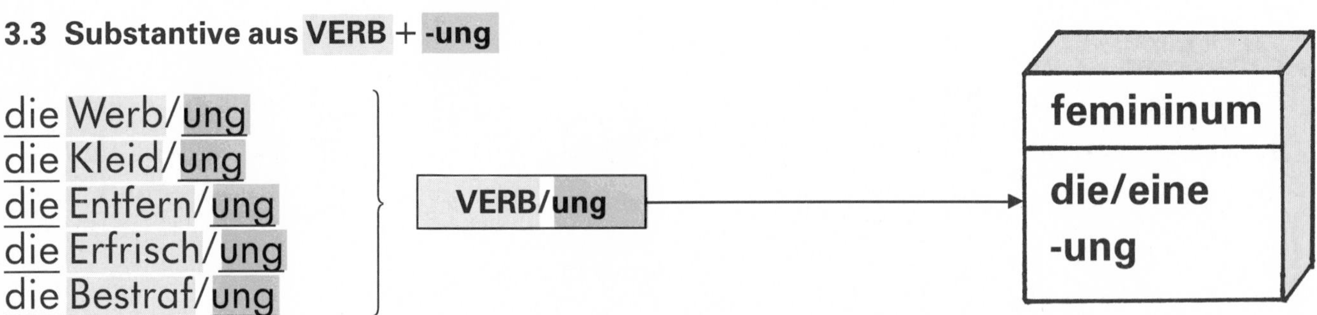

3.4 Substantive aus VERB + -er

der Zuschau/er
der Spiel/er
der Erzieh/er
der Verkäuf/er

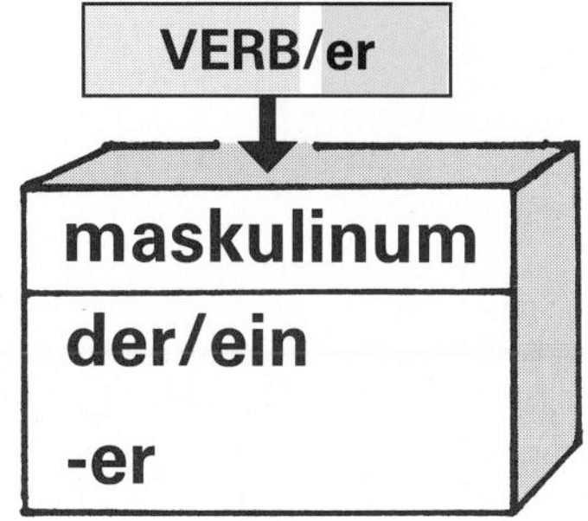

3.5 Substantive aus SUBSTANTIV + -in

die Zuschauer/in
die Spieler/in
die Erzieher/in
die Verkäufer/in
die König/in

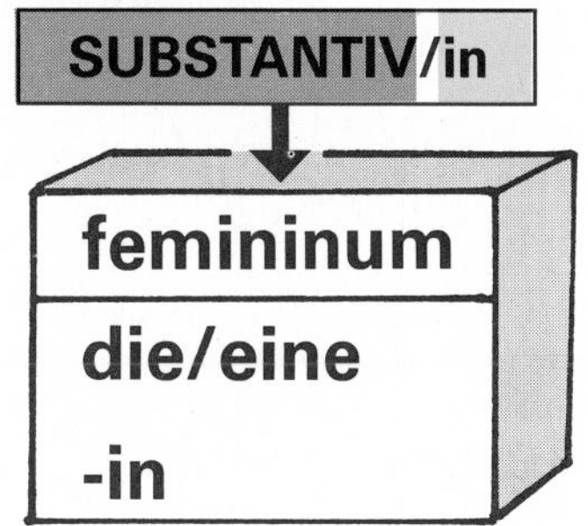

Ü1

Wortbildung (2) 4

4.1 Adjektive aus Substantiv + -lich/-ig

natür/lich
gefähr/lich
beruf/lich
} SUBSTANTIV/lich

gift/ig
lust/ig
} SUBSTANTIV/ig

4.2 Adjektive aus SUBSTANTIV + -los/-frei/-reich/-voll

geschmack/los = ohne Geschmack
unfall/frei = ohne Unfall
zahl/reiche = viele
phantasie/voll = mit (viel) Phantasie

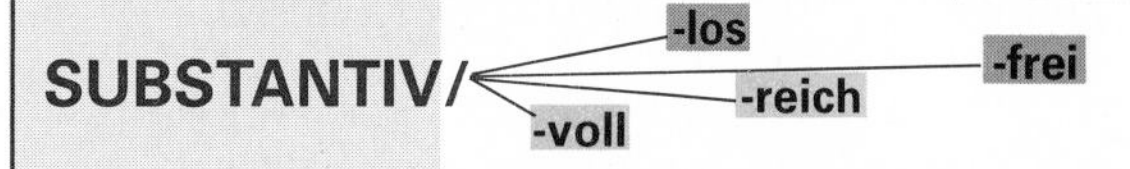

4.3 Adjektive aus un- + ADJEKTIV/PARTIZIP

freundlich ⟷ un/freundlich
kultiviert ⟷ un/kultiviert
gemütlich ⟷ un/gemütlich
gebügelt ⟷ un/gebügelt
bekannt ⟷ un/bekannt
tolerant ⟷ in/tolerant ⚠

Wortbildung (3): Mehrfache Derivation 5

frisch → er/frisch/en → die Erfrisch/ung
fern → ent/fern/en → die Entfern/ung
größer → ver/größer/n → die Vergrößer/ung
besser → ver/besser/n → die Verbesser/ung

ADJEKTIV → VERB → SUBSTANTIV

Ü1

16 B

Ü1 **Machen Sie Verben, Substantive, Adjektive.**
Sehen Sie dann im Wörterbuch nach: Gibt es die Wörter? Wenn ja: Was bedeuten sie?

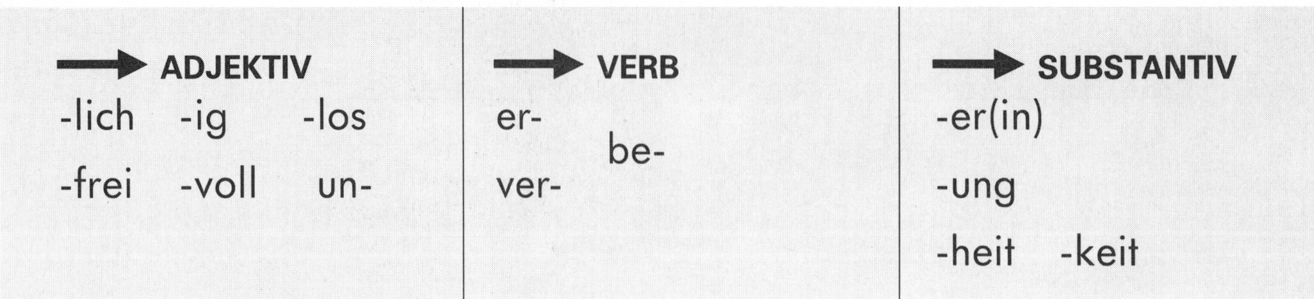

→ ADJEKTIV	→ VERB	→ SUBSTANTIV
-lich -ig -los	er-	-er(in)
-frei -voll un-	be-	-ung
	ver-	-heit -keit

Adjektive	**Verben**	**Substantive**
freundlich, schön, besser, schlecht, gerecht, möglich, leicht, kalt, richtig, gleich, ...	kaufen, packen, zählen, wohnen, geben, suchen, rechnen, ziehen, dienen, ...	Natur, Kleid, Angst, Musik, Zeit, Geschmack, Zahl, Volk, Rat, Frage, Liebe, ...

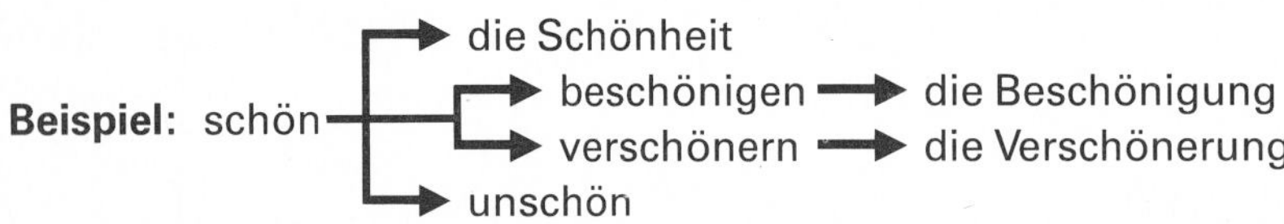

Beispiel: schön
→ die Schönheit
→ beschönigen → die Beschönigung
→ verschönern → die Verschönerung
→ unschön

Unregelmäßige Verben: Stammformen

Hinweis: Die Verben mit trennbarem Präfix haben dieselben Stammformen wie die entsprechenden Verben ohne Präfix.
Die Stammformen dieser Verben finden Sie bei den entsprechenden „einfachen" Verben (ohne Präfix).

Beispiel: ab/laufen
Die Stammformen finden Sie bei *laufen: läuft – lief – ist gelaufen;*
die Stammformen von *ab/laufen* heißen also: *läuft ab – lief ab – ist abgelaufen.*

Infinitiv	Präsens: 3. Sg.	Präteritum: 3. Sg.	Partizip II (Perf.: 3. Sg.)
B			
(sich) begeben	begibt (sich)	begab (sich)	hat (sich) begeben
begehen	begeht	beging	hat begangen
beginnen	beginnt	begann	hat begonnen
behalten	behält	behielt	hat behalten
bekommen	bekommt	bekam	hat bekommen
beschreiben	beschreibt	beschrieb	hat beschrieben
besitzen	besitzt	besaß	hat besessen
bestehen	besteht	bestand	hat bestanden
betragen	beträgt	betrug	hat betragen
biegen	biegt	bog	hat/ist gebogen
bieten	bietet	bot	hat geboten
binden	bindet	band	hat gebunden
bitten	bittet	bat	hat gebeten
bleiben	bleibt	blieb	ist geblieben
braten	brät	briet	hat gebraten
brechen	bricht	brach	hat/ist gebrochen
bringen	bringt	brachte	hat gebracht
D			
denken	denkt	dachte	hat gedacht
dringen	dringt	drang	ist gedrungen
E			
empfehlen	empfiehlt	empfahl	hat empfohlen
empfinden	empfindet	empfand	hat empfunden
entgehen	entgeht	entging	ist entgangen
entscheiden	entscheidet	entschied	hat entschieden
entstehen	entsteht	entstand	ist entstanden
(sich) ergeben	ergibt (sich)	ergab (sich)	hat (sich) ergeben
ergreifen	ergreift	ergriff	hat ergriffen
erhalten	erhält	erhielt	hat erhalten
erkennen	erkennt	erkannte	hat erkannt
erringen	erringt	errang	hat errungen
erwerben	erwirbt	erwarb	hat erworben
essen	ißt	aß	hat gegessen
F			
fahren	fährt	fuhr	ist gefahren
fallen	fällt	fiel	ist gefallen
fangen	fängt	fing	hat gefangen
finden	findet	fand	hat gefunden
fliegen	fliegt	flog	ist geflogen
fressen	frißt	fraß	hat gefressen
frieren	friert	fror	hat gefroren
G			
geben	gibt	gab	hat gegeben
gefallen	gefällt	gefiel	hat gefallen
gehen	geht	ging	ist gegangen
gelten	gilt	galt	hat gegolten
genießen	genießt	genoß	hat genossen
geschehen	geschieht	geschah	ist geschehen
gestehen	gesteht	gestand	hat gestanden
gewinnen	gewinnt	gewann	hat gewonnen
gießen	gießt	goß	hat gegossen
greifen	greift	griff	hat gegriffen
H			
halten	hält	hielt	hat gehalten
heben	hebt	hob	hat gehoben
heißen	heißt	hieß	hat geheißen
helfen	hilft	half	hat geholfen
K			
kennen	kennt	kannte	hat gekannt
klingen	klingt	klang	hat geklungen
kommen	kommt	kam	ist gekommen
kriechen	kriecht	kroch	ist gekrochen
L			
laden	lädt	lud	hat geladen
lassen	läßt	ließ	hat gelassen

Infinitiv	Präsens: 3. Sg.	Präteritum: 3. Sg.	Partizip II (Perf.: 3. Sg.)
laufen	läuft	lief	ist gelaufen
leiden	leidet	litt	hat gelitten
leihen	leiht	lieh	hat geliehen
lesen	liest	las	hat gelesen
liegen	liegt	lag	hat gelegen
M			
meiden	meidet	mied	hat gemieden
mögen	mag	mochte	hat gemocht
N			
nehmen	nimmt	nahm	hat genommen
nennen	nennt	nannte	hat genannt
P			
pfeifen	pfeift	pfiff	hat gepfiffen
Q			
quellen	quillt	quoll	hat/ist gequollen
R			
raten	rät	riet	hat geraten
reiben	reibt	rieb	hat gerieben
reißen	reißt	riß	hat/ist gerissen
reiten	reitet	ritt	ist geritten
riechen	riecht	roch	hat gerochen
rufen	ruft	rief	hat gerufen
S			
schaffen	schafft	schuf	hat geschaffen
scheiden	scheidet	schied	hat/ist geschieden
scheinen	scheint	schien	hat geschienen
schießen	schießt	schoß	hat geschossen
schlafen	schläft	schlief	hat geschlafen
schlagen	schlägt	schlug	hat geschlagen
schließen	schließt	schloß	hat geschlossen
schneiden	schneidet	schnitt	hat geschnitten
schreiben	schreibt	schrieb	hat geschrieben
schreien	schreit	schrie	hat geschrien
schwimmen	schwimmt	schwamm	ist geschwommen
sehen	sieht	sah	hat gesehen
singen	singt	sang	hat gesungen
sitzen	sitzt	saß	hat gesessen
sprechen	spricht	sprach	hat gesprochen
springen	springt	sprang	ist gesprungen
stehen	steht	stand	hat gestanden
stehlen	stiehlt	stahl	hat gestohlen
steigen	steigt	stieg	ist gestiegen
sterben	stirbt	starb	ist gestorben
streichen	streicht	strich	hat gestrichen
T			
tragen	trägt	trug	hat getragen
treffen	trifft	traf	hat getroffen
treten	tritt	trat	hat/ist getreten
trinken	trinkt	trank	hat getrunken
tun	tut	tat	hat getan
U			
unterbrechen	unterbricht	unterbrach	hat unterbrochen
(sich) unterhalten	unterhält (sich)	unterhielt (sich)	hat (sich) unterhalten
unterstreichen	unterstreicht	unterstrich	hat unterstrichen
V			
vergessen	vergißt	vergaß	hat vergessen
vergleichen	vergleicht	verglich	hat verglichen
vergraben	vergräbt	vergrub	hat vergraben
verlassen	verläßt	verließ	hat verlassen
verlieren	verliert	verlor	hat verloren
verschieben	verschiebt	verschob	hat verschoben
verschließen	verschließt	verschloß	hat verschlossen
verschlingen	verschlingt	verschlang	hat verschlungen
verschwinden	verschwindet	verschwand	ist verschwunden
verstehen	versteht	verstand	hat verstanden
W			
weichen	weicht	wich	ist gewichen
weisen	weist	wies	hat gewiesen
werden	wird	wurde	ist geworden
werfen	wirft	warf	hat geworfen
wissen	weiß	wußte	hat gewußt
Z			
zergehen	zergeht	zerging	ist zergangen
ziehen	zieht	zog	hat gezogen

17 GENERATIONEN

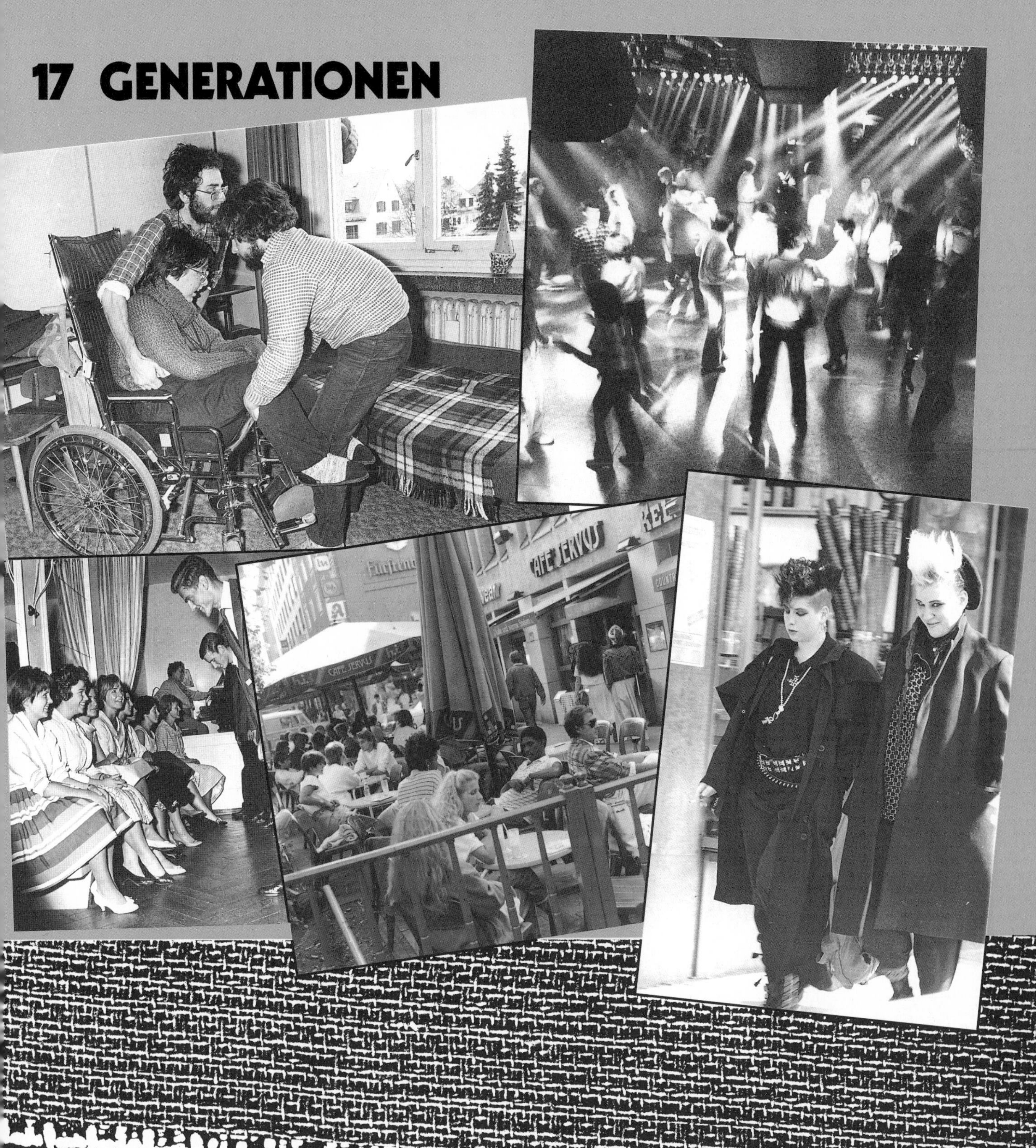

SPRACHE IN TEXTEN

1 Die Tochter

Ü1

Sehen Sie sich die Zeichnung an, bevor Sie den Text (unten) lesen. Überlegen Sie:

- **WAS ist hier wohl los?**
- **WAS tun die Leute?**
- **WER sind diese Leute?**
- **WO könnte diese Szene spielen?**

Vielleicht .....
Möglicherweise .....
Wahrscheinlich .....
Ich denke, daß .....
Das kann/könnte ..... sein.

Ü2 **Lesen Sie jetzt den Text. Vergleichen Sie mit Ihren Vermutungen.**

Peter Bichsel

DIE TOCHTER

Abends warteten sie auf Monika. Sie arbeitete in der Stadt, die Bahnverbindungen sind schlecht. Sie, er und seine Frau, saßen am Tisch und warteten auf Monika. Seit sie in der Stadt arbeitete, aßen sie erst um halb acht. Früher hatten sie eine Stunde eher gegessen. Jetzt warteten sie täglich eine Stunde am gedeckten Tisch, an ihren Plätzen, der Vater oben, die Mutter auf dem Stuhl nahe der Küchentür, sie warteten vor dem leeren Platz Monikas. Einige Zeit später dann auch vor dem dampfenden Kaffee, vor der Butter, dem Brot, der Marmelade.

Sie war größer gewachsen als sie, sie war auch blonder und hatte die Haut, die feine Haut der Tante Maria. „Sie war immer ein liebes Kind", sagte die Mutter, während sie warteten.

In ihrem Zimmer hatte sie einen Plattenspieler, und sie brachte oft Platten mit aus der Stadt, und sie wußte, wer darauf sang. Sie hatte auch einen Spiegel und verschiedene Fläschchen und Döschen, einen Hocker aus marokkanischem Leder, eine Schachtel Zigaretten.

15 *das Döschen:* die kleine Dose

16 *der Hocker:*

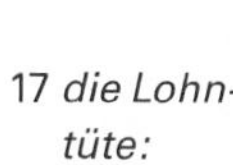

17 *die Lohntüte:* so bekamen früher Arbeiter ihren Wochenlohn ausbezahlt

27 *das Etui:*

Der Vater holte sich seine Lohntüte auch bei einem Bürofräulein. Er sah dann die vielen Stempel auf einem Gestell, bestaunte das sanfte Geräusch der Rechenmaschine, die blondierten Haare des Fräuleins, sie sagte freundlich „Bitte schön“, wenn er sich bedankte.

Über Mittag blieb Monika in der Stadt, sie aß eine Kleinigkeit, wie sie sagte, in einem Tearoom. Sie war dann ein Fräulein, das in Tearooms lächelnd Zigaretten raucht.

Oft fragten sie sie, was sie alles getan habe in der Stadt, im Büro. Sie wußte aber nichts zu sagen.

Dann versuchten sie wenigstens, sich genau vorzustellen, wie sie beiläufig in der Bahn ihr rotes Etui mit dem Abonnement aufschlägt und vorweist, wie sie den Bahnsteig entlang geht, wie sie sich auf dem Weg ins Büro angeregt mit Freundinnen unterhält, wie sie den Gruß eines Herrn lächelnd erwidert.

Und dann stellten sie sich mehrmals vor in dieser Stunde, wie sie heimkommt, die Tasche und ein Modejournal unter dem Arm, ihr Parfum; stellten sich vor, wie sie sich an ihren Platz setzt, wie sie dann zusammen essen würden.

Bald wird sie sich in der Stadt ein Zimmer nehmen, das wußten sie, und daß sie dann wieder um halb sieben essen würden, daß der Vater nach der Arbeit wieder seine Zeitung lesen würde, daß es dann kein Zimmer mehr mit Plattenspieler gäbe, keine Stunde des Wartens mehr. Auf dem Schrank stand eine Vase aus blauem schwedischem Glas, eine Vase aus der Stadt, ein Geschenkvorschlag aus dem Modejournal.

„Sie ist wie deine Schwester“, sagte die Frau, „sie hat das alles von deiner Schwester. Erinnerst du dich, wie schön deine Schwester singen konnte.“

„Andere Menschen rauchen auch“, sagte die Mutter.

„Ja“, sagte er, „das habe ich auch gesagt.“

„Ihre Freundin hat kürzlich geheiratet“, sagte die Mutter.

Sie wird auch heiraten, dachte er, sie wird in der Stadt wohnen.

Kürzlich hatte er Monika gebeten: „Sag mal etwas auf französisch“. – „Ja“, hatte die Mutter wiederholt, „sag mal etwas auf französisch.“ Sie wußte aber nichts zu sagen.

Stenografieren kann sie auch, dachte er jetzt. „Für uns wäre das zu schwer“, sagten sie oft zueinander.

Dann stellte die Mutter den Kaffee auf den Tisch. „Ich habe den Zug gehört“, sagte sie.

17 *das Bürofräulein:* eine Frau, die in einem Büro arbeitet

27 *das Abonnement:* (hier) die Wochen- oder Monatsfahrkarte

28 *vorweisen:* (her)zeigen

B1–7.1

52 *das Stenografieren:* Schreiben in Schnellschrift, Kurzschrift

*PETER BICHSEL, *24.3.1935 in Luzern/Schweiz. Vor allem bekannt als Autor von Kurzgeschichten und Kinderliteratur.*

Ü3 **Beantworten Sie folgende Fragen:**

- **Wie viele Leute reden?**
- **Wo spielt die Geschichte?**
- **Zu welcher Tageszeit spielt sie?**
- **Wie heißt die Tochter?**

Ü4 **Versuchen Sie jetzt, die Personen zu beschreiben:**

Die Tochter: Wie sieht sie aus? Welchen Beruf hat sie?
Die Eltern: Wie alt sind sie ungefähr? Welchen Beruf hat der Vater?

Ü5 **Die Personen werden in dieser Geschichte fast nur *indirekt* beschrieben!**

Monika wird beschrieben:	Die Eltern werden beschrieben:
• durch die Dinge, die ihr gehören; • durch ihr Zimmer; • durch das, was sie in der Stadt macht.	• durch Erinnerungen und Gedanken an ihre Tochter.

Suchen Sie dazu Beispiele im Text.

Ü6 **Suchen Sie im Text Beispiele zu den folgenden Punkten:**

Die Eltern	Das Verhältnis zwischen Eltern und Tochter	Die Tochter	
		tatsächlich:	in der Vorstellung der Eltern:
Sie, er und seine Frau, saßen am Tisch und warteten ...	Abends warteten sie auf Monika.	Sie arbeitete in der Stadt, die Bahnverbindungen ...	... die feine Haut der Tante Maria ...

Wie ist die Beziehung zwischen Eltern und Tochter?

Ü7

„Sie ist wie deine Schwester", sagte die Frau, „sie hat das alles von deiner Schwester. Erinnerst du dich, wie schön deine Schwester singen konnte."
„Andere Menschen rauchen auch", sagte die Mutter.
„Ja", sagte er, „das habe ich auch gesagt."
„Ihre Freundin hat kürzlich geheiratet", sagte die Mutter.
Sie wird auch heiraten, dachte er, sie wird in der Stadt wohnen.

- **Wie stellen Sie sich diese Schwester vor?**

Ich stelle mir vor, daß sie ....
Sie ist wohl ....

- **Was hält Monikas Vater davon?**

Ü8 **Bitte schreiben Sie eine „Parallelgeschichte":**

Drei Jahre später. Monika wohnt jetzt in der Stadt. Sie ist verheiratet. Ihr Mann arbeitet in einem Ingenieurbüro. Sie haben eine kleine Wohnung am Stadtrand. Sie haben jetzt ein Kind. Monika hat aufgehört zu arbeiten.

Abends wartete sie auf Klaus. Er arbeitete in der Stadt, die Busverbindungen sind schlecht. Sie, Monika und das Kind, saßen am Tisch und warteten auf Klaus. ...

Bei den Eltern wohnen oder ausziehen? – Zwei Interviews 2

Eckehard ist gerade von zu Hause ausgezogen. a

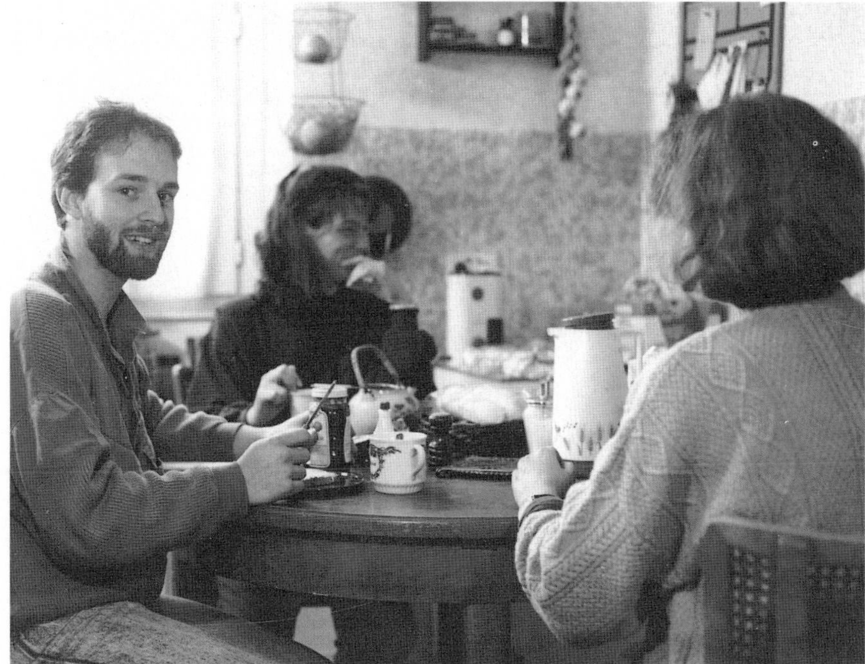

Die Fragen im Interview mit Eckehard beziehen sich auf

- Alter und Schulbildung,
- gegenwärtige Tätigkeit (Zivildienst statt Wehrdienst),
- Gründe für den Auszug von zu Hause,
- Probleme bei der Wohnungssuche,
- erste Erfahrungen mit der Wohngemeinschaft (WG), in der er seit einigen Wochen wohnt.

Ü 9 **Hören Sie das Interview in Abschnitten und notieren Sie Stichwörter zu den Antworten.**

Ü 10 **Geben Sie den Inhalt des Interviews wieder.**

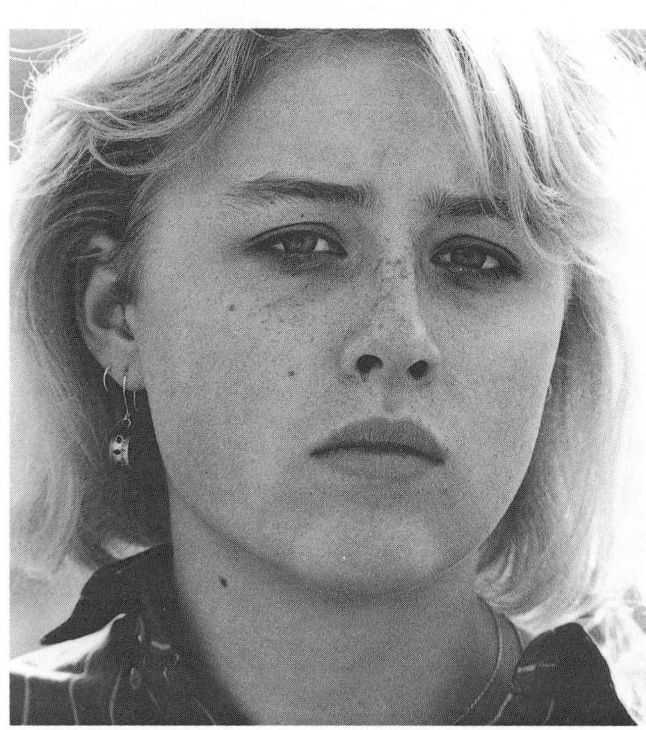

Stefanie wohnt noch bei ihren Eltern, aber sie würde auch gerne ausziehen. b

Stefanie ist fast neunzehn. Sie geht noch aufs Gymnasium und wohnt zu Hause bei den Eltern. Sie hat ein eigenes Zimmer.
Sie würde auch gerne ausziehen und sich eine eigene Wohnung nehmen, wenn sie das Geld dafür hätte. Sie meint, daß ihre Eltern jetzt nichts mehr dagegen hätten, wenn sie sich selbständig machen würde.
Wenn sie mit siebzehn ausgezogen wäre, hätte es sicher eine Auseinandersetzung mit den Eltern gegeben, meint sie.
Viele Konflikte zwischen Eltern und Kindern könnte man vermeiden, wenn man mehr miteinander reden würde, sagt sie zum Schluß.

B8–10

Ü 11 **Hören Sie die einzelnen Abschnitte des Interviews mehrmals an und vergleichen Sie die Äußerungen von Stefanie mit der schriftlichen Zusammenfassung. Welche Unterschiede gibt es a) inhaltlich, b) sprachlich?**

3 „Bei uns ist das anders!"

Den folgenden Bericht hat Elham Abdel Attif, ein ägyptischer Germanistikstudent, nach fünf Monaten Studium an der Universität Essen geschrieben:

Elham Abdel Attif

Petra denkt anders

Als ich in der BRD war, fand zwischen meiner deutschen Freundin und mir die folgende Diskussion statt. Das war die erste Diskussion, die ich in Deutschland führte.

Sie: Elham, sag mal, wie gefällt es dir hier?

Ich: Gut gefällt es mir. Man kann hier mit anderen Leuten in Kontakt kommen. Ich finde das schön. Und du? Was meinst du? Gefällt es dir auch hier?

Sie: Wunderbar, unheimlich toll. Es freut mich sehr, hier zu wohnen. Hier kann ich ruhig leben.

Ich: Wieso ruhig, Petra? Hier ist es manchmal laut.

Sie: Elham, du hast mich falsch verstanden. Ich meine, daß ich ohne Probleme lebe.

Ich: Mit wem hast du Probleme?

Sie: Mit meiner Familie.

Ich: Wieso denn? Wo wohnt deine Familie?

Sie: Hier in Essen.

Ich: In Essen!? Und warum wohnst du nicht bei deiner Familie?

Sie: Ich verstehe mich nicht mit meinem Vater.

Ich: Erzähl mal!

Sie: Ich kann machen, was ich will. Wenn wir über eine Sache diskutieren, sind unsere Meinungen immer anders. Er ist immer von seiner Meinung überzeugt und will sie nicht ändern. Auch mein Bruder wohnt nicht mehr zu Hause und auch meine Schwester.

Ich: Das ist ja unglaublich! Alle wohnen voneinander getrennt? Oh, mein Gott, wo ist denn dann die Familie?

Sie: Das ist oft so in Deutschland. Viele Jugendliche in unserem Alter wohnen von ihrer Familie weg. Aber sie besuchen sie einmal in der Woche.

Ich: So? Das finde ich sehr schlimm. Bei uns z.B. ist das ganz anders. Obwohl wir verschiedene Meinungen zu bestimmten Dingen haben, akzeptiert jeder die Meinung des anderen. Wir leben immer zusammen. Wir könnten nicht getrennt voneinander leben. Die Beziehung zwischen dem Vater und seinen Kindern ist viel stärker als unsere verschiedenen Meinungen zu Kleinigkeiten.

Sie: Aber diese starke Beziehung gibt euch nicht die Möglichkeit, auf eigenen Füßen zu stehen.

Ich: Doch! Es stimmt, daß wir in der Familie wohnen und daß jeder seine Aufgabe hat, die er erfüllen muß. Wir lieben unseren Vater, und wir sind davon überzeugt, daß er mehr Erfahrung hat als wir. Aber das heißt nicht, daß wir alles machen, was er will. Es muß immer erst eine Diskussion geben.

Sie: Sag, was du willst, Elham. Du wirst mich nie überzeugen. Wir sind einfach anders. Wir denken anders und leben in verschiedenen Kulturen. Deshalb ist es schwer, daß wir uns einig werden.

Ich: Ja, du hast recht!

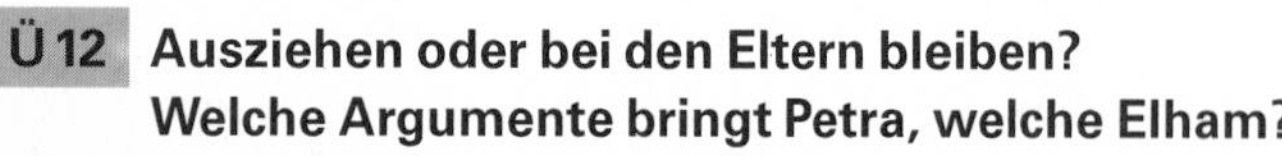

Ü 12 Ausziehen oder bei den Eltern bleiben? Welche Argumente bringt Petra, welche Elham?

Ü 13 Und Sie – was denken Sie?

Ich finde/glaube/denke/meine, daß ....
Ich bin der Meinung/Überzeugung, daß ....
Meiner Meinung nach ....

①

Vermißtes Kind schlief in einem Schneehaufen

Gießen (dpa)

Ein sechsjähriger Junge hat in der Nacht zum Mittwoch rund sieben Stunden lang in einem Schneehaufen geschlafen, ehe ihn eine Suchmannschaft entdeckte.

Ü 14 **– Welche Informationen bekommen Sie durch die Überschrift?**
– Vergleichen Sie den Inhalt der Überschrift mit dem Inhalt des ersten Satzes. – Vergleichen Sie einzelne Informationen, z.B. „Kind" – „Ein sechsjähriger Junge".
– Wie geht die Zeitungsmeldung wohl weiter? Welche Informationen folgen noch? Notieren Sie Stichwörter.

②

Wie ein Polizeisprecher in Gießen mitteilte, hatte die in Lahnau im Lahn-Dill-Kreis wohnende Mutter ihren Sohn gegen 19 Uhr vermißt. Nachforschungen ergaben, daß er bis gegen Abend in einem Nachbarhaus gespielt und sich dann für den Heimweg verabschiedet hatte. Ein von der Polizei zusammengestellter Suchtrupp von rund 100 Helfern, darunter Feuerwehrmänner und Freiwillige, fand den Jungen kurz nach ein Uhr morgens friedlich schlafend in einem etwa 100 Meter von der Wohnung entfernten Schneehaufen. Das Kind war wohlbehalten. Wie eine ärztliche Untersuchung ergab, hatte es nicht einmal eine Unterkühlung erlitten.

Mittwoch	Polizeisprecher
Di 19⁰⁰	Kind vermißt

B7.2

6/15 *die Suchmannschaft / der Suchtrupp:* viele Leute, die zusammen suchen; 11 *die Nachforschungen* → nachforschen: suchen; 13 *der Heimweg:* der Weg nach Hause; 19 *wohlbehalten:* gesund; 21 *eine Unterkühlung erleiden:* sehr (gefährlich) kalt werden

Ü 15 **– Vergleichen Sie Ihre Stichwörter mit Text ②. Sind in Text ② überraschende Neuigkeiten?**
– Notieren Sie die ungefähren Uhrzeiten für die verschiedenen Handlungen in der Tabelle neben Text ②.
– Vergleichen Sie den Inhalt von Text ① und Text ②.
– Paßt die Überschrift *„Vermißtes Kind schlief in einem Schneehaufen"* gut zu dieser Zeitungsmeldung? Oder haben Sie einen besseren Vorschlag?

schlief in einem Schneehaufen

Gießen (dpa) hat in der Nacht zum Mittwoch rund sieben Stunden lang in einem Schneehaufen geschlafen, ehe eine Suchmannschaft entdeckte. Wie ein Polizeisprecher in Gießen mitteilte, hatte die in Lahnau im Lahn-Dill-Kreis wohnende Mutter gegen 19 Uhr vermißt. Nachforschungen ergaben, daß bis gegen Abend in einem Nachbarhaus gespielt und sich dann für den Heimweg verabschiedet hatte. Ein von der Polizei zusammengestellter Suchtrupp von rund 100 Helfern, darunter Feuerwehrmänner und Freiwillige, fand kurz nach ein Uhr morgens friedlich schlafend in einem etwa 100 Meter von der Wohnung entfernten Schneehaufen. war wohlbehalten. Wie eine ärztliche Untersuchung ergab, hatte nicht einmal eine Unterkühlung erlitten.

Vermißtes Kind

Ein sechsjähriger Junge

ihn

ihren Sohn

er

den Jungen

Das Kind

es

Ü 16 **Wie Sie sehen, erscheint „das Kind/der Junge" immer wieder im Text. Die verschiedenen Benennungen laufen wie eine „Kette" durch den Text. Verfolgen Sie andere „Ketten" durch den Text, z. B.:**

in Lahnau im Lahn-Dill-Kreis

in einem Nachbarhaus

5 Was ist ein Text?

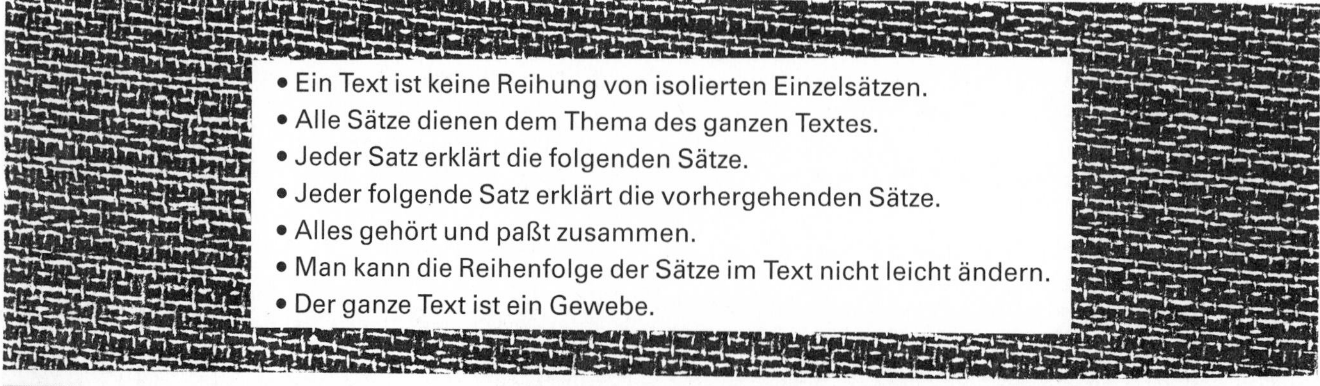

- Ein Text ist keine Reihung von isolierten Einzelsätzen.
- Alle Sätze dienen dem Thema des ganzen Textes.
- Jeder Satz erklärt die folgenden Sätze.
- Jeder folgende Satz erklärt die vorhergehenden Sätze.
- Alles gehört und paßt zusammen.
- Man kann die Reihenfolge der Sätze im Text nicht leicht ändern.
- Der ganze Text ist ein Gewebe.

Ü 17 **Ist „Vermißtes Kind schlief in einem Schneehaufen" nach dieser Definition ein Text?**

Freitagnachmittag, 15.45 Uhr. Die Bank schließt in 15 Minuten. Vor den Schaltern steht noch eine Reihe von Kunden, die es eilig haben.
Paolo Rossi hat gerade 500 Mark abgehoben, und die Bankangestellte fragt ihn, ob er das Geld lieber in kleinen Scheinen (50,–/20,–/10,–) haben will. Aber er möchte lieber fünf Hunderter haben.
Frau Angermann findet, daß die Angestellte schneller arbeiten könnte, und sie sagt ihr das auch. Sie will 150 Mark auf das Sparbuch ihrer Enkelin einzahlen, die bei ihr zu Besuch ist.
Sabine kann ihr Sparschwein kaum noch halten. Es ist voller Geldstücke. Sie will es öffnen lassen und mit dem Geld ihre Freunde zu einem Eis einladen. Die Angestellte fragt sie, ob sie das Geld nicht lieber sparen will. Aber Sabine sagt ihr, daß sie es nun lange genug gespart hat, und heute ist ihr Geburtstag.
Am Schalter 2 steht ein schwedischer Tourist und möchte Kronen in Deutsche Mark wechseln. Er findet den Wechselkurs sehr ungünstig und behauptet, daß er vor einer Woche in Frankfurt viel besser getauscht hat.
Hinten in der Reihe stehen zwei Männer, die kein Konto und kein Geld haben.

Ü 1 **– Wie viele Gesprächssituationen entstehen hier?**
– Schreiben Sie dazu in Arbeitsgruppen kurze Dialoge.
– Spielen Sie die Dialoge in kleinen Szenen vor.

1 Passiv (Wiederholung und Ergänzung am Beispiel der 3. Person Singular) → 13B5

Präsens Präteritum	Der Tisch Der Tisch	wird wurde	gedeckt. gedeckt.	
Perfekt Plusquamperfekt	Der Tisch Der Tisch	ist war	gedeckt gedeckt	worden. worden.
			PARTIZIP II	
		TEMPUSFORMEN von „werden"		

Ü1

2 Vorgangspassiv und Zustandspassiv

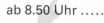

..... bis 8.30 Uhr

Der Tisch **war leer**.

Alter Zustand

von 8.30 ..... bis ..... 8.50 Uhr

Der Tisch **ist gedeckt worden**.

Vorgang

VORGANGSPASSIV

ab 8.50 Uhr .....

Der Tisch **ist gedeckt**.

Neuer Zustand

ZUSTANDSPASSIV

Ü1

3 Partizip I: Bildung

Infinitiv Präsens	Partizip I
dampf - en	dampf - end
koch - en	koch - end
sing - en	sing - end
lach - en	lach - end
⚠ lächel - **n**	lächel - **nd**
	STAMM - (e)nd

Ü2

Partizip II und Partizip I als Attribut → 11B3–4 4

4.1 Das Partizip II als Attribut

Artikel	Attribut	Substantiv
der	groß-e gedeckt-e	Tisch
	ADJEKTIV - e PARTIZIP II - e	

4.2 Das Partizip I als Attribut

Artikel	Attribut	Substantiv
der	heiß-e dampfend-e	Kaffee
	ADJEKTIV- e PARTIZIP I- e	

Ü3

Partizip II und Partizip I: Grundbedeutung 5

5.1 Partizip II

	Das bedeutet:
der gedeckte Tisch:	Der Tisch ist (vorher) gedeckt worden.
das gekochte Ei:	Das Ei ist (vorher) gekocht worden.
	PERFEKT PASSIV

5.2 Partizip I

der dampfende Kaffee:	Der Kaffee dampft (jetzt).
das lächelnde Fräulein:	Das Fräulein lächelt (jetzt).
	PRÄSENS AKTIV

Ü4

Partizipialkonstruktionen mit Partizip II und Partizip I 6

6.1 mit Partizip II

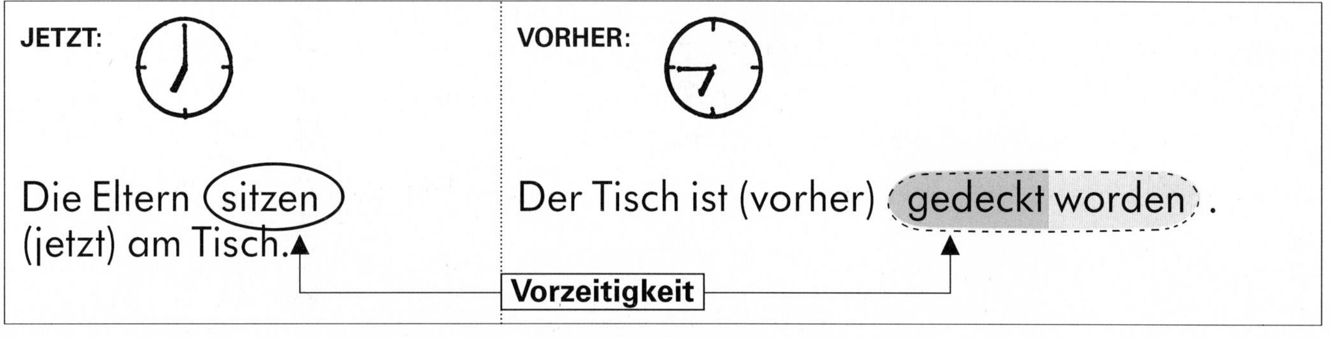

JETZT:
Die Eltern sitzen (jetzt) am Tisch.
VORHER:
Der Tisch ist (vorher) gedeckt worden.
Vorzeitigkeit

6.2 mit Partizip I

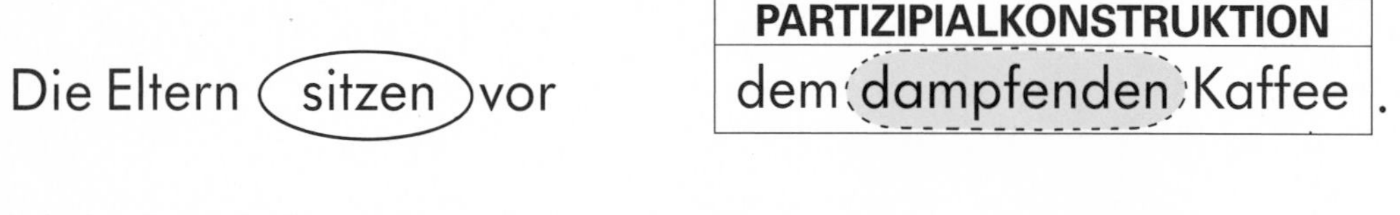

Die Eltern (sitzen) vor [PARTIZIPIALKONSTRUKTION: dem (dampfenden) Kaffee].

JETZT:
Die Eltern sitzen (jetzt) vor dem Kaffee.
JETZT:
Der Kaffee dampft (jetzt).
Gleichzeitigkeit

Ü5, 6

7 Partizipialkonstruktion und Relativsatz

7.1 Partizip und Relativsatz als Attribut

Sie warten .....

..... an [dem (gedeckten) Tisch]. — PARTIZIPIALKONSTRUKTION

..... an dem ( ) **Tisch**, [der (gedeckt (worden) ist)]. — RELATIVSATZ

Sie sitzen .....

..... vor [dem (dampfenden) Kaffee]. — PARTIZIPIALKONSTRUKTION

..... vor dem ( ) **Kaffee**, [der (dampft)]. — RELATIVSATZ

7.2 Partizipialkonstruktion ⇆ Relativsatz

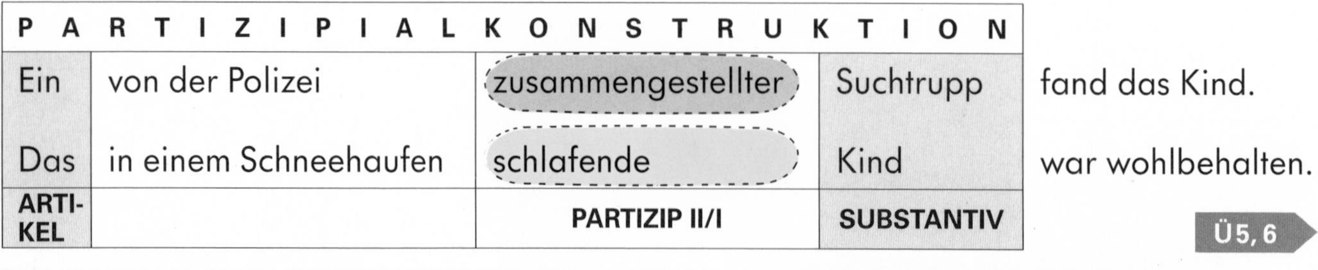

P A R T I Z I P I A L K O N S T R U K T I O N				
Ein	von der Polizei	zusammengestellter	Suchtrupp	fand das Kind.
Das	in einem Schneehaufen	schlafende	Kind	war wohlbehalten.
ARTIKEL		PARTIZIP II/I	SUBSTANTIV	

Ü5, 6

Ein	**Suchtrupp**,	**der**	von der Polizei	zusammengestellt worden war	, ...
Das	**Kind**,	**das**	in einem Schneehaufen	schlief	, ...
		R E L A T I V S A T Z			

Der Konjunktiv II (gebildet vom Präteritum): Formen 8

	Unregelmäßige Verben, z. B. kommen	Regelmäßige Verben, z. B. machen	sein	haben	Endung
Singular					
1. ich	käm-e	mach-t-e	wär-e	hätt-e	-e
2. du	käm-est	mach-t-est	wär-est	hätt-est	-est
Sie	käm-en	mach-t-en	wär-en	hätt-en	-en
3. er / sie / es	käm-e	mach-t-e	wär-e	hätt-e	-e
Plural					
1. wir	käm-en	mach-t-en	wär-en	hätt-en	-en
2. ihr	käm-et	mach-t-et	wär-et	hätt-et	-et
Sie	käm-en	mach-t-en	wär-en	hätt-en	-en
3. sie	käm-en	mach-t-en	wär-en	hätt-en	-en
PRÄTERITUM-Stamm mit Umlaut / ohne Umlaut + KONJUNKTIV-Endung					

Vergleichen Sie den Indikativ Präterium → 10B1

Der Konjunktiv II: Ersatzformen mit „würd-" → 13B2

Ü 7, 8

Der Konjunktiv II (gebildet vom Plusquamperfekt): Formen 9

Singular				
1. ich	wär-e		hätt-e	
2. du	wär-est		hätt-est	
Sie	wär-en		hätt-en	
3. er / sie / es	wär-e	gekommen gewesen geblieben	hätt-e	besucht gemacht gehabt .....
Plural				
1. wir	wär-en		hätt-en	
2. ihr	wär-et		hätt-et	
Sie	wär-en		hätt-en	
3. sie	wär-en		hätt-en	
	KONJUNKTIV II von „sein"	**+ PARTIZIP II**	**KONJUNKTIV II von „haben"**	**+ PARTIZIP II**

Ü 7, 8

10 Der Konjunktiv II: Gebrauch → 13B2/10, 15B2/4

10.1 Potentialis

Wenn ich das Geld dafür hätte, zöge ich aus.
[haben würde], würde ich ausziehen.
, nähme ich mir eine Wohnung.
, würde ich mir eine Wohnung nehmen.

KONJUNKTIV II (vom Präteritum), **KONJUNKTIV II (vom Präteritum)**

Das bedeutet zugleich:

Aber ich **habe jetzt kein Geld** dafür, deshalb **ziehe** ich **jetzt nicht aus.**
deshalb **nehme** ich mir **jetzt keine** Wohnung.

JETZT: nicht – vielleicht SPÄTER = potential

10.2 Irrealis

Wenn ich mit 17 ausgezogen wäre, hätte es eine Auseinandersetzung gegeben.
, wäre es zu Konflikten gekommen.

KONJUNKTIV II (vom Plusquamperfekt), **KONJUNKTIV II (vom Plusquamperfekt)**

Das bedeutet zugleich:

Aber ich **bin damals nicht ausgezogen**, deshalb **hat** es **keine** Auseinandersetzung **gegeben.**
deshalb **ist** es **nicht** zu Konflikten **gekommen.**

DAMALS: nicht real = irreal!
AUCH SPÄTER: nicht real = irreal!

Ü 7, 8

Ü 1 **Beschreiben Sie bitte**
a) *den Vorgang,* der den alten Zustand geändert hat, und
b) *den neuen Zustand.*

Beispiel: **1. a) Der Tisch *ist gedeckt worden.* – b) Der Tisch *ist gedeckt.***

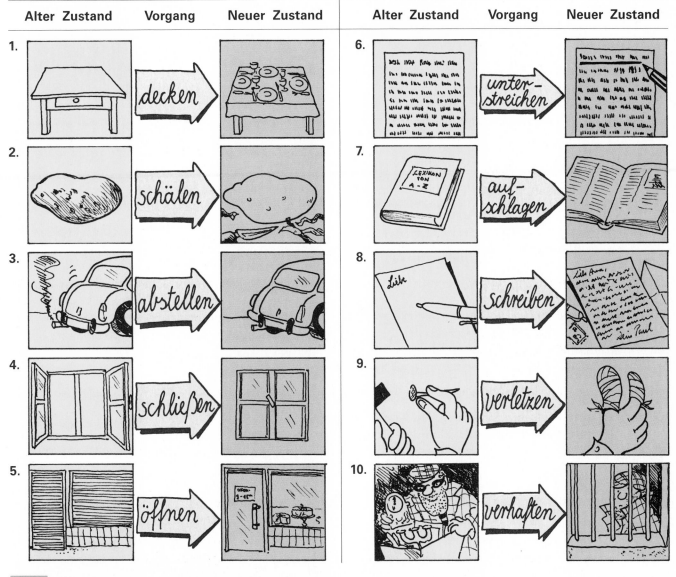

	Alter Zustand	Vorgang	Neuer Zustand
1.		decken	
2.		schälen	
3.		abstellen	
4.		schließen	
5.		öffnen	
6.		unterstreichen	
7.		aufschlagen	
8.		schreiben	
9.		verletzen	
10.		verhaften	

Ü 2 **Was sehen Sie auf dem Bild? Ergänzen Sie bitte:**

hängen (2×), stehen, lesen, liegen (2×), schauen, sitzen (2×)

Ich sehe .....
..... eine auf dem Boden ______________ Trompete.
..... mehrere auf Stühlen ______________ Menschen.
..... einen in einem Buch ______________ Mann.
..... eine ______________ alte Frau.
..... eine an der Decke ______________ Lampe.
..... eine geradeaus ______________ jüngere Frau.
..... zwei schief an der Wand ______________ Bilder.
..... eine auf den Hinterbeinen ______________ Maus.
..... eine auf dem Boden ______________ Rose.
....

Ü3 **Was ist auf den Bildern in Ü1 unter „Neuer Zustand" zu sehen? Beschreiben Sie bitte.**

Beispiel: Auf Bild 1 ist **ein gedeckter Tisch** zu sehen. Auf Bild 2 .....

Ü4 **Erklären Sie die Bedeutung: a) Partizip II oder b) Partizip I**

Beispiel: a) **Ein gedeckter Tisch** ist ein **Tisch, der** (vorher) **gedeckt worden ist.**
b) **Lächelnde Menschen** sind **Menschen, die** (jetzt/gerade) **lächeln.**

Aufgaben:
1. ein repariertes Auto 2. kochendes Wasser 3. ein verbotener Ausdruck 4. spielende Kinder 5. gekochte Kartoffeln 6. dampfender Kaffee 7. ein gebügeltes Hemd 8. zurückgehende Temperaturen 9. eine zurückgelegte Strecke 10. zusammengesetzte Wörter 11. ein weinender Junge 12. gelernte Wörter 13. verdientes Geld 14. ein gemaltes Bild 15. gut aussehende Männer und Frauen

Ü5 **Ersetzen Sie die Partizipialkonstruktion durch einen Relativsatz.**

Beispiel: **Ein schon lange vermißtes Kind** schlief in einem Schneehaufen.
Ein Kind, **das schon lange vermißt worden war,** schlief in einem Schneehaufen.

Aufgaben:
1. **Der friedlich in einem Schneehaufen schlafende Junge** wurde um 1 Uhr nachts entdeckt. 2. **Das von dem Suchtrupp entdeckte Kind** war unverletzt. 3. In einem Text erklärt jeder Satz **die folgenden Sätze.** 4. Und **jeder folgende Satz** erklärt **die vorhergehenden Sätze.** 5. Der Text „Petra denkt anders" ist von **einem an der Universität Essen studierenden Studenten** geschrieben worden. 6. **Den von der Freundin vorgebrachten Argumenten** kann ich nicht zustimmen. 7. **Das von Elham beschriebene Zusammenleben der Familien** finde ich viel besser. 8. **Die von den Eltern getrennt lebenden Jugendlichen** lernen, auf eigenen Füßen zu stehen, sagt die Freundin.

Ü6 **Ersetzen Sie die Partizipialkonstruktionen in Ü2 durch einen Relativsatz.**

Beispiel: Ich sehe **eine auf dem Boden liegende Trompete.**
Ich sehe **eine Trompete, die auf dem Boden liegt.**

Aufgaben: Ich sehe **mehrere auf Stühlen sitzende Menschen.** .....

Ü7 **Fragen und antworten Sie bitte.**

Beispiel:
„Was **täten** Sie (Was **würden** Sie **tun**), wenn Sie mehr Zeit **hätten**?" – „Ich **würde** mehr **lesen, würde** mehr Briefe **schreiben, würde** länger **schlafen,** ....."

Ü8 **Fragen und antworten Sie bitte.**

Beispiel:
„Was **hätten** Sie **getan**, wenn Sie viel Geld **gehabt hätten**?" – „Ich **wäre** zuerst acht Wochen lang in Urlaub **gefahren**, dann **hätte** ich eine Weltreise **gemacht**, ..."

mehr Zeit haben
Politiker sein
plötzlich Besuch von 20 Leuten bekommen
einem Radfahrer auf der Autobahn begegnen
Wetter besser sein
allein auf einer Insel leben
den Präsidenten (Ihres Landes) am Telefon haben
im Lotto gewinnen
mehr Geld haben

Zusammengesetzte Substantive (Komposita)

Karin M. (16 Jahre alt): „Ich verstehe meine Mutter nicht! Wenn ich im Haushalt nichts mache, schimpft sie; wenn ich mal koche, ist sie auch nicht zufrieden. ‚Du und deine Kochversuche', sagt sie. Kein Wunder, daß ich dann einfach den Kühlschrank leeresse. Auch sonst habe ich Probleme. Sie läßt mir keinen Spielraum: Wenn ich Rockmusik höre, ist es ihr zu laut. Wenn ich abends nach Hause komme, muß ich klingeln, weil sie mir keinen Hausschlüssel gibt. Und morgens, wenn ich gemütlich im Badezimmer bin, meckert sie und sagt, ich soll mich beeilen. Also, ich will weg von zu Hause!"

„Du und deine Kochversuche" 11

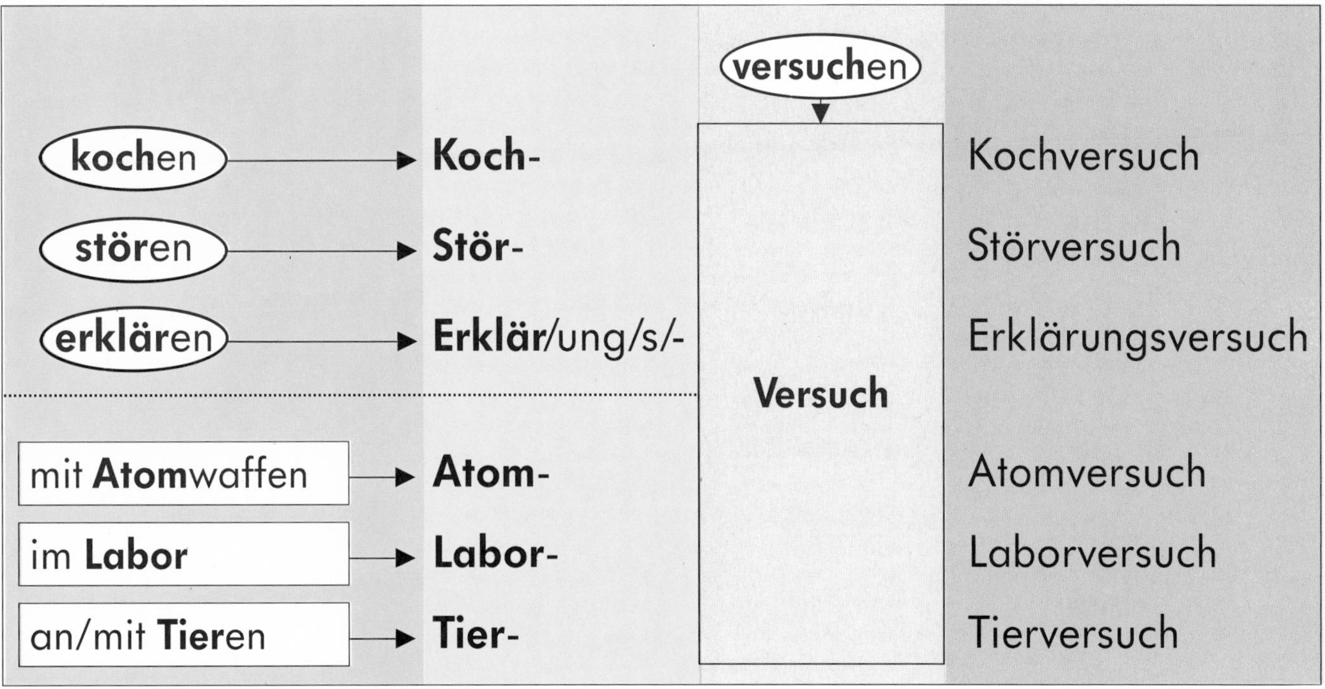

Ü 9 **„Kochversuche" sind Versuche, selbst zu kochen. – „Atomversuche" sind Versuche mit .....**
Erklären Sie die zusammengesetzten Substantive mit *-versuch.*

„Sie läßt mir keinen Spielraum." = Möglichkeit („Raum"), sich frei zu bewegen (zu „spielen") 12

Ü 10 **Prüfen und erklären Sie mit Hilfe eines Wörterbuchs die folgenden zusammengesetzten Substantive mit *-raum:***

Freiraum, Kofferraum, Lagerraum; Weltraum, Wohnraum, Zeitraum, Zwischenraum

„Kein Wunder, daß ich dann einfach den Kühlschrank leeresse." = Schrank, in dem Nahrungsmittel und Getränke gekühlt werden 13

Ü 11 **Prüfen und erklären Sie mit Hilfe eines Wörterbuchs die folgenden zusammengesetzten Substantive mit *-schrank:***

Bücherschrank, Geldschrank, Kleiderschrank, Wäscheschrank;
⚠ Küchenschrank;
⚠ Glasschrank

14 **„Und morgens, wenn ich gemütlich im Badezimmer bin ...“**

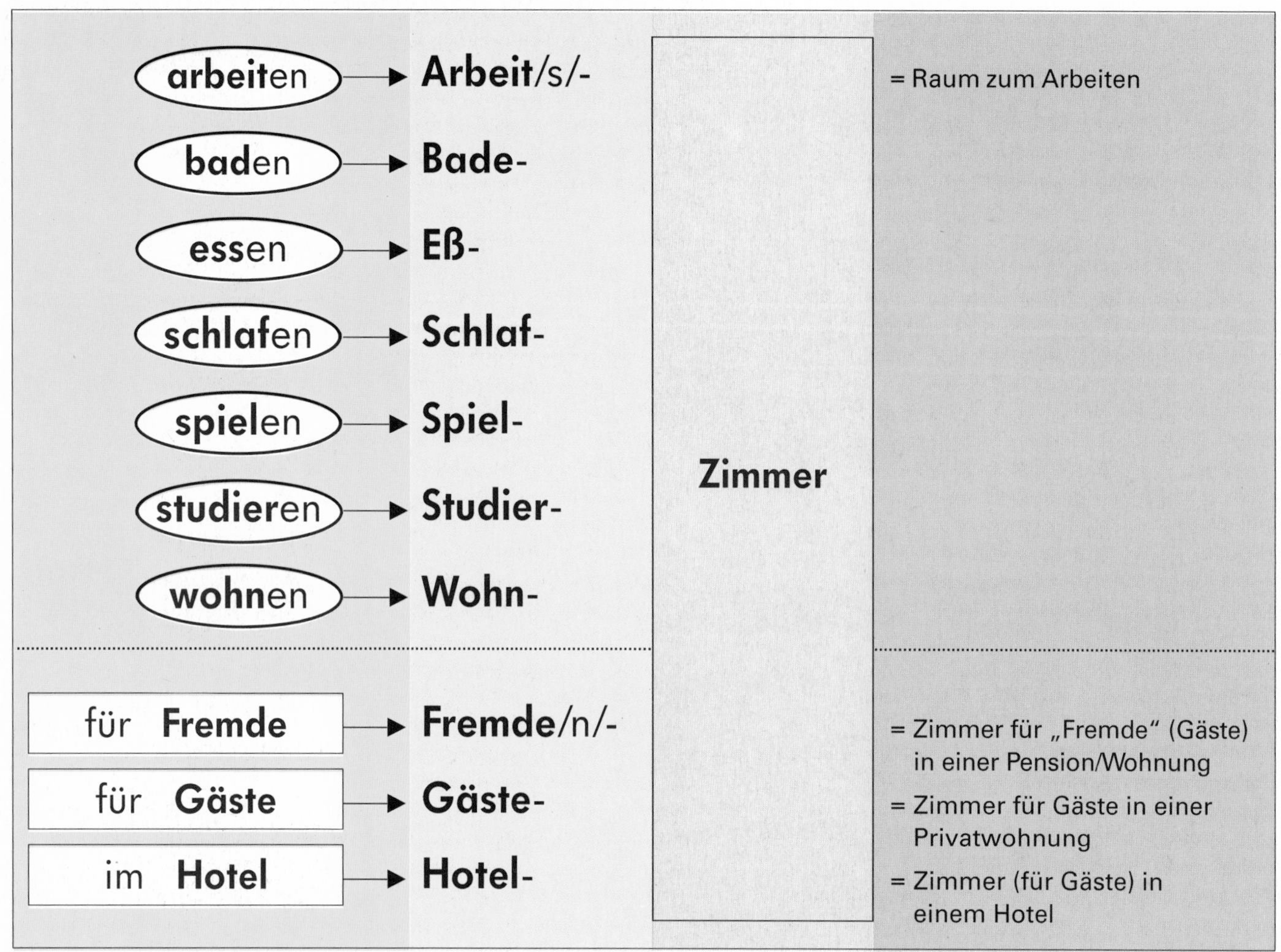

arbeiten → Arbeit/s/-
baden → Bade-
essen → Eß-
schlafen → Schlaf-
spielen → Spiel-
studieren → Studier-
wohnen → Wohn-
Zimmer
= Raum zum Arbeiten
für Fremde → Fremde/n/-
für Gäste → Gäste-
im Hotel → Hotel-
= Zimmer für „Fremde“ (Gäste) in einer Pension/Wohnung
= Zimmer für Gäste in einer Privatwohnung
= Zimmer (für Gäste) in einem Hotel

Ü 12 **Prüfen und definieren Sie mit Hilfe eines Wörterbuchs:**

Krankenzimmer, Kinderzimmer; Wartezimmer; Hinterzimmer, Nebenzimmer; Vorzimmer

15 **„... weil sie mir keinen Hausschlüssel gibt.“** = Schlüssel für das Haus

Ü 13 **Suchen Sie Beispielsätze, in denen die folgenden Wörter mit *-schlüssel* vorkommen:**

Autoschlüssel, Schrankschlüssel, Türschlüssel, Zimmerschlüssel; Lösungsschlüssel

16 **„Wenn ich Rockmusik höre, ...“**

Ü 14 **Versuchen Sie, die folgenden Wörter mit *-musik* mit Hilfe eines Wörterbuchs zu erklären:**

Filmmusik, Kirchenmusik, Marschmusik, Militärmusik, Popmusik, Tanzmusik, Volksmusik

18 FAMILIE, SOZIALE BEZIEHUNGEN

1

Ernst Jandl

familienfoto

der vater hält sich gerade
die mutter hält sich gerade
der sohn hält sich gerade
der sohn hält sich gerade
der sohn hält sich gerade
der sohn hält sich gerade
der sohn hält sich gerade
die tochter hält sich gerade
die tochter hält sich gerade

*ERNST JANDL, *1925 in Wien, ist einer der bekanntesten österreichischen Dichter der Gegenwart. Er hat unter anderem Gedichte und Hörspiele geschrieben.*

Ü1 Welches der Fotos auf dieser Seite und auf Seite 81 passen Ihrer Meinung nach am besten zu Jandls Gedicht? Begründen und diskutieren Sie.

In einem Aufsatz über „Die schöne Kunst des Schreibens" vergleicht Jandl seine Schreibtechnik mit dem Fotografieren:

> Ein Bild, eine Fotografie, zeigt Ihnen alles gleichzeitig; dann können Sie jedes Detail studieren, solange Sie wollen, aber zuerst zeigt sich alles gleichzeitig. Eine Fotografie, ein Bild, kann man sagen, besitzt keine Zeit-Dimension, [...] eine Fotografie numeriert nicht, zählt nicht, kennt auch keine Mehrzahl: alles ist einzeln und gleichzeitig da, in einer Fotografie, zwei Männer, in einer Fotografie, sind: ein Mann und ein Mann; drei Kinder: ein Kind und ein Kind und ein Kind. Sie verstehen, warum Wiederholung geschieht, und Sie verstehen Wiederholung.

Ü2 – Was ist nach Ernst Jandl typisch für ein Foto?
– Ist das in seinem Gedicht „Familienfoto" auch erkennbar?

Das Gedicht *familienfoto* zeigt Jandls fotografische Technik sehr gut.
So erklärt Jandl selbst sein Gedicht:

> Die Menge von unterschiedenen Personen ist 4 [...]: „der vater", „die mutter", „der sohn", „die tochter". Die Menge von vorhandenen Personen ist 9, und die Wiederholung der Wörter nennt [...] alle neun. Es ist klar, warum es nicht genügt hätte, es zu sagen, wie wir es gewohnt sind:
>
> die eltern halten sich gerade
> fünf söhne halten sich gerade
> zwei töchter halten sich gerade
>
> sondern sagen mußten: „der vater", „die mutter", „der sohn", „der sohn", „der sohn", „der sohn", „der sohn", „die tochter", „die tochter", es so sagen mußten, um ein Gedicht zu erreichen, fast wie eine Fotografie.

B3

2a

Knut und Ulla Kokoschka, beide Ärzte in Bad Salzuflen, unterhalten sich mit einem alten Freund. Thema: ihre Heirat und die Geburt ihrer Tochter Alina vor sechs Jahren.

Ü3 **Bitte hören Sie sich Abschnitt a des Gesprächs mehrere Male an.**

- **Machen Sie dann Notizen zu den Eltern:**
  Wann **haben sie geheiratet?** ***Wo?***
  Wo **haben sie damals gelebt?**
  Welche **Berufe hatten sie?**
  Wollten **sie Kinder? Wenn ja,** ***wann*****?**
  Was **hat sich durch die Geburt der Tochter Alina in ihrem Leben geändert?**
- **Hören Sie sich nun das Gespräch noch einmal an und ergänzen Sie Ihre Notizen.**
- **Vergleichen Sie in der Gruppe Ihre Ergebnisse.**

b

Als Alina zur Welt kam, waren beide Eltern fast fertig mit ihrer Arztausbildung. Sie verabredeten folgendes:

Zuerst sollte Knut seine Ausbildung abschließen. Während dieser Zeit würde Ulla den Haushalt machen und für die Tochter sorgen.

Danach sollte Ulla die Chance haben, ihr Arztstudium abzuschließen. Knut würde in dieser Zeit den Haushalt machen und für die Tochter sorgen.

Das haben sie dann auch so gemacht.

B1–2

Ü4 **Hören Sie nun Abschnitt b des Gesprächs, in dem Knut über seine Zeit als Hausmann erzählt.**

- **Wenn Sie Abschnitt b mehrere Male gehört haben, machen Sie bitte Notizen zu folgenden Stichpunkten:**
  - **Gab es „Startprobleme"? Wenn ja, welche Lösungen werden im Gespräch angedeutet?**
  - **Welche Aktivitäten eines Hausmanns werden genannt?**
  - **Wie urteilt Knut selber über seine Rolle als Hausmann? Was sieht er** ***positiv*****, was** ***negativ*****?**
  - **Wie urteilt seine Frau darüber?**
- **Vergleichen Sie abschließend Ihre Notizen noch einmal mit dem Gespräch vom Tonband.**
- **Wie sehen** ***Sie*** **das: Sollte jeder Vater das tun, was Knut getan hat? Sammeln Sie Argumente dafür und dagegen. Diskutieren Sie die Ergebnisse in der Gruppe.**

3 **Ü5** **Stellen Sie sich vor:**
Sie sind berufstätig. Den ganzen Tag haben Sie schwer gearbeitet. Jetzt kommen sie nach Hause und sind sehr müde.
- **Was wollen Sie? Was wollen Sie nicht?**
- **Was tun Sie?**
- **Wie reagieren Sie?**

Ü6 **Vom Berliner GRIPS-Theater stammt das unten abgedruckte Lied zu diesem Thema.**
- **Bitte hören Sie sich das Lied ein paarmal an und lesen Sie den Text mit.**
- **Was erfahren Sie über den Vater, die Mutter und die Kinder?**

Lied der Kinder

Abends wird es bös,
Mutter ist nervös.
Vater kommt nach Haus,
alles aus!

Wir woll'n zu ihm geh'n.
Er will uns nicht seh'n.
Er will uns nicht hör'n,
weil wir stör'n.

"Ihr seid jetzt ganz mucksmäuschenstill,
weil Vater seine Ruhe will."

Vater ist kaputt,
seine Nerven Schutt.
Seine Arbeit tut
ihm nicht gut.

Morgens haut er ab,
abends ist er schlapp.
Können vielleicht wir
was dafür?

"Ach, meine Nerven! Ruhe! Raus!
Ich halte das nicht länger aus!"

Jedes dufte Spiel
wird Mama zuviel.
Was zum Lachen ist,
nennt sie Mist.

Ist dann mal was los,
und der Spaß ist groß,
brüllt sie gar nicht nett:
"Marsch ins Bett!"

9 *ganz mucksmäuschenstill:* total still; 11 *kaputt:* völlig fertig, erschöpft; 12 *seine Nerven Schutt:* er ist sehr nervös; 15 *abhauen:* in Eile weglaufen; 16 *schlapp:* sehr müde; 21 *dufte:* schön, lustig

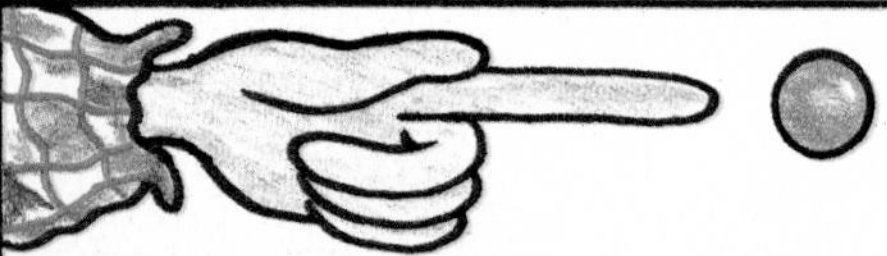

Das GRIPS-Theater aus Berlin ist wohl das bekannteste deutsche Jugendtheater. Es spielt Stücke für Kinder und Jugendliche. Aber auch Erwachsene mögen GRIPS. In jedem Stück werden auch Lieder gesungen, mal mit einem Kinderchor, mal mit einer Rockband. Die Lieder sind auch auf LP erschienen.
„Berlin ist eine Reise wert", sagt man. Und das stimmt. Aber wenn man in Berlin ist, sollte man auch ins GRIPS-Theater gehen.

Mann fing Kind

HAMBURG, 19. Oktober (dpa). Ein zweieinhalbjähriges Mädchen stürzte aus dem zweiten Stockwerk eines Hamburger Mehrfamilienhauses – direkt in die Arme eines Passanten. Das Kind und sein 50jähriger Retter wurden leicht verletzt. Wie die Polizei am Montag mitteilte, war das Kind auf die Fensterbank geklettert, als die Mutter für kurze Zeit die Wohnung verlassen hatte.

3 *stürzte:* fiel; 5 *Mehrfamilienhaus:* großes Haus mit 3 oder mehr Wohnungen; 7 *der Retter:* Person, die einer anderen aus einer gefährlichen Situation geholfen hat; 10 *geklettert:* gestiegen

Ü 7 – „Mann fing Kind" – wie heißt dieser Satz vollständig?
– *„Ein* ... Mädchen" – *„Das* Kind": Warum steht zuerst *ein* (= *unbestimmter* Artikel) und dann *das* (= *bestimmter* Artikel)? Kann man die Reihenfolge der Artikel hier ändern?
– Gibt es für die Reihenfolge *unbestimmt* → *bestimmt* noch ein ähnliches Beispiel im Text?

Ü 8 Notieren Sie die Reihenfolge der Ereignisse/Handlungen im Text:

Ü 9 Begründen Sie, warum dieser Abschnitt „Mann fing Kind" ein/kein Text ist. Benutzen Sie dazu die Textdefinition auf S. 70.

Die kleine verlorene Insel

Es war einmal eine kleine verlorene Insel. Sie lag ganz nah bei einer großen. Wenn man auf der großen Insel stand, konnte man die kleine nicht sehen. Aber vom Meer aus konnte man sie auch nicht finden, denn da sah sie aus wie ein Teil der großen.

Aber *da* war sie, die kleine Insel.

Eine Palme wuchs darauf und dichtes Gebüsch, in dem Vögel wohnten; und ein Affe lebte dort auch. Ja, die kleine Insel war da – und niemand wußte etwas von ihr.

Eines Tages kam ein Seeräuber. Er fuhr rings um die große Insel. Er suchte ein gutes Versteck. Denn er wollte eine große Schatzkiste vergraben. Plötzlich kam er grad an die richtige Stelle, ganz nah an der Küste. Da sah er die kleine Insel vor sich.

„Aha!" sagte er leise. „Hier will ich meinen Schatz vergraben – auf der kleinen Insel. Hier wird ihn nie jemand finden. Niemand wird auf den Gedanken kommen, daß ich ihn auf einer so kleinen Insel verstecke."

Er machte ein tiefes Loch auf der kleinen Insel und ...

11 *der Seeräuber:* Gangster auf See; *rings um die ... Insel:* ganz um die Insel herum; 12 *das Versteck:* Platz, den andere nicht finden können; 13 *die Schatzkiste:* Kiste mit viel Geld, Schmuck usw.

Ü 10 – *„eine* kleine verlorene Insel" → *„Sie"* → *„die* kleine": Hier sehen wir wieder die Reihenfolge *unbestimmt* (*eine*) → *bestimmt* (*sie, die*). Wie oft wird die kleine Insel im Text genannt? Unterstreichen Sie.
– Suchen Sie noch andere Beispiele im Text, z.B.:
„ein Seeräuber" → .....

5

Der kluge Affe

Ein Hund und ein Fuchs sahen gleichzeitig eine Wurst, die jemand verloren hatte. Zuerst kämpften sie darum. Dann beschlossen sie, mit der Beute zum klugen Affen zu gehen.

Ü 11 **Erzählen Sie die Geschichte mit Hilfe der Bilder weiter.**

Ü 12 **Schreiben Sie Ihre Geschichte auf.**

Ü 13 **Prüfen Sie: Ist Ihr Text wirklich ein „Text"? Benutzen Sie die Textdefinition auf S. 70. Achten Sie auf den Wechsel *unbestimmter Artikel / bestimmter Artikel / Pronomen.***

Ü 14 **– Vergleichen Sie Ihren Text mit Texten von anderen Kursteilnehmern.**
– Vergleichen Sie dann Ihren Text mit dem unten abgedruckten Originaltext. Wo sehen Sie Unterschiede?

Der kluge Affe

Ein Hund und ein Fuchs sahen gleichzeitig eine Wurst, die jemand verloren hatte. Zuerst kämpften sie darum. Dann beschlossen sie, mit der Beute zum klugen Affen zu gehen.

Der Affe hörte die beiden Tiere aufmerksam an. Dann sprach er das Urteil: „Es ist klar. Jedem von euch gehört die halbe Wurst." Dann teilte der Affe die Wurst und legte die Hälften auf eine Waage. Das eine Stück war schwerer. Also biß er davon ab. Wieder prüfte er das Gewicht. Nun war die andere Hälfte schwerer, und der Affe biß auch davon ein Stück ab. Das machte er so lange, bis er die ganze Wurst verschlungen hatte. Wütend gingen Hund und Fuchs davon.

①

● Wo stand der Mann, als der Überfall passierte?

○ ______

● Und dann hat er Ihnen die Tasche weggerissen?

○ Er hat es versucht, aber ich war stärker.

● ______

②

□ Wann haben Sie die Tat geplant?

■ ______

□ Hatten Sie hohe Schulden?

■ ______

* Und der andere Mann ist Ihr Kollege?

■ ______

③

● ______

● ______

▲▼ Den haben wir im Schwimmbad gefunden.

Ü 1 – Schreiben Sie die Dialoge (in Kleingruppen) zu Ende.
– Spielen Sie Ihre Dialoge vor.

Landschaften und Literatur I

Wir haben in *Deutsch aktiv Neu* viele verschiedene Aspekte von „Deutschland" und den deutschsprachigen Ländern dargestellt: Sie haben mit dem Alltagsleben der Menschen, mit Politik, Kunst, Kultur, mit Wirtschaft und Sport zu tun.

Es gibt aber auch noch ein anderes „Deutschland" – das Land der Sagen und Märchen, die häufig zu bestimmten Orten oder Landschaften gehören. Wie Landschaften und diese Art von Literatur zusammenhängen, zeigt die „Literarische Landkarte":

Wir stellen in diesem Lehrbuch vier Geschichten vor, die auch in vielen nicht deutschsprachigen Ländern bekannt sind:

Kapitel 18: die Sage vom *„Rattenfänger von Hameln"* (Stadt an der Weser bei Hannover)

Kapitel 20: die Sage von der *„Loreley"* (romantischer Felsen am Rhein bei Koblenz)

Kapitel 22: *„Die sieben Schwaben"* (aus dem Schwabenland in Südwestdeutschland)

Kapitel 24: *„Till Eulenspiegel"* (aus der norddeutschen Stadt Mölln östlich von Hamburg)

Der Rattenfänger von Hameln

Nach Jacob und Wilhelm Grimm

Im Jahre 1284 kam ein seltsam aussehender Mann nach Hameln. Er hatte bunte Kleider an und sagte: „Ich bin Rattenfänger; für 1000 Taler werde ich die Stadt von allen Mäusen und Ratten befreien."

Die Bürger der Stadt versprachen ihm den Lohn, den er verlangte, und der Rattenfänger zog ein Pfeifchen heraus und fing an zu pfeifen. Da kamen gleich die Ratten und Mäuse aus allen Häusern heraus und sammelten sich um ihn.

Er ging pfeifend aus der Stadt hinaus und in den Fluß Weser hinein. Die große Schar von Tieren folgte ihm ins Wasser und ertrank.

Aber als die Ratten und Mäuse verschwunden waren, wollten die Bürger dem Rattenfänger seinen Lohn nicht bezahlen. Ohne ein Wort ging er davon.

Am 26. Juni kam er jedoch, mit einer roten Mütze als Jäger verkleidet, nach Hameln zurück. Während alle Erwachsenen in der Kirche waren, ließ er seine Pfeife wieder durch die Stadt ertönen.

Diesmal kamen nicht die Ratten und Mäuse, sondern die Kinder, Jungen und Mädchen, in großer Zahl angelaufen. Diese führte er, immer spielend, zum Osttor der Stadt hinaus zu einem Berg, wo er mit ihnen verschwand. Nur zwei Kinder kamen zurück, weil sie zurückgeblieben waren: Das eine war blind, so daß es den Platz nicht zeigen konnte; das andere war stumm, so daß es nichts erzählen konnte. Und ein kleiner Junge war dem Unglück ganz entgangen, weil er zurückgelaufen war, um seinen Mantel zu holen.

Man sagt, der Rattenfänger hat die Kinder in eine Höhle geführt und ist mit ihnen bis nach Siebenbürgen in Rumänien gewandert. 130 Kinder waren verloren.

Ü1 **– Erzählen Sie die Geschichte mit Ihren eigenen Worten nach.**
– Gibt es eine ähnliche Sage auch in Ihrem Land? Schreiben Sie sie bitte auf.

1 Direkte Frage und indirekte Frage → 2B5

1.1 Direkte Frage

a) im direkten Gespräch:

Der Interviewer fragt Ulla und Knut:

„<u>Wann</u> habt **ihr** eigentlich geheiratet?"
„<u>Wo</u> habt **ihr** damals gelebt?"
} Wortfrage

„Habt **ihr** gleich Kinder gewollt?"
Hat sich **euer** Leben durch die Geburt **eurer** Tochter verändert?"
} Satzfrage

b) in einer anderen Gesprächssituation

Wir (die Kursteilnehmer und unsere Lehrerin) hören das Interview. Unsere Lehrerin fragt uns (die Kursteilnehmer):

„<u>Wann</u> haben **Ulla und Knut** geheiratet?"
„<u>Wo</u> haben **sie** damals gelebt?"
} Wortfrage

„Wollten **sie** gleich Kinder?"
„Hat sich **ihr** Leben durch die Geburt **ihrer** Tochter verändert?"
} Satzfrage

1.2 Indirekte Frage

a) in der Wiedergabe eines Gesprächs

Der Interviewer fragt (Ulla und Knut),	**wann**	sie (Ulla und Knut)	geheiratet haben	.
	wo	sie damals	gelebt haben	.
Die Lehrerin fragt (die Kursteilnehmer),	**ob**	Ulla und Knut gleich Kinder	wollten	.
	ob	sich ihr Leben durch die Geburt ihrer Tochter	verändert hat	.
HAUPTSATZ ,	NEBENSATZ: INDIREKTE FRAGE			.

Ü 1, 2

b) als Teil einer höflichen Frage/Bitte ⟶ 13B10

Wissen Sie (vielleicht), / Könnten Sie mir sagen,	**wann**	der Deutschkurs	beginnt	?
	wo	Herr Neumann	arbeitet	?
	ob	Herr Wagner heute	kommt	?
Sagen Sie mir bitte ,	**wann und wo**	Sie	geboren sind	.
Teilen Sie mir bitte rechtzeitig mit ,	**ob**	Sie mit dem Zug oder dem Flugzeug	kommen	.
HAUPTSATZ: direkte Frage/Aufforderung ,	NEBENSATZ: INDIREKTE FRAGE			.

Ü 3

c) nach Substantiven

Substantiv				
.... die Überlegung,	**wer**	berufstätig	sein sollte	, ...
	ob	sie Kinder	haben wollten	, ...
.... die Frage ,	**wo**	Herr Neumann	arbeitet	, ...
	wann	der Deutschkurs	beginnt	, ...
SUBSTANTIV ,	NEBENSATZ: INDIREKTE FRAGE			, ...

2 Sätze als Ergänzungen → 9B4.3

2.1 Sätze als Akkusativergänzung

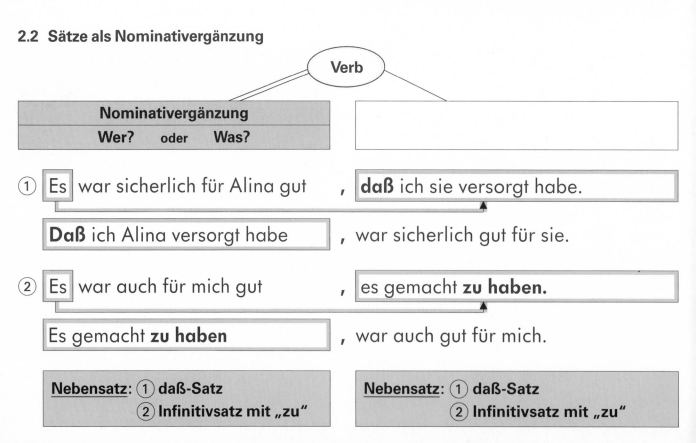

Verb

Nominativergänzung		Akkusativergänzung Wen? oder Was?	
① Ich	denke/meine ,	das war der Grund.	HS
Ich	glaube/vermute,	**daß** das der Grund war.	NS
② Der Interviewer	möchte wissen ,	**welchen Beruf** sie damals hatten.	NS
		ob sich ihr Leben verändert hat.	NS
③ Knut und Ulla	beschlossen :	Wir versorgen Alina gemeinsam.	HS
Sie	beschlossen ,	Alina gemeinsam **zu versorgen**.	NS

Hauptsatz: ① ③
Nebensatz: ① **daß-Satz**
② **Indirekter Fragesatz**
③ **Infinitivsatz mit „zu"**

2.2 Sätze als Nominativergänzung

Verb

Nominativergänzung Wer? oder Was?		
① Es war sicherlich für Alina gut	,	**daß** ich sie versorgt habe.
Daß ich Alina versorgt habe	,	war sicherlich gut für sie.
② Es war auch für mich gut	,	es gemacht **zu haben.**
Es gemacht **zu haben**	,	war auch gut für mich.

Nebensatz: ① **daß-Satz**
② **Infinitivsatz mit „zu"**

Nebensatz: ① **daß-Satz**
② **Infinitivsatz mit „zu"**

2.3 Sätze als Präpositionalergänzung

Nominativergänzung	Verb	Präpositionalergänzung Worauf? woran? worüber? womit? .....
① Wir	haben uns schnell **darauf** eingestellt,	**daß** alles anders sein wird.
② Ich	kann mich noch (daran) erinnern ,	**daß** wir darüber geredet haben. **wann** wir darüber geredet haben.
③ Wir	haben **darüber** geredet ,	**ob** sich unser Leben ändern wird. **wie** sich unser Leben ändern wird.
④ Ulla	fing danach wieder (damit) an ,	in ihrem Beruf **zu arbeiten**.
Ulla	fing danach wieder an	zu arbeiten.

Nebensatz: ① ② **daß-Satz**
② ③ **Indirekter Fragesatz**
④ **Infinitivsatz mit „zu"**

Ü4–6

Ü1 Sie sind der Interviewer: Formulieren Sie die indirekte Frage als direkte Frage.

Beispiel: Der Interviewer fragt, **wann Ulla und Knut sich kennengelernt haben.**
„Wann habt ihr euch kennengelernt?"

Aufgaben:
1. ....., wie alt sie damals gewesen sind. 2. ....., wo sie damals gelebt haben. 3. ....., ob sie gleich eine gemeinsame Wohnung hatten. 4. ....., was sie damals studiert haben. 5. ....., warum sie in Wien geheiratet haben. 6. ....., ob sie gleich Kinder wollten. 7. ....., aus welchem Grund sie nicht sofort Kinder wollten. 8. ....., wie viele Jahre nach der Heirat ihr erstes Kind geboren worden ist. 9. ....., ob sich ihr Leben durch die Geburt ihrer Tochter verändert hat. 10. ....., in welcher Weise sich ihr Leben verändert hat. 11. ....., ob sie beide weiter berufstätig waren. 12. ....., wie Knut sich als „Hausmann" gefühlt hat

Ü 2 Betrachten Sie das Bild und geben Sie die direkten Fragen als indirekte Fragen wieder.

Beispiel: **„Ist ‚Lagerplatz' von Beuys ein Bild oder ein Objekt?"**
Ich frage mich, / Ich weiß nicht, **ob ‚Lagerplatz' von Beuys ein Bild oder ein Objekt ist.**

Aufgaben: 1. Warum hat Beuys sein Werk ‚Lagerplatz' genannt? 2. Was stellt das Bild dar? 3. Was hängt da von der Decke herab? 4. Sind das Säcke oder Kleider? 5. Ist da links vorne eine Wurst? 6. Sind das ganz links lange Messer? 7. Ist das rechts ein Topf? 8. Was soll der Ballon in der Mitte darstellen? 9. Was für Dinge liegen links hinten? 10. Was wollte Beuys mit seinem Werk wohl ausdrücken? 11. Wann ist das Werk entstanden? 12. ...

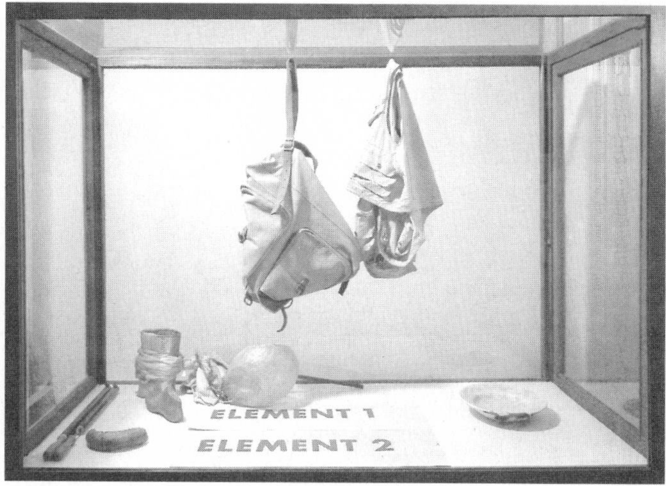

Ü 3 Formulieren Sie „höfliche" Fragen.

Beispiel: **„Wie spät ist es?" – „Könnten Sie mir sagen, / Wissen Sie, wie spät es ist?"**

Aufgaben:
1. Wie komme ich zum Bahnhof? 2. Wo ist die nächste Bank? 3. Fährt dieser Bus in die City? 4. Was kostet die Fahrt zum Flughafen? 5. Wo ist die Tourist-Information? 6. Wo kann ich Geld wechseln? 7. Wie ist der Kurs der D-Mark? 8. Wo ist das Hotel „Europa"? 9. Sind im Hotel noch Zimmer frei? 10. Was kostet ein Zimmer mit Frühstück? 11. Wo kann ich mein Gepäck lassen? 12. Wie komme ich am schnellsten in die Innenstadt?

Ü 4 Lesen Sie die Beispielsätze und bearbeiten Sie die folgenden Aufgaben:
a) Bestimmen Sie die Art der Nebensätze.
b) Welche Ergänzung des Verbs wird durch den Nebensatz / die Nebensätze ausgedrückt?

Beispiel:
a) man soll darauf achten, daß man nicht zu viel ißt. → wieviel man ißt. / nicht zu viel zu essen.
daß-Satz / indirekter Fragesatz / Infinitivsatz mit "zu"
b) Präpositionalergänzung

Aufgaben:
1. a) Es ärgert mich, daß ich zu spät gekommen bin. / zu spät gekommen zu sein.
   b) Ich habe mich (darüber) geärgert, daß ich zu spät gekommen bin.
2. Gestern haben wir (damit) angefangen, das Interview zu hören.
3. Ich nehme ____ an, daß du recht hast.
4. Sie hat ____ ihm geantwortet, daß sie einen anderen liebt.
5. Ich kann ____ nicht behalten, was ich nur einmal gelesen habe. Relativsatz
6. Wir haben ____ beschlossen, in diesem Jahr nach Italien zu fahren. / daß wir in diesem Jahr nach Italien fahren.
7. Pedro hat uns (darum) gebeten, ihm zu helfen. / daß wir ihm helfen.
8. Wir möchten euch (dazu) einladen, mit uns Sabines Geburtstag zu feiern.

9. Der Arzt hat ___ mir empfohlen, nicht mehr zu rauchen.

10. Ich kann mich wirklich nicht mehr (daran) erinnern, wann ich nach Hause gekommen bin.
was gestern passiert ist.

11. Morgen erzähle ich ___ dir, wie es im Urlaub war.
was ich im Urlaub gemacht habe.,

12. Stell dir vor, er hat ___ mich gefragt, ob ich ihn heiraten will!

13. a) Es freut mich sehr, dich nach so langer Zeit wiederzusehen.
daß es dir gut geht.

b) Ich freue mich sehr (darüber), dich nach so langer Zeit wiederzusehen.
daß es dir gut geht.

c) Wir freuen uns schon darauf, nächstes Jahr eine Reise durch Europa zu machen.

14. Ich glaube ___, daß du recht hast.

15. Ich hoffe ___, morgen abend wieder hier zu sein.
daß ich morgen abend wieder hier bin.

16. Es interessiert mich nicht, was du gesagt hast.
wo du gestern abend gewesen bist.

17. Ich interessiere mich nicht dafür, was Herr X. verdient.

18. Ich habe ___ in der Zeitung gelesen, daß es Staus geben wird.
wie das Wetter wird.

19. Frau von Kopra hat ___ nicht gemerkt, daß jemand ihre Kette gestohlen hat.

20. Der Minister rät (dazu), mit der Bahn in Urlaub zu fahren.

21. Der Meister sagt ___, daß er das Auto erst morgen reparieren kann.
was die Reparatur ungefähr kosten wird.

22. Peter hat ___ mir geschrieben, wann er hier ankommt.
daß er um 13.15 Uhr ankommt.

23. Ich habe ___ leider vergessen, dich gestern abend anzurufen.
daß ich dich gestern abend anrufen wollte.
was ich dir sagen wollte.
wo wir uns treffen wollten.

24. a) Ich habe ___ nicht verstanden, was der Lehrer gesagt hat.

b) Ich verstehe ___ nicht, warum du so nervös bist.
daß du nicht zu rauchen aufhörst.

Ü5 **Erfragen Sie die Ergänzung, die durch den Nebensatz / die Nebensätze in Ü4 ausgedrückt wird, und antworten Sie (Partnerarbeit).**

Beispiel:
Worauf soll man achten? – Man soll darauf achten, | **daß man nicht zu viel ißt. / wieviel man ißt. / nicht zu viel zu essen.**

Ü6 **Geben Sie andere Antworten auf die Fragen aus Ü5.**

Beispiel:
Worauf soll man achten? – Man soll darauf achten, | **daß man nicht so viel trinkt. / wieviel man trinkt. / nicht zu viel zu trinken.**

3 Verwandtschaftsbezeichnungen

Lebensdaten

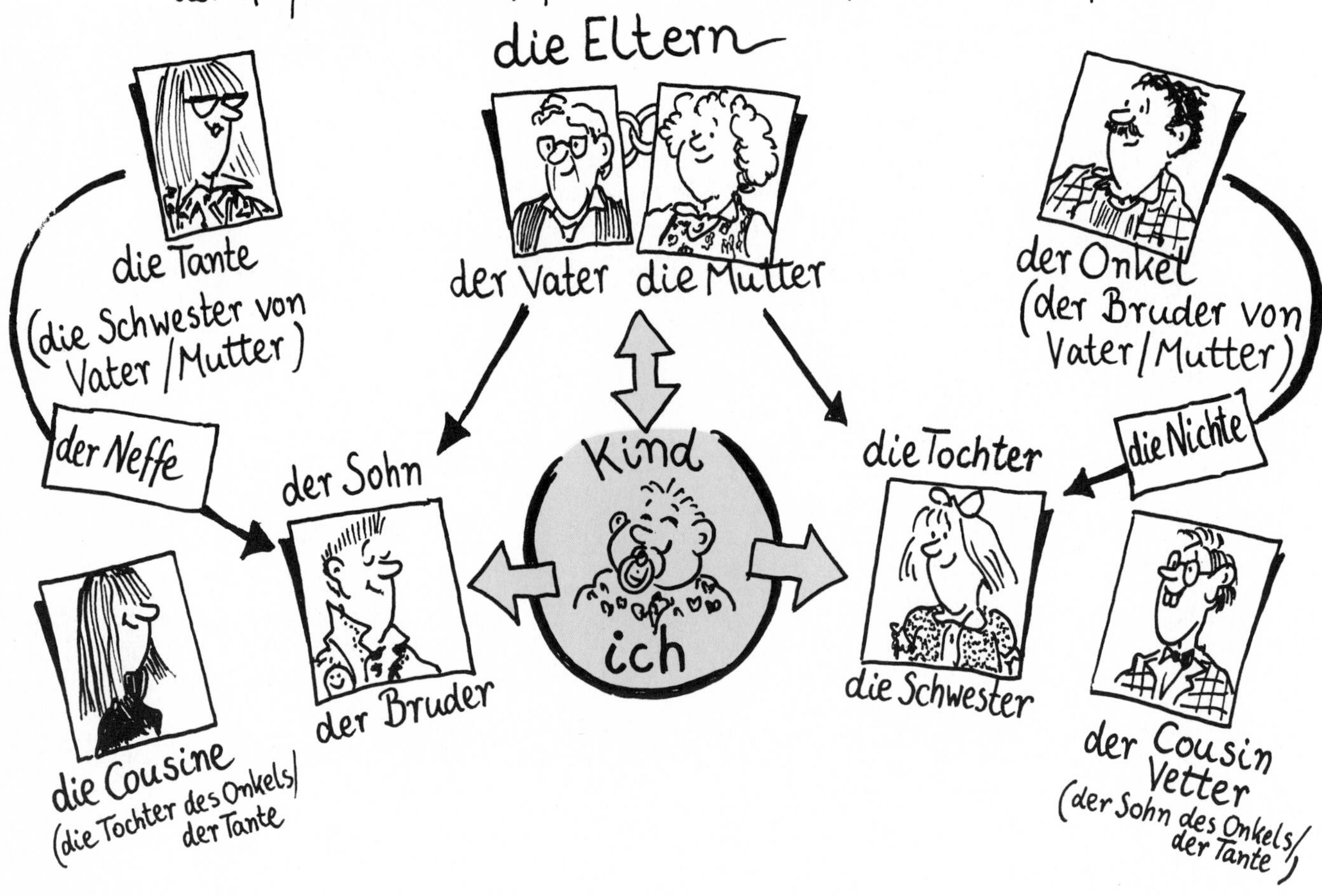

Ü7 Wer ist das?

1. die Eltern meiner Eltern; 2. die Schwester meines Vaters; 3. der Sohn meines Bruders; 4. der Bruder meiner Mutter; 5. die Tochter meiner Schwester; 6. die Mutter meines Vaters

Ü8 Erklären Sie:

- Elternhaus, Muttersprache, Vaterland
- ledig sein, verheiratet sein, geschieden sein; verwandt sein

Ü9 Schreiben Sie persönliche Daten heraus:

Johann Wolfgang von Goethe
* 28. 8. 1749 in Frankfurt/Main
† 22. 3. 1832 in Weimar

Geburtsdatum:
Geburtsort:
Jahrgang:
Todesjahr:
Todestag:

19 REISEN

BILDUNG · AUSBILDUNG

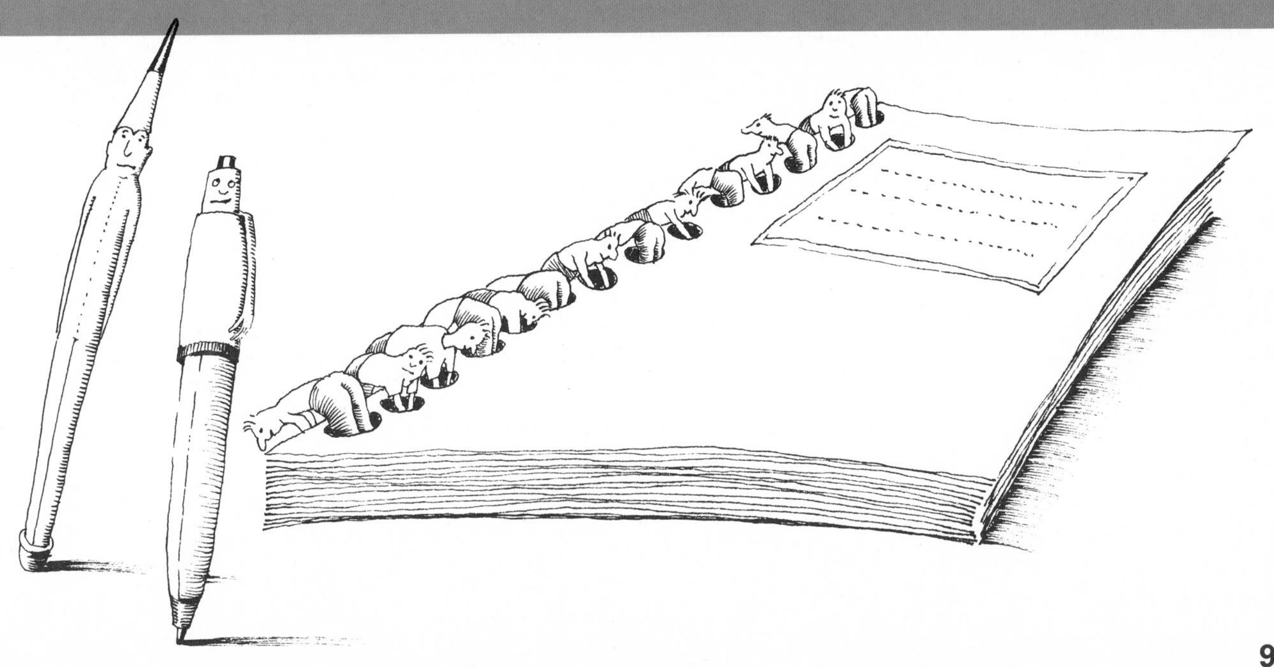

19A

Reisen I: Eichendorffs „Taugenichts“

1

JOSEPH VON EICHENDORFF (1788–1857) ist einer der bekanntesten Dichter der Romantik (erste Hälfte des 19. Jahrhunderts). Als Student machte er weite Wanderungen durch Deutschland und Österreich. Nach dem Studium nahm er an den Kriegen gegen Napoleon teil. Von 1816 bis 1844 war er preußischer Beamter. Eichendorff wurde vor allem als Lyriker berühmt. Viele seiner Gedichte und Lieder sind zu Volksliedern geworden. Eichendorffs bekannteste Erzählung ist „Aus dem Leben eines Taugenichts“ (1826).

a So beginnt die Handlung:

Der „Taugenichts“ ist ein junger Mann. Er wohnt bei seinem Vater, der Müller ist. Der Vater muß in der Mühle hart arbeiten, der Taugenichts aber hat keine Lust zu arbeiten.

Der Vater schimpft ihn wegen seiner Faulheit und sagt zu ihm: „Geh hinaus in die Welt und verdiene dir selbst dein Brot!“
Da nimmt der Taugenichts seine Geige, verabschiedet sich von seinen Freunden und Bekannten und wandert zum Dorf hinaus.

Ü1 Hören Sie den Anfang dieser Erzählung als „Hörspiel“ von der Cassette. Beantworten Sie dann folgende Fragen:
– Von welcher Jahreszeit ist die Rede?
– Ist der Taugenichts traurig, fröhlich, aggressiv, freundlich .....?
– Weggehen – zu Hause bleiben? Was will der Vater, was will der Sohn?

Ü2 Lesen Sie jetzt den Originaltext.

Aus dem Leben eines Taugenichts

Erstes Kapitel

Das Rad an meines Vaters Mühle brauste und rauschte schon wieder recht lustig, der Schnee tröpfelte emsig vom Dache, die Sperlinge zwitscherten und tummelten sich dazwischen; ich saß auf der Türschwelle und wischte mir den Schlaf aus den Augen; mir war so recht wohl in dem warmen Sonnenscheine. Da trat der Vater aus dem Hause; er hatte schon seit Tagesanbruch in der Mühle rumort und die Schlafmütze schief auf dem Kopfe, der sagte zu mir: „Du Taugenichts! Da sonnst du dich schon wieder und dehnst und reckst dir die Knochen müde und läßt mich alle Arbeit allein tun. Ich kann dich hier nicht länger füttern. Der Frühling ist vor der Tür, geh auch einmal hinaus in die Welt und erwirb dir selber dein Brot.“ „Nun“, sagte ich, „wenn ich ein Taugenichts bin, so ist's gut, so will ich in die Welt gehn und mein Glück machen.“ Und eigentlich war mir das recht lieb, denn es war mir kurz vorher selber eingefallen, auf Reisen zu gehen, [...] – Ich ging also in das Haus hinein und holte meine Geige, die ich recht artig spielte, von der Wand, mein Vater gab mir noch einige Groschen Geld mit auf den Weg, und so schlenderte ich durch das lange Dorf hinaus. Ich hatte recht meine heimliche Freude, als ich da alle meine alten Bekannten und Kameraden rechts und links, wie gestern und vorgestern und immerdar, zur Arbeit hinausziehen, graben und pflügen sah, während ich so in die freie Welt hinausstrich. Ich rief den armen Leuten nach allen Seiten recht stolz und zufrieden „Adjes“ zu, aber es kümmerte sich eben keiner sehr darum. Mir war es wie ein ewiger Sonntag im Gemüte. Und als ich endlich ins freie Feld hinauskam, da nahm ich meine liebe Geige vor und spielte und sang, auf der Landstraße fortgehend:

„Wem Gott will rechte Gunst erweisen,
Den schickt er in die weite Welt,
Dem will er seine Wunder weisen
In Berg und Wald und Strom und Feld.

8 *rumoren:* laut etwas suchen und arbeiten; 14 *erwirb dir selber dein Brot:* verdiene selbst Geld; 20 *die Geige:* die Violine; *artig spielen:* gut spielen; 21 *Groschen:* kleine Geldmünzen; 27 *hinausstreichen:* hinauswandern; 29 *Adjes:* Adieu!, Auf Wiedersehen! 31 *das Gemüt:* die Seele, das Gefühl, das Herz; 34 *rechte Gunst erweisen:* eine große Freude machen; 36 *weisen:* zeigen

Ü3 Fragen zum Text:

- **Was für ein Mensch ist der Taugenichts? Suchen Sie im Text die Wörter, die ihn charakterisieren (Eigenschaften, Verhalten, Handlungen), und beschreiben Sie ihn dann.**
- **Wie fängt die Geschichte an (Z. 1–6)? In welchen Schritten entwickelt sie sich (Z. 6–14 / Z. 14–33)?**

Ü4 Was meinen Sie: Wie geht solch eine „romantische Erzählung“ weiter? Sehen Sie sich dazu die folgende Zeichnung an:

b **Ü5** **Hören Sie, wie die Geschichte weitergeht; lesen Sie dann den Text und beantworten Sie folgende Fragen:**

- **Wie viele Leute treten auf? Wer spricht mit wem?**
- **Ist das Gespräch zwischen den Leuten freundlich oder unfreundlich?**
- **Wohin will der Taugenichts fahren?**

Indem, wie ich mich so umsehe, kömmt ein köstlicher Reisewagen ganz nahe an mich heran, der mochte wohl schon einige Zeit hinter mir drein gefahren sein, ohne daß ich es merkte, weil mein Herz so voller Klang war, denn es ging ganz langsam, und zwei vornehme Damen steckten die Köpfe aus dem Wagen und hörten mir zu. Die eine war besonders schön und jünger als die andere, aber eigentlich gefielen sie mir alle beide. Als ich nun aufhörte zu singen, ließ die ältere stillhalten und redete mich holdselig an: „Ei, lustiger Gesell, Er weiß ja recht hübsche Lieder zu singen.“ Ich nicht zu faul dagegen: „Euer Gnaden aufzuwarten, wüßt' ich noch viel schönere.“ Darauf fragte sie mich wieder: „Wohin wandert Er denn schon so am frühen Morgen?“ Da schämte ich mich, daß ich das selber nicht wußte, und sagte dreist: „Nach Wien“; nun sprachen beide miteinander in einer fremden Sprache, die ich nicht verstand. Die jüngere schüttelte einigemal mit dem Kopfe, die andere lachte aber in einem fort und rief mir endlich zu: „Spring Er nur hinten mit auf, wir fahren auch nach Wien.“ Wer war froher als ich! Ich machte eine Reverenz und war mit einem Sprunge hinter dem Wagen, der Kutscher knallte und wir flogen über die glänzende Straße fort, daß mir der Wind am Hute pfiff.

1 *köstlich:* kostbar, teuer; 6 *vornehme Damen:* elegante Frauen (aus der Aristokratie); 9 *ließ ... still halten:* ließ die Kutsche anhalten; 10 *holdselig:* sehr freundlich, reizend; 11 *Gesell:* junger Mann; *Er weiß ...:* Sie können ...; 12 *Ich nicht zu faul dagegen:* Ich antwortete spontan; *Euer Gnaden:* sehr höfliche altmodische Anrede; 13 *aufwarten:* dienen, eine Freude machen; 23 *Reverenz:* Verbeugung; 24 *wir flogen fort:* wir fuhren schnell dahin

Ü6
- **Was passiert in diesem Abschnitt? Was macht der Taugenichts am Anfang, was macht er am Ende?**
- **Charakterisieren Sie die beiden Damen: Wie sehen sie aus? Was zeigt, daß sie „vornehm“ sind? Wie benehmen sie sich?**
- **In welcher Stimmung ist der Taugenichts?**

Geben Sie zu Ihren Beobachtungen Belege aus dem Text.

c Das passiert weiter in der Erzählung:

Der „Taugenichts“ fährt mit nach Wien und arbeitet dort bei der Gräfin als Gärtner. Er verliebt sich in die jüngere der beiden Damen, die er für ein „edles Fräulein“ hält, die in Wirklichkeit aber die – nicht-adelige – Begleiterin der Gräfin ist. Da er als einfacher Mann meint, sie nicht heiraten zu können, geht er wieder auf Reisen, kommt nach Italien und kehrt schließlich nach vielen Abenteuern wieder nach Wien zurück. Dort entdeckt er, daß das geliebte Fräulein keine Gräfin, sondern die Tochter des Pförtners ist.

Ü7 **Betrachten Sie dieses Bild, bevor Sie den Schluß der Erzählung lesen:**

– Lesen Sie nun das Happy-End der romantischen Geschichte:

„Ich bin ja gar keine Gräfin", fuhr sie fort, „unsere gnädige Gräfin hat mich nur zu sich aufs Schloß genommen, da mich mein Onkel, der Portier, als kleines Kind und arme Waise mit hierherbrachte." Nun war's mir doch nicht anders, als wenn mir ein Stein vom Herzen fiele! „Gott segne den Portier", versetzte ich ganz entzückt, „daß er unser Onkel ist! Ich habe immer große Stücke auf ihn gehalten." – „Er meint es auch gut mit dir", erwiderte sie, „wenn du dich nur etwas vornehmer hieltest, sagt er immer. Du mußt dich jetzt auch eleganter kleiden." – „Oh", rief ich voller Freuden, „englischer Frack, Strohhut und Pumphosen und Sporen! Und gleich nach der Trauung reisen wir fort nach Italien, nach Rom, da gehen die schönen Wasserkünste, und nehmen die Prager Studenten mit und den Portier!" – Sie lächelte still und sah mich recht vergnügt und freundlich an, und von fern schallte immerfort die Musik herüber, und Leuchtkugeln flogen vom Schloß durch die stille Nacht über die Gärten, und die Donau rauschte dazwischen herauf – und es war alles, alles gut!

3 *der Portier:* Pförtner, Hausverwalter; 4 *die Waise:* ein Kind, dessen Eltern gestorben sind; 7 *versetzte ich:* antwortete ich; *entzückt:* glücklich, erfreut; 8 *große Stücke auf ihn gehalten:* ihn tüchtig und gut gefunden; 10 *vornehmer hieltest:* vornehmer wärest; 13 *die Pumphose:* Kniehose; *Sporen:* ; *die Trauung:* die Hochzeit; 14 *da gehen die Wasserkünste:* da gibt es Fontänen; 19 *Leuchtkugeln:*

Ein Gedicht von Eichendorff

2

Das zerbrochene Ringlein

In einem kühlen Grunde,
Da geht ein Mühlenrad,
Mein' Liebste ist verschwunden,
Die dort gewohnet hat.

Sie hat mir Treu versprochen,
Gab mir ein'n Ring dabei,
Sie hat die Treu gebrochen,
Mein Ringlein sprang entzwei.

Ich möcht' als Spielmann reisen
Weit in die Welt hinaus
Und singen meine Weisen
Und gehn von Haus zu Haus.

Ich möcht' als Reiter fliegen
Wohl in die blut'ge Schlacht,
Um stille Feuer liegen
Im Feld bei dunkler Nacht.

Hör' ich das Mühlrad gehen:
Ich weiß nicht, was ich will –
Ich möcht' am liebsten sterben,
Da wär's auf einmal still!

Karl Friedrich Schinkel: *Das Felsentor*, 1818

Ü 8 Hören Sie dazu die Liedfassung des Gedichts von der Cassette. Sie können das Lied auch lernen und selbst singen.

1 *Das zerbrochene Ringlein:*
2 *in einem kühlen Grunde:* im tiefen Tal eines Baches/Flusses
3 *da geht:* da dreht sich
9 *sprang entzwei:* zerbrach
10 *Spielmann:* Musikant
12 *Weisen:* Lieder
17 *Im Feld:* im Krieg, an der Front

3 *TÜLIN EMIRCAN, * 1961, Türkin; in der Bundesrepublik aufgewachsen, Studium der Germanistik*

TÜLIN EMIRCAN
Entfremdung

Ich weiß, daß Du nicht schläfst. Ich höre Dich in Deinem Zimmer auf und ab gehen. Du bist verzweifelt, verzweifelt und müde. Dennoch findest Du keinen Schlaf. Du bist nicht mehr derselbe. Ich erinnere mich noch an Dein übermütiges Lachen, als wir aus dem Zuge stiegen. Du warst gespannt auf Deutschland. Deine Begeisterung war uns, die wir uns fürchteten, willkommen. Wir hatten Angst, Angst vor der Sprache und Angst vor den Menschen. Du hast nur über uns gelacht.

Die Anforderungen, die der Sprachkurs stellte, waren nicht hoch. Und doch hast Du Tag und Nacht gearbeitet. Du meintest, daß es endlich an der Zeit sei, den ‚Taugenichts‘ auf deutsch zu lesen. Als ich Dich kennenlernte, lag das Buch schon auf Deinem Nachttisch. Auch Dich zog es hinaus in die Fremde, fort von Deines Vaters Mühle.

Deine Bücher waren es, die Dich betrogen haben. Sogar Eichendorff hat Dich zum Narren gehalten. Daß Deutschland in Dir einen Fremden sehen würde, daran hattest Du nicht gedacht. Die Menschen haben sich von Dir abgewendet. Auch Dein Lachen haben sie überhört. Vom Leben wollen sie nichts mehr wissen, sie haben aufgehört, nach Schönheit zu streben. Dir war, als ob Du mit jedem Tag dahinstürbest. Du fuhrst zurück in die Heimat, und trotzdem war uns beiden nicht wohl dabei. Wir hatten uns nicht geirrt. Zwei Wochen später standest Du an der Tür. Du hattest beschämt den Blick gesenkt. Als ich Dich bat, mich anzusehen, sagtest Du nur: „Lieber Fremder in der Fremde als Fremder im eigenen Land.“

10 *Anforderungen:* Aufgaben, Schwierigkeiten
16 *betrügen:* nicht die Wahrheit sagen
17 *zum Narren halten:* betrügen
20 *überhören:* nicht hören wollen
21 *streben:* (hier) suchen
22 *als ob du dahinstürbest:* als ob du langsam sterben würdest
25 *den Blick senken:* zu Boden schauen

Ü 9 **Tülin Emircan erzählt von einem Kreislauf von Hoffnung und Enttäuschung.**

- **Suchen Sie bitte für die einzelnen Abschnitte (Z. 1–3; Z. 4–13; Z. 13–15; Z. 16–22; Z. 23–27) passende Stichwörter und tragen Sie sie in die Grafik ein.**
- **Fassen Sie die einzelnen Abschnitte (mit Hilfe der Stichwörter) mit Ihren eigenen Worten zusammen.**

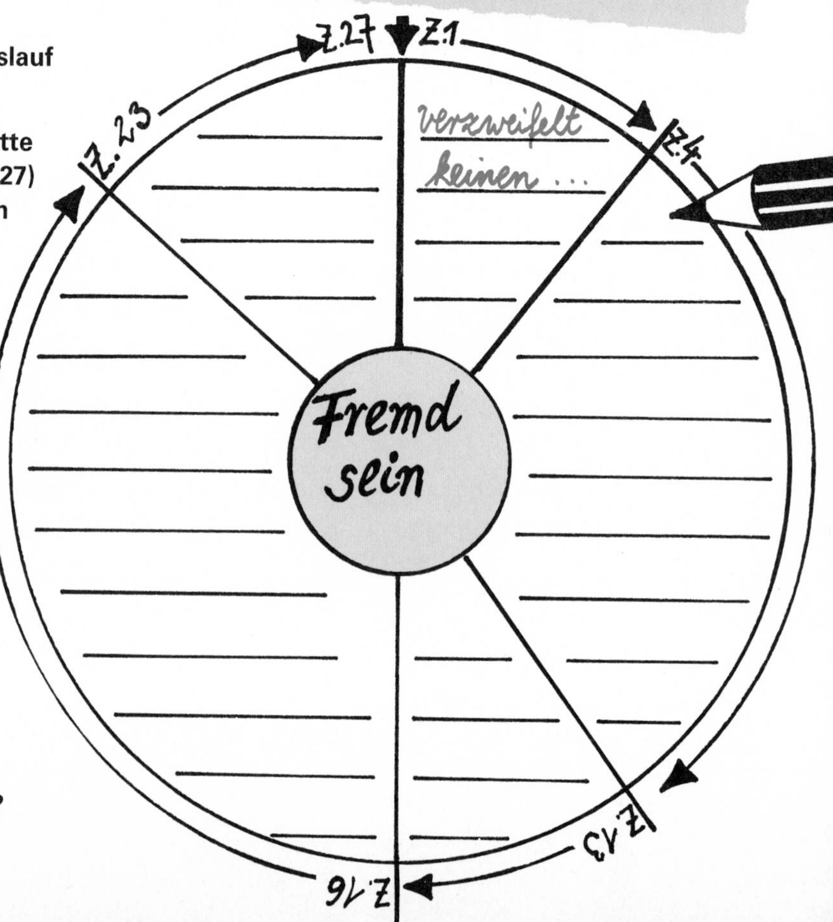

Ü 10 **Interpretation der Geschichte**

- **Warum wird im ersten Teil der Geschichte Eichendorffs „Taugenichts“ zitiert (Z. 11–15)?**
- **Was bedeutet der Satz „Deine Bücher waren es, die dich betrogen haben“ (Z. 16)?**
  Welchen Unterschied gibt es zwischen der ‚Welt der Bücher‘ und der Realität?
- **„Auch dich zog es hinaus in die Fremde“ (Z. 14): Welche Folgen hat das Weggehen von zu Hause für die Person (= *Du*) gehabt?**

Lernen – wozu?

4

Bertolt Brecht

Mein junger Sohn fragt mich: Soll ich Mathematik lernen?
Wozu, möchte ich sagen. Daß zwei Stück Brot mehr sind als eines
Das wirst du auch so merken.
Mein junger Sohn fragt mich: Soll ich Französisch lernen?
Wozu, möchte ich sagen. Dieses Reich geht unter. Und
Reibe du nur mit der Hand den Bauch und stöhne
Und man wird dich schon verstehen.
Mein junger Sohn fragt mich: Soll ich Geschichte lernen?
Wozu, möchte ich sagen. Lerne du deinen Kopf in die Erde stecken
Da wirst du vielleicht übrigbleiben.

Ja, lerne Mathematik, sage ich
Lerne Französisch, lerne Geschichte!

(Aus dem Zyklus „1940", Nr. VI)

5 *Dieses Reich:* Frankreich; 9 *deinen Kopf in die Erde stecken:* nichts hören, sehen und wissen wollen; sich verstecken

Ü 11
- **Welche drei Antworten möchte der Vater seinem Sohn eigentlich geben?**
- **Welche (einzige) Antwort gibt er ihm auf seine Fragen wirklich?**
- **Warum gibt der Vater seinem Sohn wohl nur diese Antwort?**
- **Welche Antwort würden Sie Ihrem Sohn / Ihrer Tochter heute geben?**

BERTOLT BRECHT: einige Daten aus seinem Lebenslauf

1898 in Augsburg geboren
1919 Sohn Frank geboren, der 1943 als deutscher Soldat in der Sowjetunion fiel
1924 Sohn Stefan geboren
1933–1947 im Exil: 1933 Prag, Wien, Schweiz, Dänemark; 1939 Schweden; 1940 Finnland; 1941 über Moskau in die USA (Santa Monica, Kalifornien)
1947 über Zürich nach Ost-Berlin
1956 in Ost-Berlin gestorben

Ü 12
- **Wie heißt der Zyklus (= Reihe von Texten, die zusammengehören), zu dem dieses Brecht-Gedicht gehört?**
- **Wo lebte Brecht zu der Zeit, über die das Gedicht spricht?
Warum lebte er wohl dort?**
- **Was hat das Gedicht mit diesem Wohnort und mit Deutschland zu tun?**
- **Drückt das Gedicht eher Resignation oder Hoffnung / Mut aus?**
- **Was soll der Sohn / der Leser lernen?**

5

Anouschka, 17 Jahre, Schülerin einer 12. Klasse in einem Münchner Gymnasium

»ICH PAUKE UND VERGESSE«

Was wir angeblich fürs Leben lernen – irgendwelche Formeln oder auf welchen Zinnen Polykrates stand –, das schreibe ich in ein Heft, pauke es und vergeß' es wieder. Was wirklich Leben ist, darüber wird im Unterricht nicht gesprochen. Kein Wort über Nukem oder Tschernobyl.

Zwei Wochen haben wir im Sozialkundeunterricht besprochen, wie das politische System in der Bundesrepublik funktioniert, mit den Wahlen und so. Das war's. Man muß sich das mal vorstellen: In unserem Sozialkundebuch ist keine Statistik jünger als 10 Jahre. Natürlich liegt es am Lehrer, sich um Zusatzmaterial zu kümmern. Aber das machen nicht viele.

Das aktuellste Thema, über das wir zur Zeit sprechen, ist Brechts »Baal«. Die Lehrer sind im Druck, die müssen den Lehrplan schaffen. Da steht, zwei Dramen, das ziehen sie durch, da ist keine Zeit für Diskussionen.

Der Leistungsdruck ist jetzt in der 12. nicht mehr so schlimm. Aber die 11. Klasse war arg. In jedem Fach Kurzarbeiten und jede Menge »Exen«, unangemeldete Prüfungen. Drei Jahre habe ich mich mit Latein abgepaukt, jetzt habe ich's abgegeben. Da fragst du dich schon, warum sollst du dich anstrengen, wenn du es überhaupt nicht gebrauchen kannst. [...]

Die Lehrer sollten überhaupt viel mehr lernen, wie sie uns den Stoff vermitteln können. Da gibt's welche, die lesen den ganzen Unterricht nur vom Blatt ab. Die beherrschen ihr eigenes Fach nicht. Wenn du Fragen stellst, gehen sie überhaupt nicht darauf ein.

Ich hatte einmal eine Apfelsaftflasche vor mir auf dem Tisch. Der Lehrer hat fürchterlich losgebrüllt, richtig beleidigend. So ein Desinteresse hätte er noch nie erlebt, und ich soll sofort die Schule verlassen. Da hat mir keiner geholfen, die Klassensprecherin hat sich versteckt.

Unsere Klassengemeinschaft? Es gibt viel Grüppchenwirtschaft. Fies ist, wenn auf einzelnen jahrelang rumgehackt wird, und die Lehrer machen auch noch mit.

Meine Eltern setzen mich nicht unter Druck. Aber ich weiß von vielen meiner Mitschüler, daß sie Angst vor jeder Note haben. Viele kriegen schon Ärger, wenn sie eine Drei bekommen haben. Ich habe eine Freundin, da kann ich anrufen, wann ich will, immer hör' ich von hinten ihre Mutter: »Du mußt Hausaufgaben machen.« Die Mutter redet wirklich nur davon. Meine Freundin darf nur einmal in der Woche abends weg. Und sie ist 18.

Trotzdem, insgesamt finde ich die Schule ganz gut. Aber ich freue mich darauf, wenn ich später mal richtig frei habe am Wochenende, wenn dies schlechte Gewissen weg ist, du mußt doch noch was tun, du mußt noch lernen.

4 *auf welchen Zinnen Polykrates stand:* „Ring des Polykrates", Gedicht von Schiller

10 *Nukem:* viel kritisierte Atomfabrik in Hanau bei Frankfurt/M.

28 *den Lehrplan schaffen:* den geplanten Stoff unterrichten

49 *vom Blatt ablesen:* vorlesen

86 *sie ist 18:* Mit 18 Jahren ist man in der Bundesrepublik volljährig (erwachsen): Man kann selbst entscheiden, was man tun will.

Noten von + → –

1 = sehr gut
2 = gut
3 = befriedigend
4 = ausreichend
5 = mangelhaft
6 = ungenügend

Ü 13 Fragen zum Text:

- **Worüber sollte im Unterricht gesprochen werden?**
- **Wodurch unterscheiden sich 11. und 12. Klasse?**
- **Wie sollten Lehrer unterrichten? Wie nicht?**
- **Wie findet Anouschka die Schule insgesamt?**

Ü 14 Wie ist *Ihre* Meinung?

- **„Ich pauke und vergesse" – wie beurteilen Sie Ihre eigene Schulzeit?**
- **Finden Sie das Thema Atomkraft (wie Tschernobyl und Nukem) wichtig für die Schule? Warum? / Warum nicht?**

Ü 15 Bitte machen Sie Notizen zum Text:

Verhalten der	Klassengemeinschaft	Eltern
Anouschkas Erfahrungen		
Erfahrungen von Mitschüler(inne)n		

B1–5

6

Nach ihrer Schulzeit studieren viele Jugendliche, z. B. an einer Hochschule oder Universität. Die meisten aber gehen ins Arbeitsleben und erhalten dort ihre Berufsausbildung in den verschiedensten Berufen. Wenn sie damit fertig sind, wird es oft schwierig: Ist wirklich ein Platz auf dem Arbeitsmarkt für sie vorhanden? Oder müssen sie nun doch etwas anderes machen?
Wie die Chancen in der Bundesrepublik stehen, zeigt folgende Statistik:

①

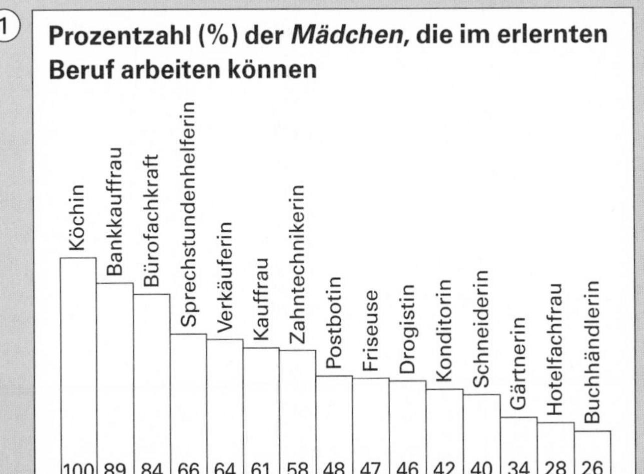

②

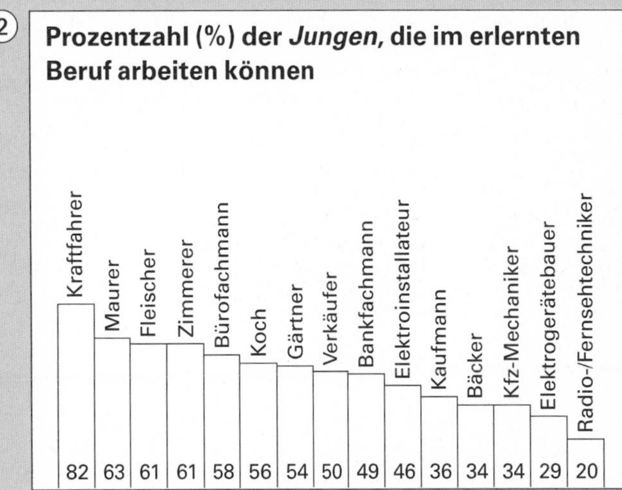

Ü 16 Vergleichen Sie:

- **26 % der Mädchen, die Buchhändlerin lernen, werden auch wirklich Buchhändlerin. 20 % der Jungen, die .....**
- **Welche Berufe bieten für Mädchen/Jungen *gute* Chancen, welche *schlechte*?**
- **Ist das in Ihrem Land anders?**

Ü 17 Prüfen Sie mit einem Wörterbuch, ob es die folgenden Berufsbezeichnungen gibt:

Bäckerin, Buchhändler, Maurerin, Hotelfachmann, Bankfachfrau, Postbote, Radiotechnikerin, Schneider, Bürofachfrau, Sprechstundenhelfer

Ü 18 Sammeln Sie Berufe:

-frau -mann	-(er) in - in	- kraft - mann

③

WELCHE BERUFE SIND FÜR JUNGE LEUTE BESONDERS ATTRAKTIV?

Von 1000 *Jungen mit Hauptschulabschluß* wollen 86 Elektroinstallateur, 77 Kfz-Mechaniker und 58 Industriekaufmann werden. Der unbeliebteste Beruf ist der des Kochs.

Mädchen mit Hauptschulabschluß interessieren sich besonders für die Berufe Verkäuferin (156 von 1000), Bürofachkraft (144) und Arzthelferin (91).

Die Wunschliste der *Gymnasiasten* sieht ganz anders aus: Von 1000, die nicht studieren wollen, haben 368 Interesse an Berufen wie Bankkaufmann/Industriekaufmann (202) und Groß-/Außenhandelskaufmann (114).

Studienwünsche bei *jungen Männern* sind: Ingenieur (300), Recht/Wirtschaft/Soziales (270), Naturwissenschaften (170). *Junge Frauen* studieren vor allem die Fächer Sprache/Kultur (330), Recht/Wirtschaft/Soziales (270) und Naturwissenschaften (130). Nur sehr wenige Abiturienten machen ein Sportstudium.

Ü 19 Was wollen die jungen Leute werden?

a) mit Hauptschulabschluß

Jungen	Mädchen
1.	....
2.	....
3.	....

– Sind das Berufe mit guten Chancen?

b) Welche Berufe sind attraktiv, wenn man Abitur hat?

männlich	weiblich
1.	....
2.	....
3.	....

c) Besonders beliebte Studienfächer

Studenten	Studentinnen
1.	....
2.	....
3.	....

7 # Interview mit der Buchhändlerin und Studentin Anne G.

Anne (23) studiert in München Französisch, Spanisch, Neuere Deutsche Literatur und Vergleichende Literaturwissenschaft. Sie hat die ersten zehn Jahre ihres Lebens in Frankreich verbracht, aber ihre Muttersprache ist Italienisch. Im Alter von zwölf ist sie mit ihren Eltern nach München gekommen, wo sie nach ihrem Abitur zunächst gejobbt hat. Danach war sie in einem Pariser Verlag tätig. Anschließend hat sie in München eine Lehre als Buchhändlerin gemacht. Nach Abschluß der zweijährigen Ausbildung hat sie ihr Studium in München begonnen.
Anne denkt, daß sie gute Chancen hat, ihr Berufsziel zu erreichen: Redakteurin in einem Verlag. Und zwar wegen ihrer Fremdsprachenkenntnisse, ihrer Berufsausbildung und ihrer Berufserfahrung. Was ihr dazu noch fehlt, ist ein abgeschlossenes Hochschulstudium.

Ü20 Hören Sie das Interview und machen Sie Notizen zu folgenden Punkten:

- **Gründe für das Spanisch-, Französisch- und Literaturwissenschaftsstudium**
- **Staatsangehörigkeit, Geburtsort und Muttersprache**
- **Gymnasium und Abitur**
- **Sprachkenntnisse**
- **Annes Urteil über naturwissenschaftliche Fächer**
- **Vorbereitung auf das Berufsziel a) vor dem Studium, b) während des Studiums**
- **Finanzierung des Studiums**
- **Annes Einschätzung ihrer Berufschancen**

Dokumente aus Schule und Berufsausbildung

①

ZEUGNIS DER ALLGEMEINEN HOCHSCHULREIFE

STAEDTISCHES WILLI-GRAF-GYMNASIUM MUENCHEN
(Name und Ort der Schule)

Fräulein Gerighausen Anne

geboren am 30.07.1964 in Bonn

wohnhaft in München rk. Bekenntnisses,

hat sich nach dem Besuch der Oberstufe des Gymnasiums der Abiturprüfung unterzogen.

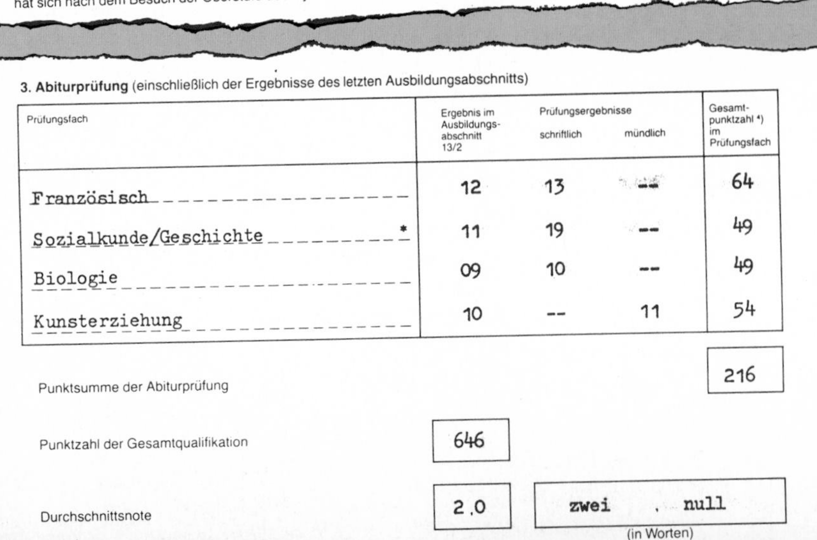

3. **Abiturprüfung** (einschließlich der Ergebnisse des letzten Ausbildungsabschnitts)

Prüfungsfach	Ergebnis im Ausbildungsabschnitt 13/2	Prüfungsergebnisse schriftlich	Prüfungsergebnisse mündlich	Gesamtpunktzahl *) im Prüfungsfach
Französisch	12	13	--	64
Sozialkunde/Geschichte *	11	19	--	49
Biologie	09	10	--	49
Kunsterziehung	10	--	11	54

Punktsumme der Abiturprüfung: 216

Punktzahl der Gesamtqualifikation: 646

Durchschnittsnote: 2,0 — zwei , null (in Worten)

Ü21 Bitte lesen Sie die Texte ① bis ④ und beantworten Sie diese Fragen:

1. **An welcher Schule hat Anne das Abitur gemacht?**
2. **In welchen Fächern hat sie eine Abiturprüfung abgelegt?**
3. **Welche Gesamtnote hat sie im Abitur bekommen?**

4. Mit welcher Firma hat Anne ihren Berufsausbildungsvertrag geschlossen?
5. In welchem Beruf ist Anne ausgebildet worden?
6. Wieviel Mark mehr hat Anne im 2. Ausbildungsjahr bekommen?
7. Von welcher Institution stammt Zeugnis (3), von welcher Zeugnis (4)?

(2)

INDUSTRIE- UND HANDELSKAMMER FÜR MÜNCHEN UND OBERBAYERN
MAX-JOSEPH-STRASSE 2 · 8000 MÜNCHEN 2
Postanschrift: Postfach, 8000 München 34

Berufsausbildungsvertrag

(§§ 3, 4 Berufsbildungsgesetz - BBIG)

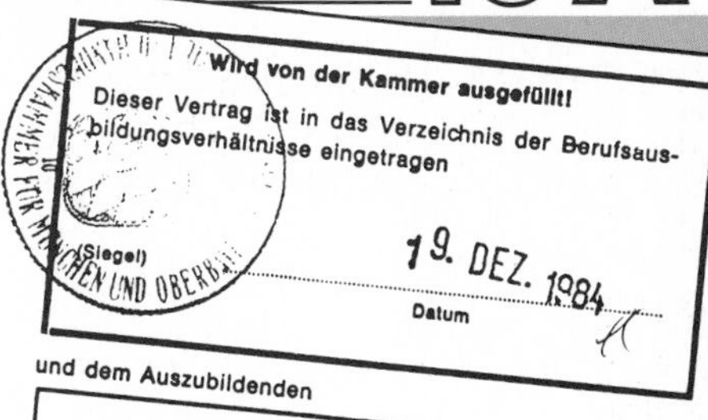
Wird von der Kammer ausgefüllt!
Dieser Vertrag ist in das Verzeichnis der Berufsausbildungsverhältnisse eingetragen
(Siegel) 19. DEZ. 1984
Datum

Zwischen dem Ausbildungsbetrieb (Ausbildender)

Chr. Kaiser
Buchhandlung
Marienplatz 8
Straße und Hausnummer oder Postfach
8000 Muenchen 2
Postleitzahl Ort

Ident-Nr. der Ausbildungsstätte eintragen!
5 5 3 6 4 8 6 0 5 0 0 0

und dem Auszubildenden

Gerighausen, Anne
Schleißheimer Str. 214
Straße und Hausnummer
8000 München 40
Postleitzahl Ort

geb. am 30.7.64 in: Bonn

gesetzlich vertreten durch [1] (Vater bzw. Vormund)
(Mutter)
Straße und Hausnummer
Postleitzahl Ort

Änderungen des wesentlichen Vertragsinhaltes sind unverzüglich zur Eintragung in das Verzeichnis der Berufsausbildungsverhältnisse bei der Industrie- und Handelskammer anzuzeigen.

wird nachstehender Vertrag zur Ausbildung im Ausbildungsberuf
Buchhändlerin / Sortiment
nach Maßgabe der Ausbildungsordnung [2] geschlossen:

A. Die Ausbildungszeit (§ 1) beträgt nach der Ausbildungsordnung drei Jahre.

E. Der Ausbildende zahlt dem Auszubildenden eine angemessene Vergütung (§ 5), sie beträgt z. Z. monatlich
DM 677.-- brutto im ersten Ausbildungsjahr
DM 730.-- brutto im zweiten Ausbildungsjahr
DM 800.-- brutto im dritten Ausbildungsjahr
DM ...... brutto im vierten Ausbildungsjahr
Soweit Vergütungen tariflich geregelt sind, gelten mindestens die tariflichen Sätze.

(3)

PRÜFUNGSZEUGNIS

NACH § 34 BERUFSBILDUNGSGESETZ

ANNE
GERIGHAUSEN

geb. am 30.07.1964
in BONN
hat die Abschlußprüfung im Ausbildungsberuf
BUCHHAENDLERIN
SORTIMENT
bestanden.

Prüfungsergebnis:

BUCHHANDELSBETRIEBSLEHRE
NOTE BEFRIEDIGEND PUNKTE 78

RECHNUNGSWESEN UND DATENVERARBEITUNG
NOTE AUSREICHEND PUNKTE 64

WIRTSCHAFTS- UND SOZIALKUNDE
NOTE BEFRIEDIGEND PUNKTE 76

PRAKTISCHE UEBUNGEN
NOTE GUT PUNKTE 82

...HANDELSKAMMER

München, 06.02.1987

8. Welche Fächer finden Sie sowohl im Zeugnis (3) als auch im Zeugnis (4)?
9. Vergleichen Sie die Noten in diesen Fächern.

Ü22 In welchen Berufen hat Anne aufgrund ihrer Zeugnisse wohl gute Chancen? Vergleichen Sie dazu auch 19A6.

B7

(4)

Städtisches Berufsbildungszentrum für Industrie, Finanz- und Verkehrswirtschaft – München 2 – Luisenstraße 29
Berufsschule für Grundstücks- und Wohnungswirtschaft, Reiseverkehr, Steuer, Werbung und Buchhandel

Abschlußzeugnis

Gerighausen Anne

geboren am 30. Juli 1964 in Bonn,
hat im Schuljahr 19 86 / 87 die Klasse Bh 3 A,
Fachklasse für Buchhändler besucht und sich der Abschlußprüfung der Berufsschule unterzogen.

Leistungen in Pflichtfächern

Religionslehre (.........) / Ethik	----
Sozialkunde	gut
Deutsch	sehr gut
Sport	----
Allgemeine Wirtschaftslehre	gut
Rechnungswesen / Datenverarbeitung	befriedigend
Buchhandelsbetriebslehre	[illegible]

8 Wie in der Schweiz und in Österreich gehören auch in der Bundesrepublik Deutschland die Volkshochschulen zu den wichtigsten Institutionen der Erwachsenenbildung. Jeder Jugendliche und Erwachsene kann an Kursen, Seminaren, Arbeitskreisen, Vorträgen, Filmveranstaltungen, Studienreisen, Bildungsurlauben usw. teilnehmen.

Jede größere Stadt hat eine eigene Volkshochschule (VHS). Kreisvolkshochschulen sind oft für mehrere kleine Städte und Dörfer zusammen eingerichtet.

halt/Öffnungszeiten

Inhaltsverzeichnis

Tag der offenen Tür ... 3
Sonderprogramme ... 4
VHS-Kellerkino ... 5
11.1 Programm für Ausländer/für Ausländer und Deutsche (Arbeitskreise/Wochenendseminare/Fachkurse/Freizeit) ... 6
11.2 Programm für ältere Menschen (Gesprächskreise/Gedächtnistraining/Sport/Fremdsprachen) ... 8
11.3 Programm für Frauen (Frauenforum/Beruf und Familie/Geschichte/Sprache Literatur/Malerei/Film/Theater/Tanz/Gesundheit) ... 10
11.4 Programm für Behinderte (Gesprächskreise/Projekt: Diakonische Werke Himmelsthür) ... 13
1 Deutsche Sprache (Deutsch als Fremdsprache/Deutsch als Muttersprache/Literatur/Theater) ... 14
2 Ästhetische Bildung (Musik/Foto, Film, Video/Bildende Kunst/Zeichnen, Malen, Drucken/Keramische Gestalten/Textiles Gestalten/Werken) ... 18
3 Psychologie/Pädagogik/Philosophie ... 26
4 Politik/Geschichte/Wirtschaft/Recht ... 30
5 Fremdsprachen (Englisch/Französisch/Spanisch/Italienisch/Russisch/Polnisch Dänisch/Sch...isch/Norwe...Neugriechisch/Türkisch/Arabisch) ... 35
6 ... Autogenes Training/Yoga/Krankengymnastik/ ...Gymnastik/Tennis/Tanz/Kuydo/Schach) ... 44
...senschaften/Technik ...enschaften/Mensch und Umwelt/Technik/ ... und Pflanze) ... 49
...ng/Informatik ...rogrammiersprachen/EDV-Anwendung/EDV-Anwenderpaß) ... 52
...ufmännische Weiterbildung/EDV ...ben/Stenografie/Buchführung) ... 55
...nreisen ... 57
...tizvollzug ...ugsanstalt Hildesheim) ... 63
...Oberschule/Zum Hochschulstudium) ... 63
... 66
... 67

Hildesheimer Volkshochschule
Wollenweberstraße 68 Telefon 3 70 41/42
e. V.

Ü23 **Prüfen Sie das Programm der VHS Hildesheim (mittelgroße Stadt bei Hannover):**

- **Welche Zielgruppen – z. B. „ältere Menschen" – werden angesprochen?**
- **Welche Fachrichtungen – z. B. „Sprachen" – werden angeboten?**
- **Was würde Sie persönlich interessieren?**

Italienisch

Grundstufe

Italienisch I,1 »am Tage« 5.411
Dozentin: Giuseppina Keil
Ab 27. Januar 1988, wöchentlich mittwochs, 8.30 bis 10.45 Uhr, ca. 15 Vormittage. — Gebühr: DM 99,--. Tennisclub, Mendelsonstr. 2.
Dieser Kurs für Anfänger ohne Vorkenntnisse gibt eine Einführung in die italienische Sprache. Neben Hör- und Leseverständnis werden vorrangig Sprechfertigkeit und Wendungen der Alltagssprache behandelt und geübt.

Italienisch I,1 5.412
Dozent: Leonardo Civale
Ab 8. Februar 1988, wöchentlich montags und mitwochs, 20.00 bis 21.30 Uhr, ca. 30 Abende. — Gebühr: DM 132,--. FLS, Raum 111.
Parallelkurs zu Kurs-Nr. 5.411

Italienisch I,1 5.413
Dozent: Michele Lodeserto
Ab 25. Januar 1988, wöchentlich montags und donnerstags, 20.00 bis 21.30 Uhr, ca. 30 Abende. — Gebühr 132,--. FLS, Raum 212.
Parallelkurs zu Kurs-Nr. 5.411

Ü24 **Hören Sie ein Interview mit Teilnehmerinnen und dem Leiter eines Italienischkurses.**

a) Notieren Sie, warum sieben Teilnehmerinnen gerade diese Sprache lernen wollen:

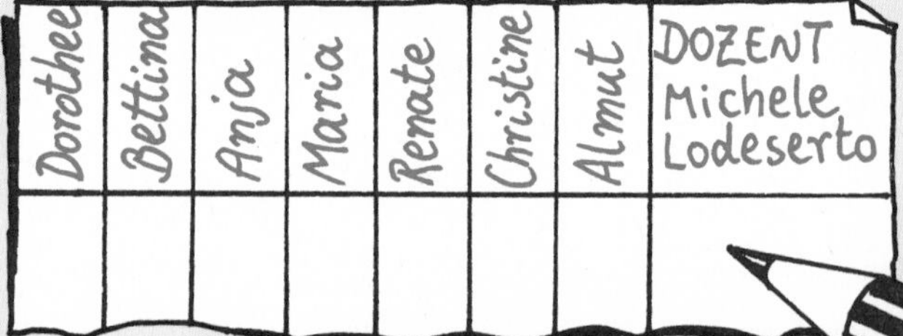

Vergleichen Sie die Argumente und diskutieren Sie.

b) An der VHS Hildesheim gibt es 19 Italienischkurse. Dozent Michele Lodeserto antwortet auf die Frage, ob Italienisch gerade Mode sei und ob ihm seine Arbeit Spaß mache. Notieren Sie bitte.

9

① Bei Versuchen mit Neugeborenen kam Dr. Clementis aus London zu folgender Erkenntis:

② Dem Türenschlagen und ähnlichen Geräuschen schenken die Sprößlinge keinerlei Beachtung.

③ Gänzlich anders verhalten sie sich jedoch, wenn ihnen Platten mit klassischer Musik vorgespielt werden.

④ Vivaldi und Mozart bereiten den Babys besonderes Vergnügen.

⑤ Vor allem die Flötentöne – dabei lächeln sie.

① *kam ... zu folgender Erkenntnis:* erkannte, fand heraus; ② *keinerlei Beachtung schenken:* absolut nicht achten auf ..., nicht zuhören; ④ *bereiten den Babys ... Vergnügen:* machen den Babys Freude

Ü25 – **Sind diese fünf Sätze ein Text? Prüfen Sie mit Hilfe der Textdefinition in 17A5. Wenn ja: Versuchen Sie, eine Überschrift zu finden.**

– **Kann man die fünf Sätze in der Reihenfolge vertauschen?**

– **Können die einzelnen Sätze allein (ohne Kontext) stehen?**

Bei Versuchen mit Neugeborenen kam Dr. Clementis aus London zu folgender Erkenntnis: Dem Türenschlagen und ähnlichen Geräuschen schenken die Sprößlinge keinerlei Beachtung.

Gänzlich anders verhalten sie sich jedoch, wenn ihnen Platten mit klassischer Musik vorgespielt werden. Vivaldi und Mozart bereiten den Babys besonderes Vergnügen. Vor allem die Flötentöne – dabei lächeln sie.

Ü26 – **Was bedeuten diese verschiedenen Pfeile im Text? Worauf weisen sie hin?**

– ***„Gänzlich anders"*** **– an dieser Stelle wird der Text in zwei Hälften geteilt. Was steht oben, was unten? In welcher Beziehung stehen die beiden Abschnitte zueinander?**

Ü27 – ***„Platten mit klassischer Musik"*** **⟶** ***„Vivaldi und Mozart"*** **⟶** ***„Flötentöne":*** **Erklären Sie diese Reihenfolge.**

– **„Vor allem die Flötentöne – dabei lächeln sie." oder „Sie lächeln vor allem bei den Flötentönen." Wie unterscheiden sich diese beiden Sätze? Lesen Sie sie einmal laut!**

1

INFORMATION
INFORMATION
GOOD BY
STAND BY

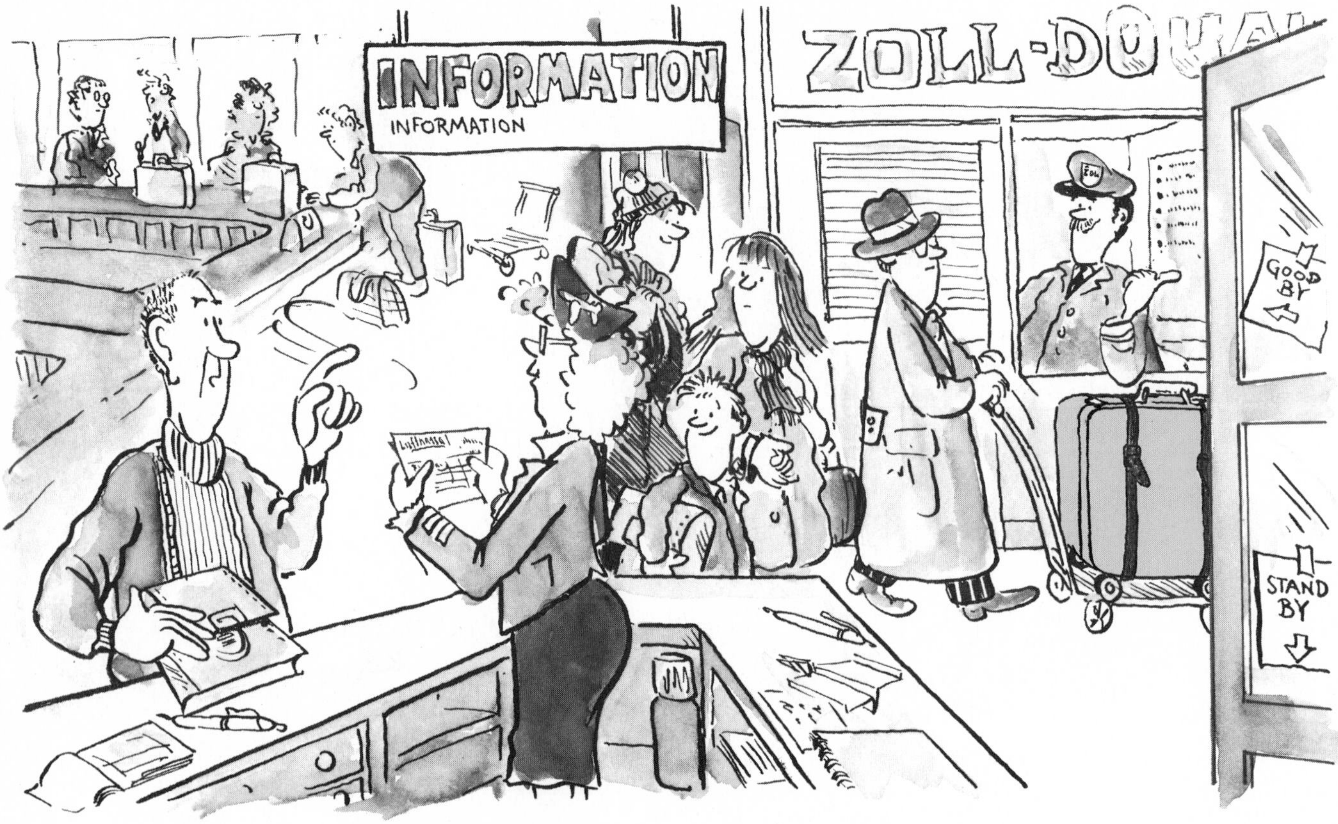

○ Mein Gepäck ist nicht mitgekommen. Ich vermisse meinen Koffer.

● Wo haben Sie das Gepäck aufgegeben?

○ In Ankara.

● Also Ankara via Frankfurt nach Hannover. Darf ich mal Ihren Flugschein sehen? – War die Maschine pünktlich in Frankfurt?

○ Nein, etwa 50 Minuten verspätet.

● Dann war die Zeit zum Umladen zu knapp.

○ Und was mach' ich jetzt?

● Der Koffer kommt mit der nächsten Maschine aus Frankfurt.

○ So lange kann ich nicht warten!

● Geben Sie mir bitte Ihre Adresse. Das Gepäck wird Ihnen gebracht. Können Sie mir den Koffer beschreiben?

○ Ein grüner Lederkoffer mit schwarzen Riemen und Rädern zum Rollen; den erkennt man sofort.

Ü 1

- **Wie ist der Passagier geflogen (Hinflug und Rückflug)?**
- **Haben Sie schon einmal etwas Ähnliches erlebt? Bitte erzählen Sie.**
- **Hatten Sie auch schon mal Angst, daß ein anderer Passagier Ihren Koffer nehmen könnte? Bitte beschreiben Sie die Situation.**

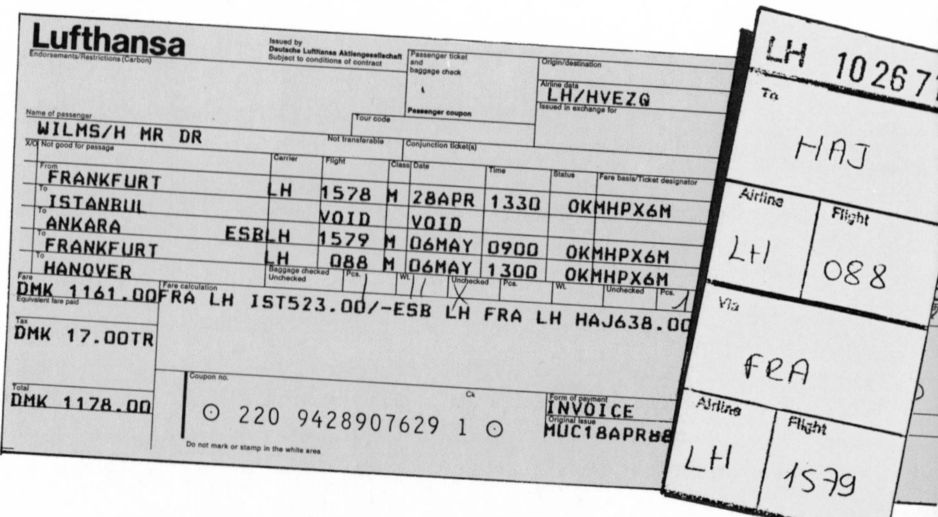

Lufthansa
Issued by Deutsche Lufthansa Aktiengesellschaft
Subject to conditions of contract
Endorsements/Restrictions (Carbon)
Passenger ticket and baggage check
Passenger coupon
Origin/destination
Airline data LH/HVEZQ
Issued in exchange for
Tour code
Name of passenger WILMS/H MR DR
Not transferable
Conjunction ticket(s)
X/O Not good for passage
From FRANKFURT LH 1578 M 28APR 1330 OK MHPX6M
To ISTANBUL VOID VOID
To ANKARA ESB LH 1579 M 06MAY 0900 OK MHPX6M
To FRANKFURT LH 088 M 06MAY 1300 OK MHPX6M
To HANOVER
Carrier Flight Class Date Time Status Fare basis/Ticket designator
Baggage checked Unchecked Pcs. Wt.
Fare DMK 1161.00
Fare calculation FRA LH IST523.00/-ESB LH FRA LH HAJ638.00
Equivalent fare paid
Tax DMK 17.00TR
Total DMK 1178.00
Coupon no. 220 9428907629 1
Ck
Form of payment INVOICE
Original issue MUC18APR88
Do not mark or stamp in the white area
LH 102671
To HAJ
Airline LH Flight 088
Via FRA
Airline LH Flight 1579

2

(1)

○ Zum Bahnhof, bitte!
● Gerne, steigen Sie ein!

(2)

○ Nanu, das Taxi ist ja besetzt!?
● Wieso, sitzen Sie nicht gut?
○ Das schon – aber – hören Sie: Ich zahle nur die Hälfte!
● Ich bringe Sie zum Bahnhof, und das müssen Sie bezahlen.
○ Aber die Kinder fahren ja auch zum Bahnhof – dann müssen sie auch bezahlen!
● Die Kinder wollen gar nicht zum Bahnhof.
○ Wohin wollt ihr denn?
■ Wir fahren mit dir!
○ .....

Ü2

- **Wie finden Sie diese Situation?**
- **Wer hat Ihrer Meinung nach recht?**
- **Was würden Sie als Fahrgast tun?**
- **Unterhalten Sie sich gerne mit Taxifahrern? (Worüber?)**

1 Stellung der Satzglieder: Vorfeld – Mittelfeld (– Nachfeld)

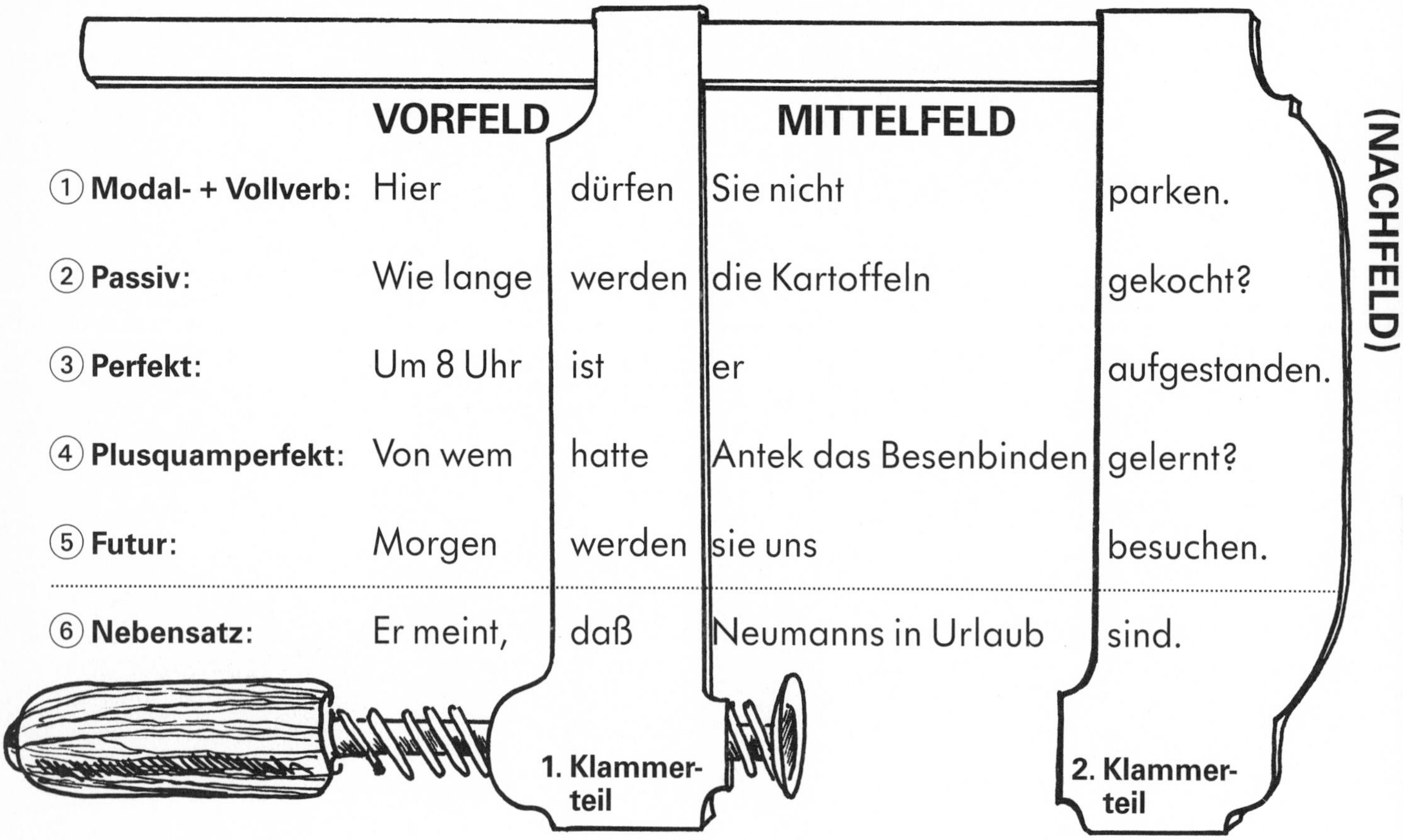

	VORFELD	1. Klammerteil	MITTELFELD	2. Klammerteil	(NACHFELD)
① **Modal- + Vollverb:**	Hier	dürfen	Sie nicht	parken.	
② **Passiv:**	Wie lange	werden	die Kartoffeln	gekocht?	
③ **Perfekt:**	Um 8 Uhr	ist	er	aufgestanden.	
④ **Plusquamperfekt:**	Von wem	hatte	Antek das Besenbinden	gelernt?	
⑤ **Futur:**	Morgen	werden	sie uns	besuchen.	
⑥ **Nebensatz:**	Er meint,	daß	Neumanns in Urlaub	sind.	

2 Satzglieder im Vorfeld

VORFELD	1. Klammerteil	MITTELFELD			2. Klammerteil
Antek	hatte		das Besenbinden	von seinem Vater	gelernt.
Das Besenbinden	hatte	Antek		von seinem Vater	gelernt.
Von seinem Vater	hatte	Antek	das Besenbinden		gelernt.
		Nominativergänzung	Akkusativergänzung	Präpositionalergänzung	

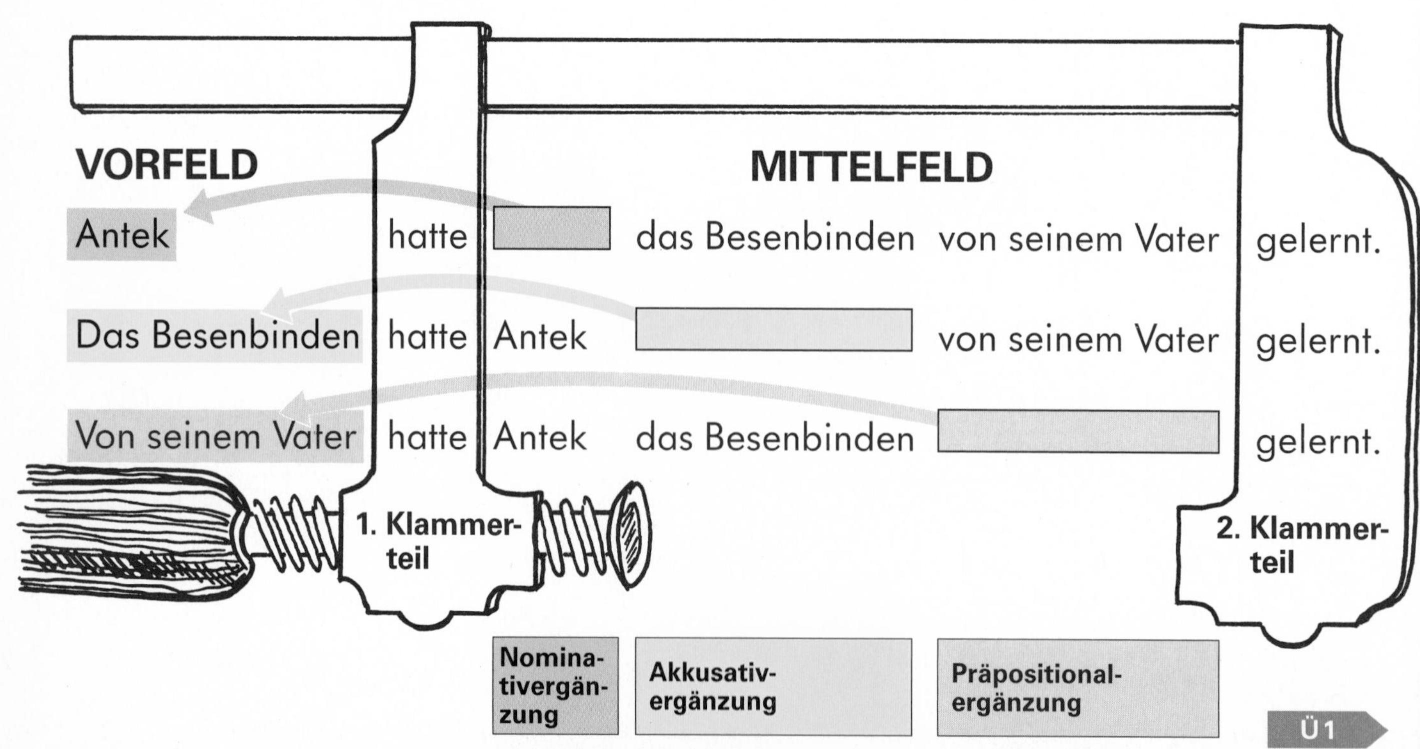

Ü 1

Satzglieder im Mittelfeld (mit Tendenz nach links/rechts) 3

3.1

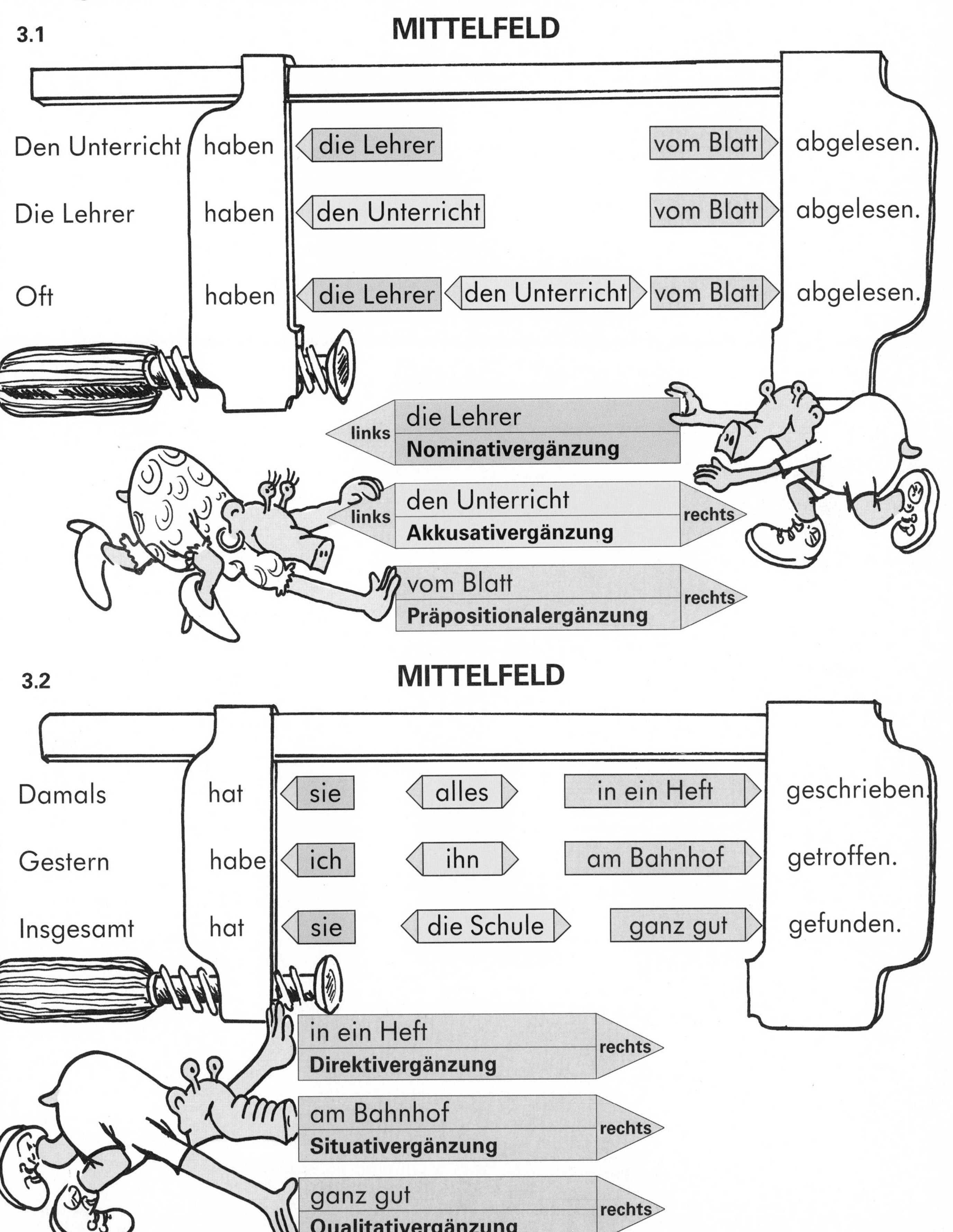

3.3

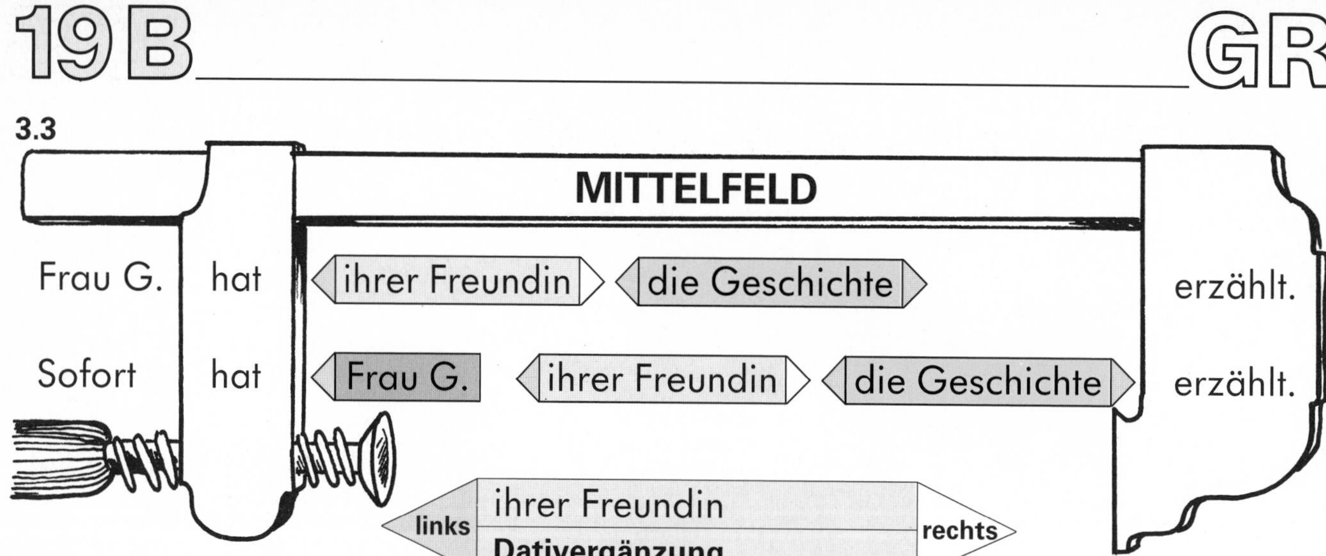

3.4 Zusammenfassung: Ergänzungen im Mittelfeld

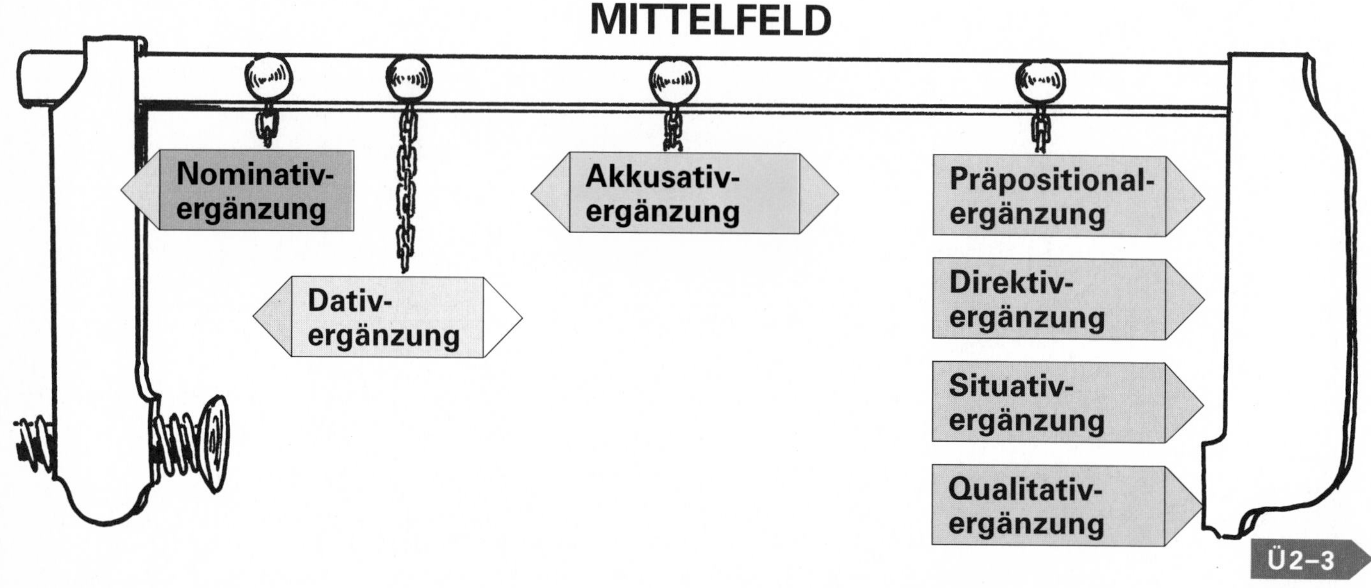

Ü2–3

4 Dativergänzung und Akkusativergänzung im Mittelfeld

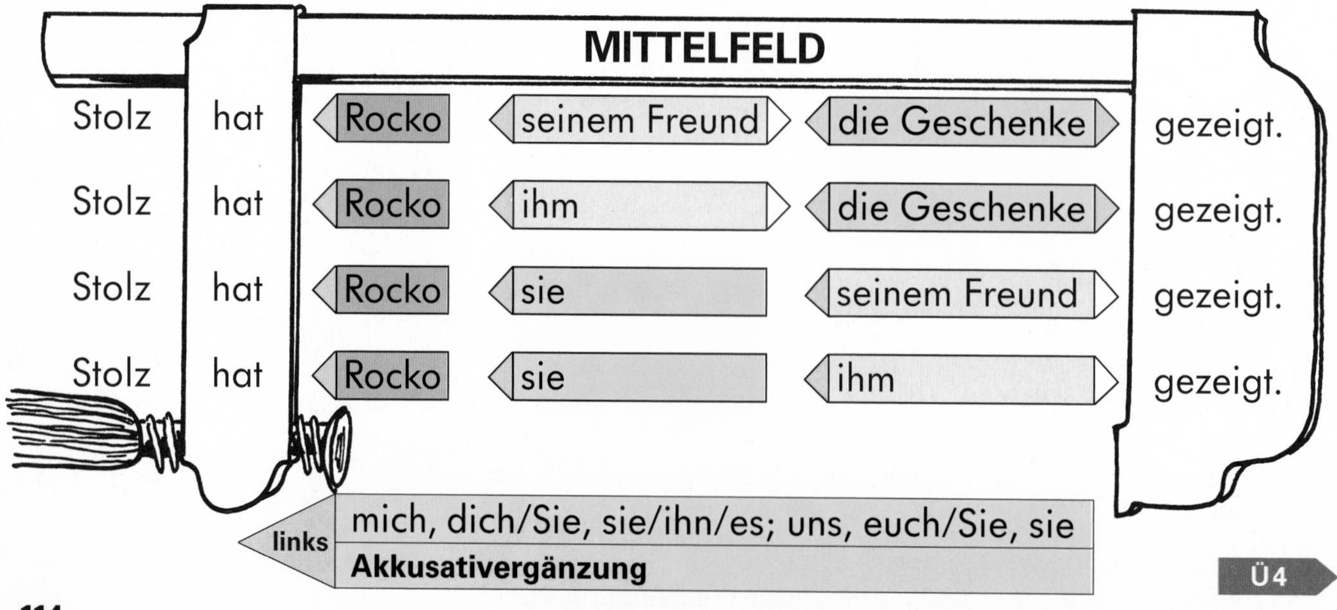

Ü4

Zusätzliche Angaben im Vorfeld und im Mittelfeld

5

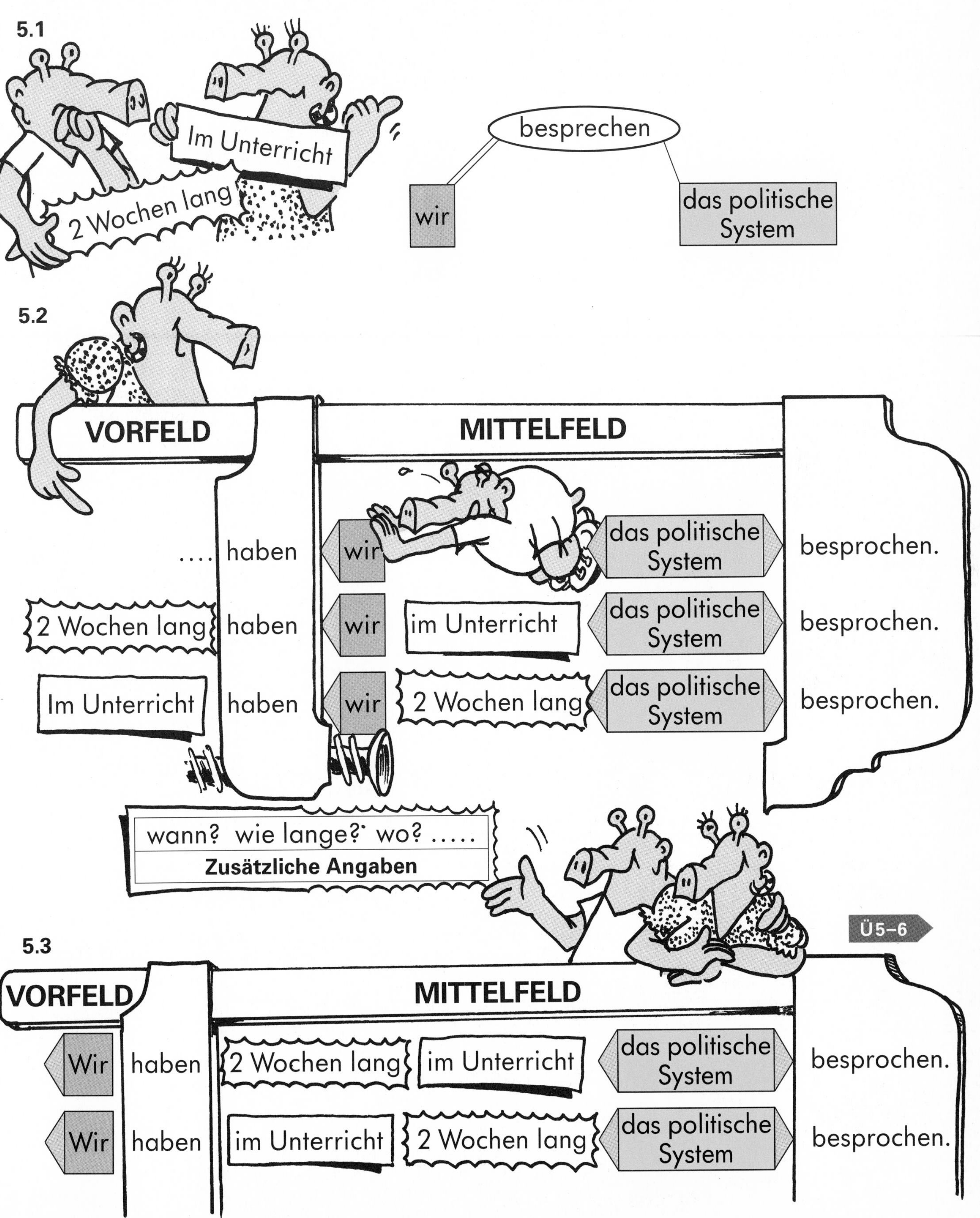

Ü 1 Bilden Sie jeweils zwei Sätze.

Beispiel:
1.a) Er hat sein ganzes Geld für Bücher ausgegeben.
1.b) Sein ganzes Geld hat er für Bücher ausgegeben.

3.a) Ich kann dich zum Bahnhof bringen.
3.b) Zum Bahnhof kann ich dich bringen.

Ü 2 Gebrauchen Sie jeden Satz als Nebensatz.

Beispiel:
1. (Ich weiß), daß er sein ganzes Geld für Bücher ausgegeben hat.

Ü 3 Formulieren Sie jeden Satz als Frage.

Beispiel:
1.a) Hat er sein ganzes Geld für Bücher ausgegeben?
1.b) Wofür hat er sein ganzes Geld ausgegeben?

Ü 4 Drücken Sie in den Beispielen 6, 17 und 19 die Dativergänzung und die Akkusativergänzung jeweils mit einem Personalpronomen aus.

Beispiel:
6. Die Großmutter hat es ihnen erzählt.

Ü 5 Fügen Sie in die Sätze weitere Angaben ein.

Beispiel:
1.a) Er hat **wahrscheinlich** sein ganzes Geld für Bücher ausgegeben.
1.b) **Wahrscheinlich** hat er sein ganzes Geld für Bücher ausgegeben.

Aufgaben:
2. leider 3. heute abend 4. schon vor einer Woche 5. gestern 6. eine Stunde lang 7. schon früh 8. tatsächlich 9. schon oft 10. sicher 11. meiner Meinung nach 12. herzlich 13. vielleicht 14. während der Party 15. bei der letzten Untersuchung 16. nächste Woche 17. am Sonntag 18. schon um 7 Uhr 19. schon früher

Zu den Übungen Ü 1–Ü 5:

1. ausgegeben haben – sein ganzes Geld – für Bücher – er
2. geantwortet haben – auf die Frage – nichts – sie
3. bringen können – zum Bahnhof – dich – ich
4. eingeladen haben – zur Party – viele Gäste – Familie von Kopra
5. erinnert haben – an sein Versprechen – Peter – ich
6. erzählt haben – Märchen – den Kindern – die Großmutter
7. erziehen sollen – zur Selbständigkeit – ihre Kinder – die Eltern
8. gefunden haben – schön – die Wohnung von Hempels – Herr Miller
9. gegeben haben – einen guten Rat – uns – sie
10. gefallen werden – sehr gut – euch – unsere Wohnung
11. (nicht) glauben dürfen – alles – ihm – du
12. gratulieren wollen – zum Geburtstag – dir – ich
13. helfen können – beim Umzug – unseren Freunden – wir
14. gemerkt haben – von dem Diebstahl – nichts – Frau von Kopra
15. geraten haben – zu mehr Sport – mir – der Arzt
16. schicken müssen – nach England – ein Paket – ich
17. geschrieben haben – einen langen Brief – seiner Freundin – Peter
18. gestellt haben – das Essen – auf den Tisch – die Mutter
19. verboten haben – das Rauchen – meinem Vater – der Arzt

Ü 6 Fügen Sie in die folgenden Sätze weitere Angaben ein.

Beispiel: Sie sagt, daß sie die Schule **insgesamt** ganz gut gefunden hat.

Aufgaben: Sie sagt,
1. daß sie alles in ein Heft geschrieben hat (regelmäßig);
2. daß sie nicht über Tschernobyl gesprochen haben (im Unterricht);
3. daß sie das politische System besprochen haben (zwei Wochen lang);
4. daß sich viele Lehrer nicht um Zusatzmaterial kümmern (leider);
5. daß die Lehrer den Lehrplan schaffen müssen (bis zum Ende des Schuljahres);
6. daß der Leistungsdruck nicht mehr so schlimm ist (in der 12. Klasse);
7. daß sie Kurzarbeiten schreiben mußten (in jedem Fach);
8. daß sie sich mit Latein abgepaukt hat (drei Jahre lang);
9. daß viele Lehrer den Unterricht vom Blatt ablesen (regelmäßig);
10. daß sie eine Apfelsaftflasche vor sich auf dem Tisch stehen hatte (einmal).

Berufsbezeichnungen

6.1 **Bäck**|**ER**|, Búchhändler(in), Fleíscher/Métzger, Gärtner(in), Maúrer, Schneíder(in), Verkäúfer(in), Zímmerer

---

Hélf|**ERIN**|: Apothékenhelferin, Árzt~, Spréchstunden~

Téchn|**IKER**|: Férnmeldetechniker(in), Férnseh~(in), Rádio~(in), Záhn~(in);
ebenso: Kfź-Mechaniker(in), Chémiker(in), Eléktriker(in), Informátiker(in), Krítiker(in), Mathemátiker(in), Óptiker(in), Polítiker(in), Músiker(in), Phýsiker(in)

6.2 **Káuf**|**FRAU/MANN**|: Bánkkauffrau/mann, Büró~, Eínzelhandels~, Gróßhandels~, Industríe~;

Fách|**FRAU/MANN**|: Hotélfachfrau; Bürófachmann, Bánkfachmann

6.3 **Bürófach**|**KRAFT**|

6.4 **KOCH/KŐCHIN**

Hunger ist der beste Koch. (Sprichwort)

Viele Köche verderben den Brei. (Sprichwort)

cher Ausfert... ein zehnfaches Echo; mannigfach, mehrfach, vielfach; das Vierfache
'**Fach·ar·bei·ter** ⟨m.⟩ *Arbeiter mit abgeschlossener Lehre (in einem anerkannten Lehrberuf)*; er ist ~ für Maschinenbau
'**fä·cheln** ⟨V.⟩ **1** ⟨400⟩ eine Brise, ein Luftzug fächelt. *weht sanft* **1.1** Blätter ~ *bewegen sich sanft im Wind* **2** ⟨500/R7⟩ jmdn. ~ *jmdm. durch einen Luftzug Kühlung verschaffen*; ich habe mich mit dem Taschentuch gefächelt **3** ⟨500⟩ etwas fächelt jmdn. od. etwas *weht jmdn. od. etwas sanft u. kühlend an*; der Wind fächelte mich, meine Stirn
'**Fä·cher** ⟨m.; -s, -⟩ **1** *runder od. halbrunder, starrer od. faltbarer, aus Vogelfedern, Stoff od. Papier bestehender Wedel, mit dem man sich od. jmdm. Luft zufächelt*; den ~ entfalten, aufklappen **2** ⟨jägerspr.⟩ *die Schwanzfedern des Auerhahns*
'**Fach·mann** ⟨m.; -(e)s, -leu·te od. =n·ner⟩ *jmd., der für ein bestimmtes Fachgebiet zuständig ist*; ein qualifizierter, alter, bewährter ~; er ist ~ auf diesem Gebiet
'**Fach·werk** ⟨n.⟩ **1** *bes. ... 16./17. Jh. beli... ...scher*

Kraft

strengt **1.0.3** wieder zu Kräften kommen *wieder gesund werden*, ... kräftigen 1.0.4 ...
... treten ungültig werden **4.3** in ~ treten *gültig werden*; das Gesetz tritt am 1. 10. in ~ **4.4** in ~ sein *gültig sein*; das Gesetz ist noch in ~ **5** *Hilfskraft, Mitarbeiter*; Büro~, Lehr~, Schreib~; wir brauchen für unsere Abteilung noch eine ~; wir müssen noch einige Kräfte einstellen; er, sie ist eine ausgezeichnete ~ **6** ⟨Phys.⟩ *den Bewegungszustand eines Körpers ändernde Größe*; das Gleichge... der Kräfte;

Ü 7

– **Erklären Sie:** ***Facharbeiter, Fachfrau, Fachkraft, Fachmann.***
– **Nennen Sie einige Berufe/Berufsbezeichnungen, die es vor 100 Jahren noch nicht gegeben hat.**

7 Unterrichts- und Studienfächer

	Wortbildung	Schule	Hochschule/Universität
①	Geograph Biolog **IE** Chem	Chemíe, Biologíe, Geographíe	Archäologíe, Biologíe, Chemíe, Geographíe, Philosophíe, Psychologíe, Soziologíe, Theologíe
②	Mus **IK**	Informátik, Mathematík, Musík, Physík	Elektrónik, Informátik, Mathematík, Pädagógik, Physík; Musík(wissenschaft)
③	Engl **ISCH**	Énglisch, Franzö́sisch, Gríechisch, Italiénisch, Portugíesisch, Rússisch, Serbokroátisch, Spánisch, Tǘrkisch	
④	Erd **KUNDE**	Érdkunde, Heímatkunde, Sáchkunde, Soziálkunde, Natúrkunde	Vö́lkerkunde, Vólkskunde
⑤	Arbeits **LEHRE**	Árbeitslehre, Religiónslehre, Wírtschaftslehre	Betríebswirtschaftslehre (BWL), Vólkswirtschaftslehre (VWL)
⑥	Angl **ISTIK**		Anglístik, Germanístik, Hispanístik, Linguístik, Romanístik, Slawístik, Publizístik (Zéitungswissenschaft)
⑦	Rechts **WISSENSCHAFT**		Literatúrwissenschaft, Musíkwissenschaft (Musikologíe), Polítíkwissenschaft (Politologíe), Rechts- und Stáatswissenschaft (Júra), Soziálwissenschaft (Soziologíe), Spráchwissenschaft (Linguístik), Theáterwissenschaft, Wírtschaftswissenschaft(en), Zéitungswissenschaft (Publizístik)
⑧		Deutsch, Geschíchte, Kúnsterziehung, Latéin, Religión, Sport	Geschíchte, Kúnstgeschichte, Sport

MEDIEN 20
96,3 UKW MHz
Radio Gong 2000
Ihre aktu... Boulevard-Welle
Radio Charivari
IHRE MÜNCHNER WELLE
UKW 95,5
...mer dabei - auf 91,8
Radio Trausnitz
HÖRT MACHT UNTERSTÜTZT RADIO DREYECKLAND
Tel. 0761/552455
Habsburgerstr. 9
RADIO XANADU
UKW City-Welle 93,3 MHz München
nadenn fm
UKW 100–104 MHz
Deutscher Gewerkschaftsbund NRW
Solidarität!
-Rheinhausen muß leben!
-Erhalt aller Stahlstandorte!
-Arbe... NRW
RHEINHAUSEN
soLL
LEBEN
35
Der richtige Schritt
IGM
Ich bin Metallerin
ARBEIT und BERUF

1 Gerlinde Geffers ist von Beruf eigentlich Lehrerin, hat jedoch nach Studium und Ausbildung keine Stelle gefunden.
Sie hat zunächst ein Jahr lang für eine alternative Zeitung gearbeitet, ist dann aber wieder zum Unterrichten zurückgekehrt, „um diese Qualifikation nicht zu verlernen"; sie war auch ein Jahr als Deutschlehrerin in Italien.
Nach ihrer Rückkehr hat sie es noch einmal „mit Medien" versucht und sich beim privaten Rundfunksender *ffn* beworben.

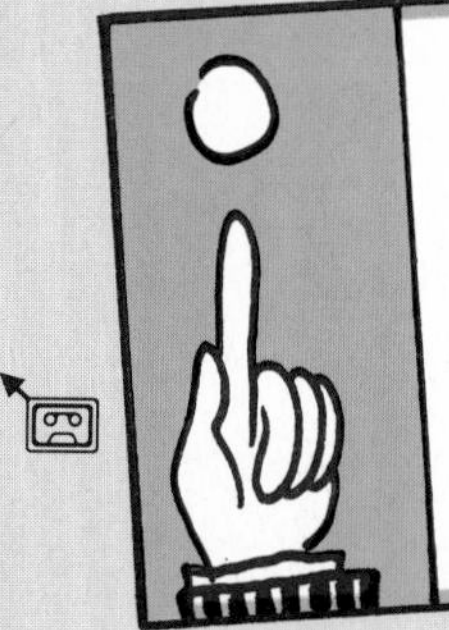

Radioboom durch private Rundfunksender
Seit einigen Jahren gibt es in der Bundesrepublik eine wichtige Veränderung der „Medien-Landschaft": Es entstehen immer mehr private Rundfunksender, die den „alten" öffentlichen Programmen starke Konkurrenz machen.

Ü1 **Hören Sie Gerlinde Geffers' Bericht (Abschnitt ① des Interviews auf Cassette).**

Ü2 **Auf die Frage, ob „Journalistin" für sie mehr als nur ein Job zum Geldverdienen sei, antwortet Frau Geffers:**

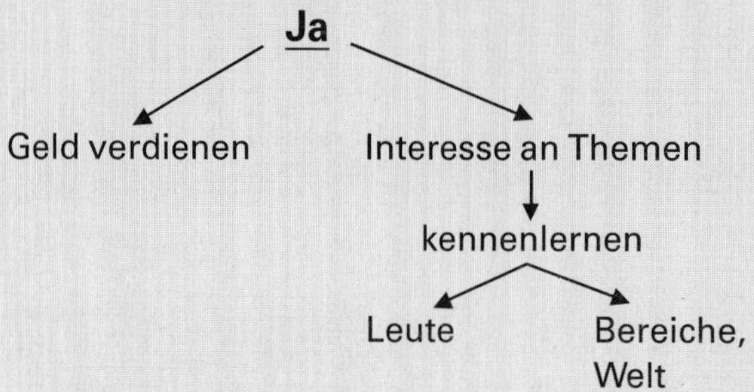

Vergleichen Sie dieses Diagramm bitte mit Abschnitt ② des Interviews auf Cassette und geben Sie dann Frau Geffers' Antwort mit eigenen Worten wieder.

Der privat Rundfunksender *ffn* behauptet, mutiger, schneller, aktueller zu sein als die normalen (öffentlichen) Rundfunkanstalten.
Gerlinde Geffers erwähnt, daß *ffn* mit Politikern „frecher" umgehen kann, denn: „Da sitzen in keinem Ausschuß die Parteien." Sie spricht von „innerer Zensur" (im Gegensatz zur äußeren) und meint damit die Zensur „im Kopf" des Journalisten aus Angst vor öffentlicher Kritik.

Die öffentlich-rechtlichen Rundfunkanstalten der Bundesländer (Westdeutscher Rundfunk, Norddeutscher Rundfunk, Bayerischer Rundfunk, Radio Bremen, Südwestfunk Baden-Baden usw.) haben die Aufgabe, die Bevölkerung mit Information, Unterhaltung und Kultur zu versorgen. Ihr Programm muß „ausgewogen" sein, d. h. die vielfältigen Meinungen nebeneinander zeigen.
Sie werden öffentlich (gesellschaftlich) kontrolliert und finanziert: z. B. durch das Geld, das jeder Hörer zahlen muß (Rundfunkgebühren).

Ü3 **Hören Sie jetzt Abschnitt ③ des Interviews und machen Sie dazu Notizen.**
(In diesem Hörtext wird das wichtige Wort *Magazinprogramm* verwendet: Es ist ein Rundfunkprogramm mit viel Musik und kurzen Informationsteilen).

Ü4 **Bearbeiten Sie die Interview-Abschnitte (4), (5) und (6) in Gruppen; machen Sie Notizen. Tragen Sie am Ende alle Informationen zusammen.**

(4) *ffn* lebt ganz von Werbung (Reklame) – Nachteile? Hat Rundfunk Einfluß auf seine Hörer?

(5) Eigene Themen – Auftragsthemen? Wie bearbeitet Gerlinde Geffers ein Thema?

(6) Wie sähe für G. Geffers ein gutes Rundfunkprogramm aus?

Ü5 **Wie sähe für *Sie* ein gutes Rundfunkprogramm aus?**

Ü6 **Welche Fragen würden Sie einer Journalistin / einem Journalisten stellen?**

Ein neuer Rundfunksender stellt sich vor

2

Ü7 **Dieser Text ist sehr schwer: Lesen Sie ihn *nicht ganz!* Wir suchen *nur wenige* wichtige Informationen. Unterstreichen Sie die Formulierungen im Text zu diesen Stichwörtern:**

- Name des Senders
- Zeitdauer des Programms
- Sendebereich (= wo man den Sender hören kann)
- Finanzierung des Senders
- Zahl und Alter der Hörer

radio ffn
Privatfunk auf Erfolgskurs

---

radio ffn – unter diesem Namen trat am 31. Dezember 1986, high noon, die Rundfunkgesellschaft FUNK & FERNSEHEN NORDWESTDEUTSCHLAND GMBH & CO. KG an, das erste private Hörfunkprogramm Niedersachsens zu betreiben. Gestaltet wird ein 24stündiges Vollprogramm, also Service rund um die Uhr.

radio ffn ist auf den Frequenzen 100 bis 104 MHz in den Bundesländern Niedersachsen, Bremen und Hamburg sowie im nordöstlichen Nordrhein-Westfalen, in Nordhessen und Süd-Schleswig-Holstein zu empfangen.

Die Gesellschaft tragen 58 Zeitungs-, Zeitschriften- und Buchverleger Nordwestdeutschlands. radio ffn finanziert sich ausschließlich aus Werbung.

Seit Mitte Juni 1987 liegen erste Reichweitenuntersuchungen vor. Das Institut GFM-GETAS ermittelte, daß rund 550.000 Hörer pro durchschnittlicher Stunde radio ffn hören. Darüber hinaus weist die Studie radio ffn als echten Zielgruppen-Sender aus: Etwa 80% der ffn-Hörer sind zwischen 14 und 39 Jahre alt.

Ü8 **Berichten Sie in der Gruppe mündlich über *radio ffn*.**

3

In Abschnitt ④ des Interviews erwähnt Gerlinde Geffers, daß sie eine Sendung über *„Kinder als Kunden"* gemacht habe.

Diese Sendung ist dreieinhalb Minuten lang und bringt sehr viele Informationen und Meinungen nacheinander. Sie ist folgendermaßen aufgebaut:

① Kinderstimmen + Verkäuferin: „. . . und wieviel kostet der?" – „3.95"	② Reporterin: „Einfache Kunden sind sie bestimmt nicht . . ."	③ Jürgen Apel, Inhaber eines Spielzeugladens: „Teilweise sind sie sehr schwierig . . ."
⑥ Reporterin: Spielzeugläden sind das Ziel vieler Kinderwünsche.	⑤ Jürgen Apel: „. . . müssen wir natürlich auch sehr freundlich sein . . ."	④ Reporterin: Spielzeugläden = Schonräume für Kinder. Problematische Werbung in Supermärkten und im Fernsehen.
⑦ Walter Wilken, Bundesgeschäftsführer des Kinderschutzbundes: Das Fernsehen als „Miterzieher"; Werbung trägt Unruhe in die Familien.	⑧ Reporterin erwähnt Analyse der Hamburger Verbraucherzentrale: Werbung für Süßigkeiten im Fernsehen.	⑨ Walter Wilken fordert Verbot von Werbung für Kinder und mit Kindern.

Ü9

- **Hören Sie nun die neun Abschnitte der Sendung und lesen Sie den „Bauplan" (oben) mit.**
- **Wie finden Sie den Aufbau der Sendung?**
- **Wählen Sie für Ihre Gruppe nun Abschnitt ② oder ⑤ aus und hören Sie diesen immer wieder. Machen Sie Notizen und sprechen Sie in der Gruppe darüber.**

4

①

Meine Kinder solln alle 3 die Schule besuchen, dat sie was wern. Nämlich ich konnte dat nich, meine Eltern, die konnten dat einfach nicht aufbringen, es is keiner von uns auf e höhere Schule gegangen, aber meine Kinder solln das machen. Da soll keiner aufn Pütt. Die Zeche wird et dann sowieso nich mehr geben. Aber so, die sollen irgendwie wat anderes wern. Die solln auf e Schule gehen. Dat hab ich auch schon zu mein Mann gesagt: Dat kann ich nich haben, daß die mal so arm wern wie wir. Die sollns mal n bißchen besser haben wie wir. Nich, is doch wahr! Unsereiner, der malocht und arbeitet und arbeitet und hat doch nichts.

Erna E.

② Krise bei Kohle und Stahl

W. E. (Eig. Ber.) Rheinhausen und seine Krupp-Hütte*: ein Beispiel für die Strukturkrise an Rhein und Ruhr. Da wurde Jahr um Jahr zuviel Stahl produziert, für den es keine Käufer gab. Die Folge waren Verluste, die in sechs Jahren 1 Milliarde Mark betrugen. Nun wird das Hüttenwerk geschlossen.

Es war nicht das erste, und es wird nicht das letzte sein: Denn im gesamten Ruhrgebiet, dem größten industriellen Ballungsgebiet Europas, wurde in den letzten Jahren zuviel Stahl produziert, den man nicht mehr ohne Verlust verkaufen konnte. Die Folge: Betriebe mußten geschlossen werden, Arbeitsplätze in der Stahlindustrie gingen verloren.

Begonnen hatten die Probleme schon 1958 mit der Kohlekrise: Zeche um Zeche mußte stillgelegt werden; zuviel Kohle wurde gefördert, und die Käufer fehlten. Denn importierte Kohle, Erdöl und Erdgas waren (und sind) billiger.

Man erwartet, daß auch in Zukunft die Kohleförderung und die Stahlproduktion weiter zurückgehen werden und weitere Arbeitsplätze in diesen Wirtschaftszweigen verlorengehen.

Deshalb kommt es darauf an, im Ruhrgebiet neue Industrien anzusiedeln und neue Arbeitsplätze zu schaffen, damit die Region nicht mehr so sehr von Kohle und Stahl abhängig ist.

* Gemeint ist ein Stadtteil von Duisburg, Rheinhausen, mit seinem Stahlhüttenwerk des Krupp-Konzerns, in dem die meisten Arbeitnehmer/innen dieses Stadtteils beschäftigt waren.

③ Eisen- und Stahlindustrie in der BRD

Jahr	Rohstahlproduktion in Mio. t	Beschäftigte
1959	29,4	395.600
1969	45,3	371.600
1979	46,0	297.200
1987	36,3	186.200

④ Entwicklung des Bergbaus (Steinkohle) in der BRD*

Jahr	Förderung in Mio. t	Beschäftigte	Zechen
1957	149,4	607.000	173
1967	112,0	287.000	95
1977	84,5	192.000	43
1987	75,8	156.000	32

* Davon zwei Drittel (⅔) im Ruhrgebiet

Ü 10 **Erna E. spricht „Ruhrgebiets"-Dialekt, z. B. *wern* für „werden", *malochen* für „schwer arbeiten", *Pütt* für „Zeche". Suchen Sie weitere Beispiele für Dialektformen im Text.**

Ü 11 **„Meine Kinder solln alle drei die Schule besuchen", sagte Erna E. Warum möchte sie das?**

Ü 12 **„Die Zeche wird et dann sowieso nich mehr geben", hat Erna E. gesagt.**
a) Was meinte sie damit?
b) Ist ihre Prognose richtig gewesen? (Vergleichen Sie Tabelle ④).

Ü 13 **Geben Sie einige Informationen der Tabellen ③ und ④ wieder. Sie können dabei die folgenden Formulierungen benutzen:**
„Von ..... bis ..... ist die Förderung/Produktion von Kohle/Stahl um ..... Millionen Tonnen zurückgegangen."
„Im gleichen Zeitraum sank die Zahl der Beschäftigten von ..... auf ....."
„Gleichzeitig ging die Zahl der Zechen von ..... auf ..... zurück."

Ü 14 **Welchen Zusammenhang gibt es zwischen Text ② und den Tabellen ③ und ④?**

Ü 15 **– Sammeln Sie aus Text ② Informationen zu den folgenden Stichpunkten: Rheinhausen – Stahlproduktion im Ruhrgebiet – Kohlekrise – Prognosen – (mögliche) Lösung.**
– Fassen Sie den Inhalt des Textes anhand Ihrer Notizen kurz (schriftlich) zusammen.

5

Aufruf zu friedlichem Miteinander

Weizsäcker fordert in Weihnachtsansprache Solidarität mit Ausländern und Behinderten sowie neue Arbeitsplätze im Ruhrgebiet – Warnung vor Menschlichkeit zerstörender Gewalt

Bonn. (AP/dpa) Zum Weihnachtsfest 1987 hat Bundespräsident Richard von Weizsäcker alle Bürgerinnen und Bürger zu einem friedlichen Miteinander im Innern wie nach außen aufgerufen. In seiner von Rundfunk und Fernsehen ausgestrahlten Ansprache sagte Weizsäcker am Donnerstag, Frieden unter den Völkern könne nur gedeihen, „wenn wir auch im eigenen Volk friedlich miteinander umgehen lernen". Als beispielhaft für den notwendigen solidarischen Umgang miteinander nannte der Bundespräsident die Ausländer und die Behinderten, vor allem aber die vom Arbeitsplatzverlust bedrohten Arbeitnehmer im Ruhrgebiet und im Saarland.

In diesen Regionen „müssen wir einen großen Strukturwandel schaffen", erklärte Weizsäcker. Es könne nicht jeder Wirtschaftszweig und nicht jedes Unternehmen künstlich am Leben erhalten werden. Aber gerade dort, wo ein Ort bisher von einem einzigen Kohle- und Stahlbetrieb abhängig sei, seien die Menschen auf Hilfe beim Aufbau neuer Beschäftigung angewiesen. Es gehe um neue Arbeitsplätze, „und zwar an Ort und Stelle". Dies sei eine Aufgabe für alle überall im Bundesgebiet.

Auf die in der Bundesrepublik lebenden Ausländer eingehend appellierte er an die Deutschen, auf ihre ausländischen Mitbürger zuzugehen und sie spüren zu lassen, „daß sie zu einem Teil unserer Gemeinschaft geworden sind". Die Weihnachtsbotschaft des Friedens mache vor ihnen genausowenig Halt wie vor Staatsgrenzen.

Der Bundespräsident rief ferner dazu auf, die Behinderten und ihre Angehörigen auf ganz natürliche Weise in das Leben der anderen mit einzubeziehen. „Wir wollen ihnen die Gewißheit geben, daß wir zusammengehören", sagte er.

1 *der Aufruf:* der Appell
2 *die Weihnachtsansprache:* die Rede zu Weihnachten
die Behinderten (Plural): die Menschen, die z. B. kaum oder gar nicht sehen, sprechen oder gehen können
3 *die Menschlichkeit:* die Humanität
6 *ausstrahlen:* (hier) senden
7 *gedeihen:* (hier) wachsen
friedlich miteinander umgehen: einander friedlich behandeln
10 *der Arbeitsplatzverlust* → den Arbeitsplatz verlieren: arbeitslos werden
vom Arbeitsplatzverlust bedroht: in Gefahr, ihren Arbeitsplatz zu verlieren
das Saarland: kleines Bundesland im Westen der Bundesrepublik, stark abhängig von Kohle und Stahl (wie das Ruhrgebiet)
12 *einen Strukturwandel schaffen:* (hier) die Wirtschaft (Ökonomie) und Industrie verändern/verbessern
13 *der Wirtschaftszweig:* die Branche, z. B. Stahlindustrie oder Kohlebergbau

Ü 16 **Im Zeitungsbericht über die Weihnachtsansprache des Bundespräsidenten erscheinen die gleichen Informationen an mehr als einer Stelle. Suchen Sie Beispiele dafür im Text. Sie können dabei diese Tabelle benutzen:**

Der Bundespräsident ...	Textbelege
1. ... hat eine Weihnachtsansprache gehalten	Zeile 2; 4–6
2. ... hat zu friedlichem Miteinander aufgerufen	Zeile ...
3. ... hat über bedrohte (und neue) Arbeitsplätze im Ruhrgebiet gesprochen	....
4. ...	

Ü 17 **Hören Sie von der Cassette Ausschnitte aus der Weihnachtsansprache des Bundespräsidenten und bearbeiten Sie die folgenden Aufgaben:**

1. Der Bundespräsident spricht von Begegnungen mit verschiedenen Gruppen von Menschen. Welche Gruppen sind das?

2. Worüber spricht der Bundespräsident am Anfang seiner Rede?

3. Welche Themen, über die in dem Zeitungsartikel berichtet wird, sind auch in dem Redeausschnitt enthalten? Welche fehlen?

4. Wozu fordert der Bundespräsident die Bürger auf? Schreiben Sie eine kurze Zusammenfassung.

B1–6

6

① Maschinenschlosser Anke kommt mit den Jungens bestens zurecht

Von Karl-Heinz Steinkühler

Oelde (Eig. Ber.) „Friseuse, Verkäuferin, nein danke." Anke Semmelroth kann über das Ergebnis des Eignungstests, durchgeführt vom Arbeitsamt, Abteilung Berufsberatung, nur lachen. „Das dreiwöchige Praktikum in einem Frisiersalon hat mir gereicht." Anderen Leuten die Haare zu waschen, liegt ihr nicht. Sie will „etwas leisten". Im Blaumann an der Werkbank stehen und Maschinenteile fertigen ist ihr Traum, als sie die Schule verläßt. Das war vor gut fünf Jahren. Inzwischen hat sie erfolgreich eine Lehre absolviert und werkelt seit eineinhalb Jahren als fertige Maschinenschlosserin bei „Westfalia Separator" in Oelde.

Gestern freilich durfte sie ihren Arbeitsanzug nicht anziehen, da wurde sie vorgeführt. Modisch adrett: der Pullover rosa, die Hose weiß, dezentes Make-up, gepflegte Hände, lokkige Haarpracht. Eine junge Frau im Alter von 20 Jahren, wie es sie zu Tausenden gibt. Und doch hat oder besser ist Anke Semmelroth etwas Besonderes. [...] Sie hat einen Männerberuf erlernt, und er macht ihr Spaß. Derzeit lernen in Nordrhein-Westfalen gerade 84 Mädchen einen Beruf wie sie, obwohl es viel mehr sein könnten. Denn Ausbildungsstellen gibt es zur Genüge, die Unternehmen beklagen Facharbeitermangel. [...]

Nach ihren unbefriedigenden Erfahrungen mit dem Arbeitsamt wurde sie zum Ende der Schulzeit selbst aktiv. Zwölf Adressen hat sie sich aus dem Telefonbuch rausgesucht, elf Absagen erhalten – „weil die eben keine Mädchen einstellten" – und eine Zusage bekommen. Für „Westfalia Separator" gibt es keine Hindernisse: „Mädchen stellen sich oft geschickter an als Jungen", hat Ausbildungsleiter Mader erkannt.

Probleme hat Anke in ihrem fünfjährigen Berufsleben nicht gehabt. Jedenfalls nicht mit den männlichen Kollegen. „An der Werkbank komme ich mit den Jungens oft besser zurecht als mit Frauen", weiß sie aus Erfahrung. Und wenn mal die Muskelkraft fehlt und keine Maschine zur Hand geht, dann helfen die Männer selbstverständlich: „Wir leben doch nicht im 18. Jahrhundert", äußert die 20jährige selbstbewußt. [...]

„Frauenberufe" ②

Bonn (dpa). Fast ein Drittel aller Mädchen wird nur in vier Berufen ausgebildet, und zwar in den traditionellen „Frauenberufen" Friseuse, Verkäuferin, Arzthelferin und Bürokauffrau. Das ist das Ergebnis einer Studie der IHK Bonn.

Text ①
4 *Eignungstest:* Test für die Berufswahl
8/9 *hat mir gereicht:* war schlimm genug für mich
12 *Blaumann:* Arbeitsanzug
18 *werkelt:* arbeitet
24 *vorgeführt:* präsentiert
40/41 *Sie beklagen Facharbeitermangel:* Sie beklagen, daß es nicht genug Facharbeiter gibt
66 *zur Hand geht:* hilft

Text ②
IHK: Industrie- und Handelskammer

B7

Ü 18 **Was erfahren wir über Anke Semmelroth?**
- **Sammeln Sie alle Informationen aus dem Zeitungsartikel:**
  Alter – Aussehen – Berufe, die ihr gefallen / nicht gefallen – Erfahrungen bei der Bewerbung / am Arbeitsplatz
- **Fassen Sie diese Informationen kurz zusammen.**

Ü 19 **„Männerberufe" – „Frauenberufe":**
- **Sammeln Sie aus beiden Texten Informationen.**
- **Kennen Sie weitere „Männerberufe"/„Frauenberufe"?**
- **Kennen Sie Frauen, die in „Männerberufen" arbeiten?**

Ü 20 **Besprechen Sie in der Gruppe:**
Was sind Ihrer Meinung nach Gründe dafür, daß es bis heute „Frauenberufe" und „Männerberufe" gibt?

Ü 21 **Diskutieren Sie in der Gruppe über die folgenden Meinungen:**

Männerberufe sind für Frauen zu schwer und zu schmutzig!

Die Männerberufe können auch von Frauen ausgeübt werden.

Es gibt keine Berufe, die nur von Männern oder nur von Frauen ausgeübt werden können.

7

Die Beamten

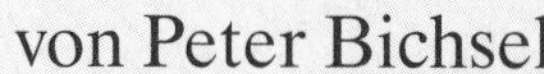

von Peter Bichsel

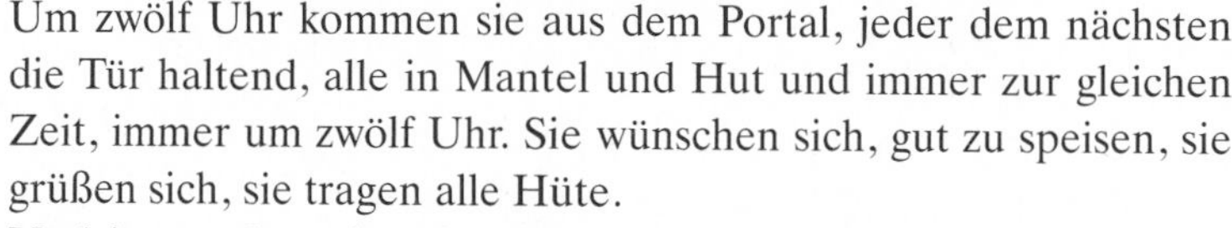

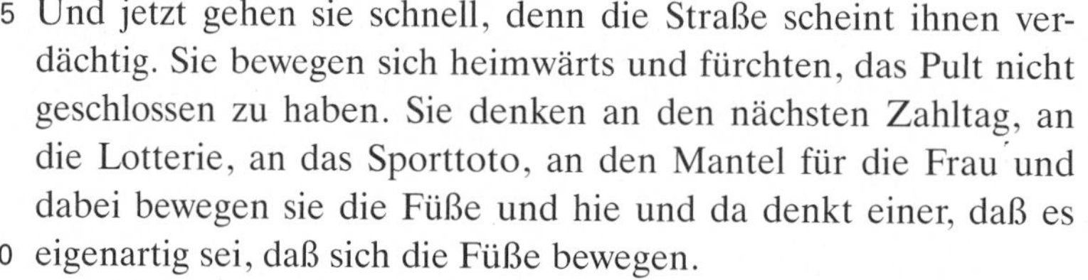

Um zwölf Uhr kommen sie aus dem Portal, jeder dem nächsten die Tür haltend, alle in Mantel und Hut und immer zur gleichen Zeit, immer um zwölf Uhr. Sie wünschen sich, gut zu speisen, sie grüßen sich, sie tragen alle Hüte.

Und jetzt gehen sie schnell, denn die Straße scheint ihnen verdächtig. Sie bewegen sich heimwärts und fürchten, das Pult nicht geschlossen zu haben. Sie denken an den nächsten Zahltag, an die Lotterie, an das Sporttoto, an den Mantel für die Frau und dabei bewegen sie die Füße und hie und da denkt einer, daß es eigenartig sei, daß sich die Füße bewegen.

Beim Mittagessen fürchten sie sich vor dem Rückweg, denn er scheint ihnen verdächtig und sie lieben ihre Arbeit nicht, doch sie muß getan werden, weil Leute am Schalter stehn, weil die Leute kommen müssen und weil die Leute fragen müssen. Dann ist ihnen nichts verdächtig, und ihr Wissen freut sie, und sie geben es sparsam weiter. Sie haben Stempel und Formulare in ihrem Pult, und sie haben Leute vor den Schaltern. Und es gibt Beamte, die haben Kinder gern und solche die lieben Rettichsalat, und einige gehn nach der Arbeit fischen, und wenn sie rauchen, ziehen sie meist die parfümierten Tabake den herberen vor, und es gibt auch Beamte, die tragen keine Hüte.

Und um zwölf Uhr kommen sie alle aus dem Portal.

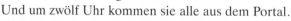

Ü22 – **Was tun und denken die Beamten? Betrachten Sie die Bilder im Uhrzeigersinn:**

– **Lesen Sie Zeile 1–4 und vergleichen Sie mit dem Bild oben Mitte.**

– **Lesen Sie nun bis Zeile 10. Welche Bilder entsprechen dem Text?**

– **Lesen Sie den Text ganz durch. Wie beschreibt Bichsel die Beamten (Kleidung, Bewegungen, Gedanken, Arbeit, Privatleben)?**

①
■ Hoffentlich läßt der uns so durch.
● Klar, hier passiert nie was! Wir haben doch anständige Gesichter.
■ Aber wenn der jetzt das Auto –
● Hör auf …

②
○ Was zu verzollen?
● Nein, nichts.
○ Dann gute Fahrt!
● Danke.

③
○ Warum haben Sie das nicht angegeben?
● Hab' ich total vergessen.
○ Versteckt haben Sie die Flaschen! Das gibt eine Anzeige!
● Unsinn, das –
○ Wie viele Flaschen sind das?
□ Da hinten sind auch noch –
■ Psssst!!!

Zollbestimmungen

(Stand 1. Januar 1986)

I. Abgabenfreie Waren

Alkoholische Getränke, wenn Sie mindestens 17 Jahre alt sind,

a) aus Ländern der Europäischen Gemeinschaften

1,5 Liter destillierte Getränke oder Spirituosen mit einem Alkoholgehalt von mehr als 22 % vol
oder
3 Liter destillierte Getränke oder Spirituosen oder Aperitife aus Wein oder Alkohol, mit einem Alkoholgehalt von 22 % vol oder weniger,
oder
3 Liter Schaumwein oder Likörwein
und
5 Liter sonstiger Wein;

Ü 1
- **Wer sagt was?**
- **Wie gehen die Gespräche weiter?**
- **Wieviel Alkohol ist zollfrei?**

Ü1 **Was meinen Sie: Was „erzählt" dieses Bild?**

„Loreley“ heißt ein 132 Meter hoher Felsen am rechten Ufer des Rheins bei Sankt Goarshausen. Früher war es an dieser Stelle für die Schiffe gefährlich, weil es Felsen im Fluß gab.
Im Laufe der Zeit entstand eine Sage: Auf dem Loreley-Felsen sitzt eine Wasser-Nixe, ein Mädchen mit langen goldenen Haaren. Sie kämmt ihr goldenes Haar und singt dabei so schön, daß die Schiffer ganz verzaubert sind, nicht mehr auf den Fluß achtgeben, auf die Klippen fahren und ertrinken.

HEINRICH HEINE, 1797–1856, vor allem bekannt als Lyriker, der romantischen Stil und volksliedhaften Ton mit scharfer Ironie mischt.

Ich weiß nicht was soll es bedeuten,
Daß ich so traurig bin;
Ein Märchen aus alten Zeiten,
Das kommt mir nicht aus dem Sinn.

Die Luft ist kühl und es dunkelt,
Und ruhig fließt der Rhein;
Der Gipfel des Berges funkelt
Im Abendsonnenschein.

Die schönste Jungfrau sitzet
Dort oben wunderbar;
Ihr goldnes Geschmeide blitzet,
Sie kämmt ihr goldenes Haar.

Sie kämmt es mit goldenem Kamme
Und singt ein Lied dabei;
Das hat eine wundersame,
Gewaltige Melodei.

Den Schiffer im kleinen Schiffe
Ergreift es mit wildem Weh;
Er schaut nicht die Felsenriffe,
Er schaut nur hinauf in die Höh.

Ich glaube, die Wellen verschlingen
Am Ende Schiffer und Kahn;
Und das hat mit ihrem Singen
Die Lore-Ley getan.

4 *aus dem Sinn:* aus den Gedanken, aus der Erinnerung
5 *es dunkelt:* es wird Nacht
7 *funkelt:* ist sehr hell
11 *das Geschmeide:* der Schmuck
16 *die Melodei:* die Melodie
18 *das Weh:* der Schmerz
22 *der Kahn:* das Boot

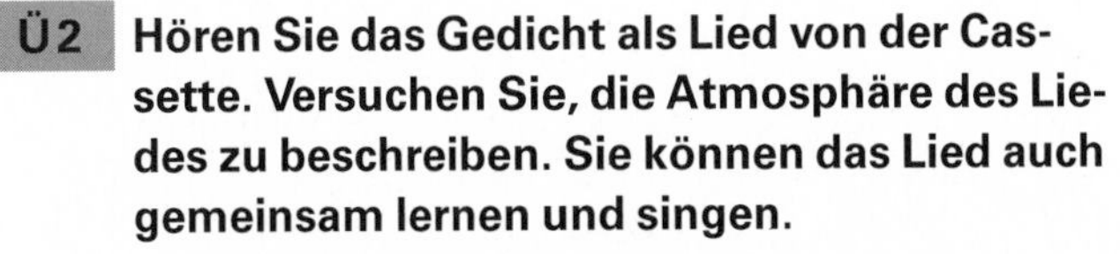

Ü2 **Hören Sie das Gedicht als Lied von der Cassette. Versuchen Sie, die Atmosphäre des Liedes zu beschreiben. Sie können das Lied auch gemeinsam lernen und singen.**

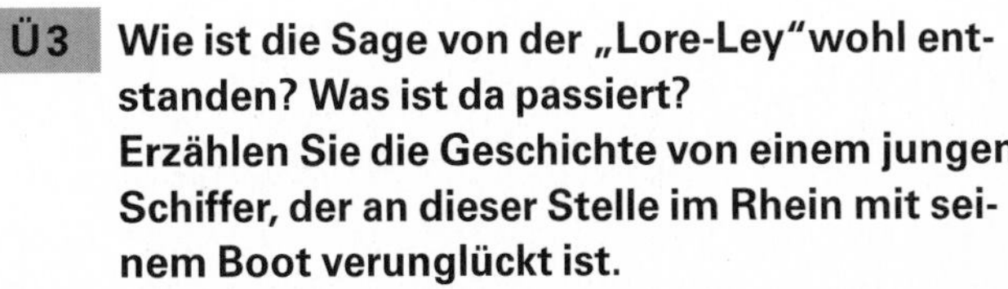

Ü3 **Wie ist die Sage von der „Lore-Ley“ wohl entstanden? Was ist da passiert?
Erzählen Sie die Geschichte von einem jungen Schiffer, der an dieser Stelle im Rhein mit seinem Boot verunglückt ist.**

1 Präpositionalergänzungen nach Substantiv, Adjektiv, Verb

1.1 nach Substantiv

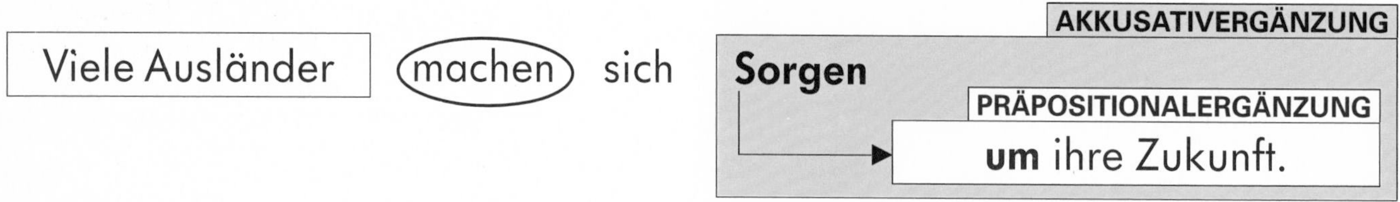

1.2 nach Adjektiv

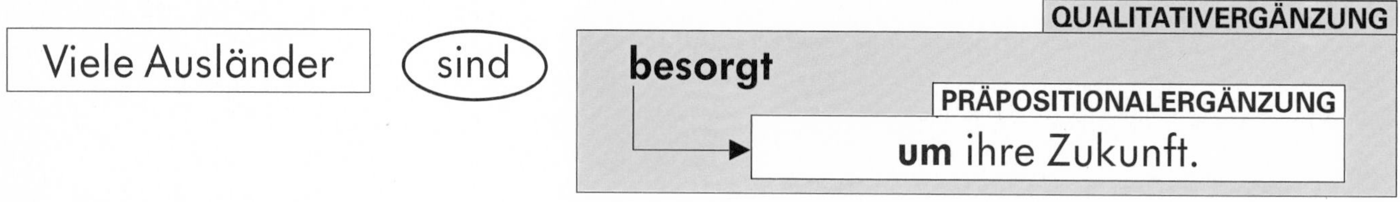

1.3 nach Verb

Viele Ausländer **sorgen sich** PRÄPOSITIONALERGÄNZUNG **um** ihre Zukunft.

Weitere Beispiele

a) nach Substantiv	b) nach Adjektiv	c) nach Verb
Angst **vor**	–	sich ängstigen **vor/wegen**
Einfluß **auf**	–	beeinflussen **(+ Akkusativerg.)** ⚠
Aufruf **zu**	–	aufrufen **zu** .....
Solidarität **mit**	solidarisch **mit**	sich solidarisieren **mit** .....
Warnung **vor**	–	warnen **vor** .....
Abhängigkeit **von**	abhängig **von**	abhängen **von** .....
Sehnsucht **nach**	–	sich sehnen **nach** .....
Begegnung **mit**	–	begegnen **(+ Dativergänzung)** ⚠
Erfahrung **mit**	erfahren **in** ..... ⚠	–
Probleme **mit**	–	–
Interesse **an/für**	interessiert **an** ..... *(nicht: für!)*	sich interessieren **für** ..... *(nicht: an!)*

Ü 1

Direkte Rede

Indirekte Rede (Redewiedergabe) 2

"Friede unter den Völkern kann nur gedeihen, wenn ..."
"Gerade dort, wo ein Ort von einem einzigen Betrieb abhängt (abhängig ist), sind die Menschen auf Hilfe beim Aufbau neuer Beschäftigung angewiesen."
"Es geht um neue Arbeitsplätze, ..."
"Das ist eine Aufgabe für uns alle überall im Bundesgebiet."
"Wer arbeiten kann und will, darf nicht auf Dauer zu unfreiwilliger Untätigkeit verurteilt bleiben."

Landshuter Zeitung

R 4428 A

NIEDERBAYERISCHES HEIMATBLATT FÜR STADT UND LAND · GEGRÜNDET 1849

Nummer 107

Bittag, Beatus, Beate, Theresia – Montag, 9. Mai 1988 – Graf Nikolaus v. Zinzendorf 1760

Einzelnummer 1.– DM

Der Bundespräsident hat gesagt, Friede unter den Völkern könne nur gedeihen, wenn ...

Gerade dort, wo ein Ort von einem einzigen Betrieb (abhänge) abhängig sei, seien die Menschen auf Hilfe beim Aufbau neuer Beschäftigung angewiesen.

Es gehe um neue Arbeitsplätze ...
Das sei eine Aufgabe für alle überall im Bundesgebiet.

Wer arbeiten könne und wolle, dürfe nicht auf Dauer zu unfreiwilliger Untätigkeit verurteilt bleiben.

Konjunktiv I (Präsens) → 17B9/10 3

Infinitiv		sein	haben	werden	können	gehen	arbeiten	Endung
Singular								
1. Person	ich	sei- —	hab-e	werd-e	könn-e	geh-e	arbeit-e	-e
2. Person	du	sei-(e)st	hab-est	werd-est	könn-est	geh-est	arbeit-est	-est
	Sie	sei-en	hab-en	werd-en	könn-en	geh-en	arbeit-en	-en
3. Person	er / sie / es	sei- —	hab-e	werd-e	könn-e	geh-e	arbeit-e	-e
Plural								
1. Person	wir	sei-en	hab-en	werd-en	könn-en	geh-en	arbeit-en	-en
2. Person	ihr	sei-et	hab-et	werd-et	könn-et	geh-et	arbeit-et	-et
	Sie	sei-en	hab-en	werd-en	könn-en	geh-en	arbeit-en	-en
3. Person	sie	sei-en	hab-en	werd-en	könn-en	geh-en	arbeit-en	-en
		Infinitiv-Stamm + Konjunktiv-Endung						

Ü2–3

4 Indirekte Rede: Indikativ *oder* Konjunktiv I (Präsens)

Er sagt / sagte / hat gesagt, ...

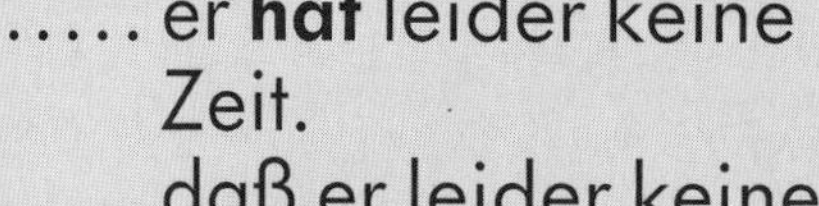

Direkte Rede	Indirekte Rede	Indirekte Rede
„Ich **habe** leider keine Zeit."	..... er **hat** leider keine Zeit. ..... daß er leider keine Zeit **hat**.	..... er **habe** leider keine Zeit. ..... daß er leider keine Zeit **habe**.
„Meine Freunde **kommen** heute zu Besuch."	..... seine Freunde **kommen** heute zu Besuch. ..... daß seine Freunde heute zu Besuch **kommen**.	..... seine Freunde **kommen** heute zu Besuch. ..... daß seine Freunde heute zu Besuch **kommen**.
„Sie **bleiben** bis zum Wochenende."	..... sie **bleiben** bis zum Wochenende. ..... daß sie bis zum Wochenende **bleiben**.	..... sie **bleiben** bis zum Wochenende. ..... daß sie bis zum Wochenende **bleiben**.
	Indikativ Präsens	**Konjunktiv I (Präsens)**

Gebrauch

Vor allem in gesprochener Sprache!

„Faustregel" für den

Konjunktiv I (Präsens):

Konjunktiv I (Präsens):

Konjunktiv II (Präteritum):

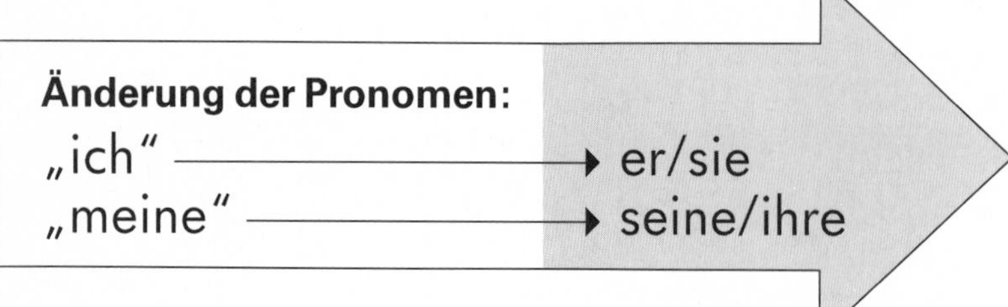

Änderung der Pronomen:
„ich" → er/sie
„meine" → seine/ihre

Gebrauch **Konjunktiv I (Präsens)**

oder Konjunktiv II (Präteritum) *oder* „würde"-Form

Indirekte Rede	Indirekte Rede	Bevorzugte Konjunktiv-Form:
..... er **hätte** leider keine Zeit. ..... daß er leider keine Zeit **hätte**.		**Konjunktiv I (Präsens)**
..... seine Freunde **kämen** heute zu Besuch. ..... daß seine Freunde heute zu Besuch **kämen**.	(..... seine Freunde **würden** heute zu Besuch **kommen**.) (..... daß seine Freunde heute zu Besuch **kommen würden**.)	**Konjunktiv II (Präteritum)**
..... sie **blieben** bis zum Wochenende. ..... daß sie bis zum Wochenende **blieben**.	..... sie **würden** bis zum Wochenende **bleiben**. ..... daß sie bis zum Wochenende **bleiben würden**.	**Konjunktiv II (Präteritum)** ***oder*** **Ersatzform mit „würd-"**
Konjunktiv II (Präteritum)	**Ersatzform mit „würd-"**	

Konjunktiv in der indirekten Rede:

er habe ≠ **er hat** **(Indikativ Präsens)** → **Konjunktiv I (Präsens)**
sie kommen = **sie kommen** **(Indikativ Präsens)** → **Konjunktiv II (Präteritum)**
sie blieben = **sie blieben** **(Indikativ Präteritum)** → **Konjunktiv II (Präteritum)** ***oder*** **Ersatzform mit „würd-"**

und → **Konjunktiv II (Präteritum)** → Vor allem in *schriftlichen* Texten, z. B. in *Zeitungstexten!*

Ü2–3

5 Konjunktiv I (Perfekt): Formen → 17B10

Singular						
1. Person	ich	sei- —	gewesen geworden gegangen	ich	hab-e	gehabt gekonnt gearbeitet .....
2. Person	du	sei-(e)st		du	hab-est	
	Sie	sei-en		Sie	hab-en	
3. Person	er / sie / es	sei- —		er / sie / es	hab-e	
Plural						
1. Person	wir	sei-en		wir	hab-en	
2. Person	ihr	sei-et		ihr	hab-et	
	Sie	sei-en		Sie	hab-en	
3. Person	sie	sei-en		sie	hab-en	
	KONJUNKTIV I von „sein"		**+ PARTIZIP II**	**KONJUNKTIV I von „haben"**		**+ PARTIZIP II**

6 Konjunktiv I (Perfekt): Gebrauch → 20B3

Direkte Rede	**Indirekte Rede**
	Er sagt / sagte / hat gesagt, ...
„Ich **hatte** vorige Woche keine Zeit. Meine Freunde **haben** mich **besucht.** Sie **sind** bis zum Wochenende **geblieben.**"	..... er **habe** vorige Woche keine Zeit **gehabt.** (er **hätte** vorige Woche keine Zeit **gehabt.**) Seine Freunde **hätten** ihn **besucht.** Sie **seien** bis zum Wochenende **geblieben.** (Sie **wären** bis zum Wochenende **geblieben.**)
PRÄTERITUM / PERFEKT (INDIKATIV)	**KONJUNKTIV I (Perfekt) oder KONJUNKTIV II (Plusquamperfekt)**

Ü4–5

Ü1 Ergänzen Sie bitte die Sätze. (→ 20B1)

Beispiel: Viele Ausländer machen sich **Sorgen** (ihre Zukunft).
Viele Ausländer machen sich **Sorgen um ihre Zukunft.**

Aufgaben:
1. Viele Menschen haben **Angst** (Verlust des Arbeitsplatzes). 2a. Sie haben keinen **Einfluß** (Schaffung neuer Arbeitsplätze). 2b. Sie können ..... nicht **beeinflussen** (Schaffung neuer Arbeitsplätze). 3a. Der Bundespräsident forderte **Solidarität** (Ausländer und Behinderte). 3b. Die Menschen sollen sich ..... **solidarisieren** (Ausländer und Behinderte). 4a. Die Ansprache enthielt auch eine **Warnung** (Gewalt). 4b. Er hat auch ..... **gewarnt** (Gewalt). 5a. Groß ist die **Abhängigkeit** vieler Arbeitnehmer (ein einziger Betrieb). 5b. Viele Arbeitnehmer sind ..... **abhängig** (ein einziger Betrieb). 5c. Manchmal **hängen** viele Arbeitnehmer ..... **ab** (ein einziger Betrieb). 6. Der Bundespräsident **erinnert sich** (viele Begegnungen). 7a. Groß ist die **Sehnsucht** (Frieden). 7b. Fast alle Menschen **sehnen sich** (Frieden). 8a. Wir haben viel **Erfahrung** (Computer). 8b. Wir sind ..... sehr **erfahren** (die Arbeit mit Computern). 9. Viele haben noch **Probleme** (neue Technik). 10a. Junge Leute haben **Interesse** (Rock-Musik). 10b. Sind Sie ..... **interessiert** (diese Wohnung)? 10c. Ich **interessiere mich** besonders (moderne Kunst).

Ü2 Geben Sie den folgenden Text in der indirekten Rede wieder.

Beispiel: Karin sagt: „Ich verstehe meine Mutter nicht."
Karin sagt, **sie verstehe ihre** Mutter nicht.

Aufgabe:
Karin sagt: „Wenn ich im Haushalt nichts mache, schimpft sie; wenn ich mal koche, ist sie auch nicht zufrieden. Deshalb esse ich oft den Kühlschrank leer. Auch sonst habe ich Probleme. Meine Mutter läßt mir keinen Spielraum: Wenn ich Rockmusik höre, ist es ihr zu laut. Wenn ich abends nach Hause komme, muß ich klingeln, weil sie mir keinen Hausschlüssel gibt. Ich will deshalb weg von zu Hause!"

Ü3 Geben sie zwei Abschnitte des Textes 19A5 („Ich pauke und vergesse") in der indirekten Rede wieder.

Beispiel: Anouschka sagt, was **sie** angeblich fürs Leben **lernten** ....., das **schreibe** sie in ein Heft, **pauke** es und **vergesse** es wieder.

Ü4 Geben Sie die indirekte Rede im folgenden Text in der direkten Rede wieder.

Beispiel: Gerlinde Geffers sagte, sie habe Abitur gemacht, ...
Gerlinde Geffers sagte: **„Ich habe** Abitur **gemacht,** ....."

Aufgabe:

Gerlinde Geffers sagte,
sie habe Abitur gemacht; nach dem Abitur habe sie erst einmal Lehrerin werden wollen, sie habe das auch studiert. Und als sie fertig gewesen sei, habe sie noch die zweite Lehrerprüfung gemacht. Sie habe eineinhalb Jahre in der Schule gearbeitet, dann aber festgestellt, daß es keine Stelle gegeben habe .....

(Auf die Frage, ob der Beruf der Journalistin mehr als nur ein Job zum Geldverdienen sei, hat sie geantwortet,)
es gebe Bereiche, wo sie sagen würde, damit verdiene sie Geld, das interessiere sie nicht so sehr. Aber meistens sei es schon so, daß die Themen sie auch interessierten (interessieren würden) und sie das Gefühl habe, daß sie dabei etwas lerne .....

Ü5 Geben Sie Text ② von 20A4 („Krise bei Kohle und Stahl") in der indirekten Rede wieder. Achten Sie besonders auf die Vergangenheitstempora.

Beispiel: Rheinhausen und seine Krupp-Hütte: ein Beispiel für die Strukturkrise an Rhein und Ruhr. Da sei Jahr um Jahr zuviel Stahl produziert worden, für den es keine Käufer gegeben habe. .....

7 Die Wortfamilie *Arbeit/arbeiten/Arbeiter*

① Aus: DUDEN Rechtschreibung

Ar|beit *die;* -, -en; ar|bei|ten; Ar-
bei|ter; Ar|bei|ter-be|we|gung,
...dich|ter; Ar|bei|te|rin *die;* -,
-nen; Ar|bei|ter-klas|se, ...par|tei,
...prie|ster (kath. Priester, der
unter denselben Bedingungen
wie die Arbeiter lebt); Ar|bei|ter-
schaft *die;* -; Ar|bei|ter-und-
Bau|ern-Fa|kul|tät (in der DDR;
Abk.: ABF); Ar|bei|ter-Un|fall-
ver|si|che|rungs|ge|setz (↑R 84);
Ar|beit-ge|ber, ...ge|ber|ver|band,
...neh|mer, ...neh|me|rin (*die;* -,
-nen); ar|beit|sam; Ar|beit|sam-
keit *die;* -; Ar|beits-amt, ...be-
schaf|fung, ...be|schaf|fungs-
maß|nah|me (Abk.: ABM), ...be-
such (Politik), ...di|rek|tor, ...es-
sen (bes. Politik); ar|beits|fä|hig;
Ar|beits-fä|hig|keit (*die;* -),
...feld, ...gang *der,* ...ge|mein-
schaft, ...ge|richt, ...haus; ar-
beits|in|ten|siv; Ar|beits-ka|me-
rad, ...kampf, ...kli|ma, ...kraft
die, ...la|ger, ...lohn; ar|beits|los;
Ar|beits|lo|se *der* u. *die;* -n, -n
(↑R 7ff.); Ar|beits|lo|sen-geld,
...hil|fe (*die;* -), ...quo|te, ...un-
ter|stüt|zung, ...ver|si|che|rung
(*die;* -); Ar|beits-lo|sig|keit (*die;*
-), ...markt, ...mi|ni|ste|ri|um,
...mo|ral, ...platz, ...recht, ...stät-
te; ar|beit[s]|su|chend; Ar|beit[s]-
su|chen|de *der* u. *die;* -n, -n
(↑R 7ff.); Ar|beits|tag; ar|beits-
-täg|lich, ...tei|lig; Ar|beits-tei-
lung, ...un|ter|richt (method.
Prinzip der Unterrichtsgestal-
tung), ...ver|hält|nis, ...ver|mitt-
lung; ar|beits|wil|lig; Ar|beits-
wil|li|ge *der* u. *die;* -n, -n
(↑R 7ff.); Ar|beits-zeit, ...zeit-
ver|kür|zung, ...zim|mer

② Wortbildung

		-geber -nehmer
Kurz- Auftrag/s/-	**Arbeit**	-/s/amt -/s/anzug -/s/kreis -/s/markt -/s/platz -/s/zimmer
be- ver-	**arbeiten**	
Fach- Mit- Hilf/s/-	**Arbeit-er**	
(Daten)Ver-	**arbeit**	-ung

Ü 6 **Stellen Sie bitte fest, welche Komposita aus ② im Wörterbuch ① genannt werden.**

Ü 7 **Bitte ordnen Sie zu:**

1. Arbeitgeber ( )
2. Arbeitnehmer ( )
3. bearbeiten ( )
4. Frauenarbeit ( )
5. Gartenarbeit ( )
6. Gastarbeiter ( )
7. Mitarbeiter ( )
8. Nachtarbeit ( )
9. verarbeiten ( )
10. Zusammenarbeit ( )

a an etwas arbeiten
b Angehöriger eines Betriebs/Unternehmens
c jemand, der Arbeitnehmer gegen Lohn oder Gehalt beschäftigt
d Arbeit während der Nacht
e Aufgaben für Frauen / Tätigkeit von Frauen
f jemand, der für einen Arbeitgeber gegen Lohn oder Gehalt arbeitet
g gemeinsame Arbeit
h Ausländer, der in der Bundesrepublik lebt und arbeitet
i etwas als Material für die Herstellung von etwas anderem verwenden
j Arbeit im Garten

FRAUEN/MÄNNER 21

Hausarbeit ist Arbeit

Unbeschreiblich weiblich

Frauen in der Kunst ... sind die Rosinen im Kuchen

Gleicher Lohn für gleiche Arbeit!

LERNEN und GEDÄCHTNIS

1 Jungen – Mädchen

Das hat ein Junge geschrieben:

Wenn ich groß bin, werde ich Astronaut. Dann fliege ich bis zum Mond. Ich sehe mir alle Sterne an, und wo es schön ist, steige ich aus und baue mir ein Haus. Der ganze Stern gehört dann mir. Groß schreibe ich meinen Namen dran: Micha
Und meine Frau kommt mit und kocht mir immer Pudding.

Das hat ein Mädchen geschrieben:

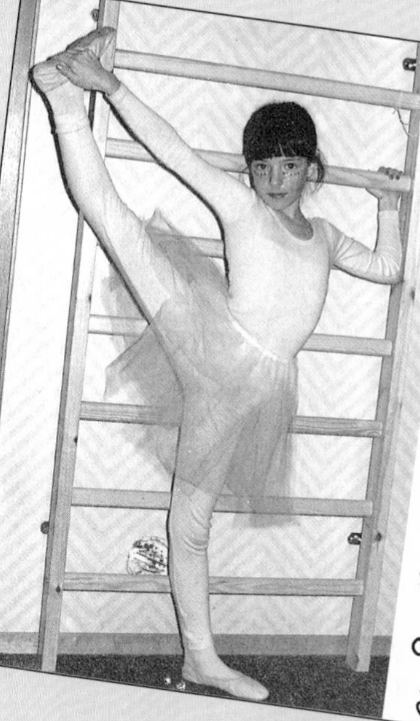

Wenn ich groß bin, werde ich Tänzerin. Ich tanze so viel, bis ich reich und berühmt bin.
Dann kaufe ich mir ein Haus ganz für mich allein. Ich will ganz viele Tiere haben und dafür nicht heiraten.
Lena

Ü1 **Die Bilder und Texte auf dieser Seite haben mit bestimmten Meinungen über die Rollen von Jungen und Mädchen zu tun. Was können Sie feststellen?**

Jungen ♂	Mädchen ♀

Ü2 **Vergleichen Sie die Pläne von Micha und Lena**

B1

Während Micha Astronaut werden will, will Lena Tänzerin werden.

Micha will Astronaut werden, aber Lena will Tänzerin werden / dagegen will Lena Tänzerin werden.

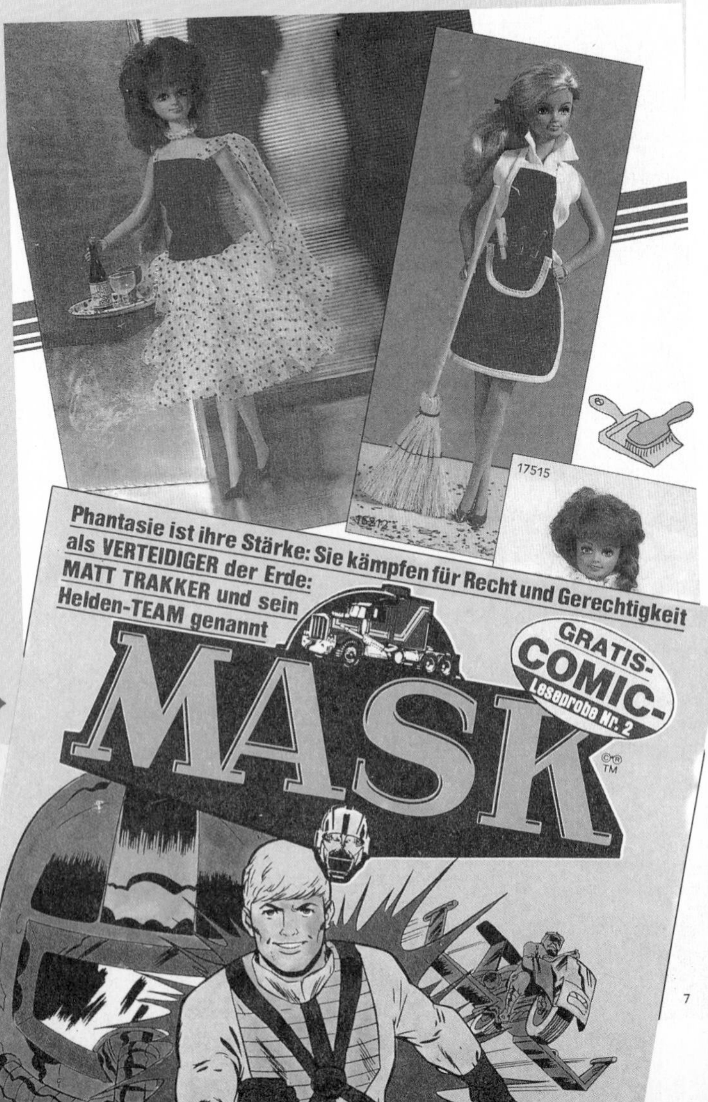

17515
Phantasie ist ihre Stärke: Sie kämpfen für Recht und Gerechtigkeit
als VERTEIDIGER der Erde:
MATT TRAKKER und sein
Helden-TEAM genannt
MASK
GRATIS-COMIC-
Leseprobe Nr. 2

Ehefrau, Hausfrau, Mutter

2

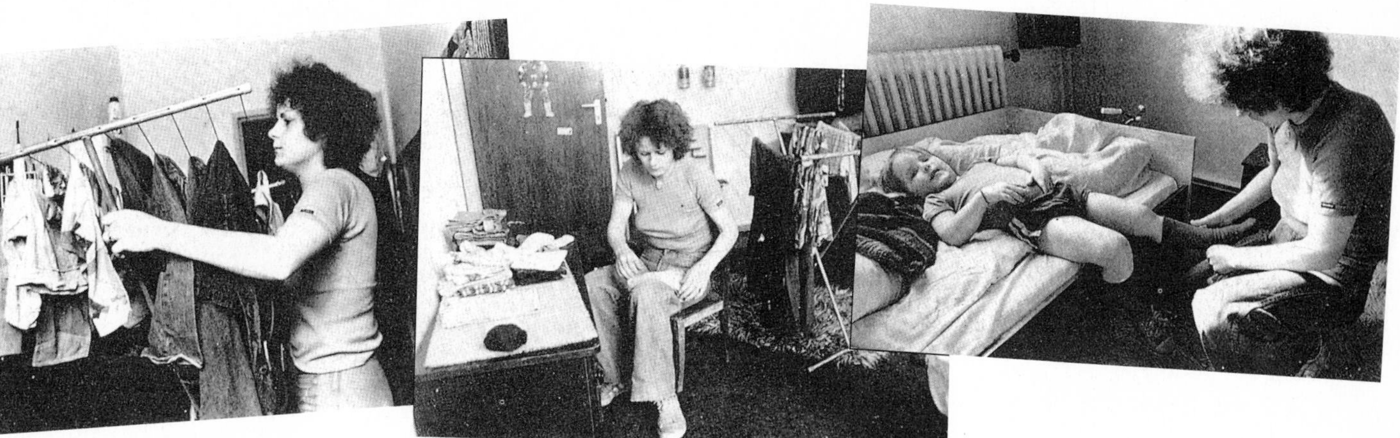

Ü3 **Sehen Sie sich diese Fotos an:**

- **Wo befindet sich die Frau?**
- **Wer ist sie?**
- **Was macht sie?**
- **Ist sie zufrieden?**

Ü4 **Die Fotos gehören zu einer Erzählung von Christel Dorpat. Lesen Sie nun diese Erzählung. Beantworten Sie danach dieselben Fragen wie in Ü3.**

*Christel Dorpat, *1930, war lange Zeit Hilfsarbeiterin. Sie hat fünf Kinder und hat sich nach 25jähriger Ehe von ihrem Mann getrennt. Sie schreibt schon seit vielen Jahren.*

Christel Dorpat

Ein Vormittag

So, nun sind sie alle fort, dachte sie, als sie die Tür hinter ihrer Jüngsten schloß, jetzt bin ich allein, jetzt kann ich machen, was ich will. Sie lächelte. Langsam ging sie den schmalen Flur entlang und sah in die verwüsteten Zimmer zu beiden Seiten. Jeden Morgen bot sich ihr der gleiche Anblick, einem Schlachtfeld nicht unähnlich: zerwühlte Betten, offene Schranktüren, schmutzige Unterwäsche.

Deine eigene Schuld, pflegte ihr Mann zu sagen, wenn sie ihm schon mal ihr Herz ausschüttete, ich habe dir schon immer gesagt ...

Sie wußte zu genau, was er ihr immer gesagt hatte. Sie wußte auch, daß sie beide nichts ändern konnten. Es sind einfach die Verhältnisse, dachte sie und öffnete die Fenster, legte die Betten aus, sammelte die schmutzige Wäsche ein.

Die Waschmaschine ist auch bald hinüber, dachte sie dann, aber kein Wunder bei der Beanspruchung. Ewig hängt Wäsche in der Küche. Ist eine Partie trocken, muß die nächste aufgehängt werden. Aber wo sollen wir soviel Wäsche herbekommen, daß ich nur jede vierte Woche zu waschen brauche und auf dem Speicher trocknen kann.

Du hast es gut, hatte ihre Mutter gesagt, du hast sonst nichts zu tun, du brauchst nur für deine Familie zu sorgen, du hast nur die Kinder und sonst nichts. Ihre Mutter lebte auf dem Land, und für sie war die Vorstellung von einem Stadthaushalt und angenehmer Freizeitbeschäftigung so ziemlich eins. Es gibt soviel angenehme Sachen, die wir früher gar nicht kannten, heute geht das Putzen doch fast von allein, pflegte sie zu sagen, und so sprach die Tochter ihr nicht mehr von ihrer Arbeit. Wozu, dachte die Frau, es interessiert niemanden wirklich, jeder will nur etwas ganz Bestimmtes hören, etwas, was er schon zu wissen glaubt.

Fortsetzung S. 140⟶

17 *ist auch bald hinüber:* wird auch bald kaputt sein; 18 *die Beanspruchung:* die intensive Benutzung; 19 *eine Partie:* (hier) die Menge Wäsche, die in die Maschine paßt; 29 *so ziemlich eins:* dasselbe; 32 *ihr:* (hier) zu ihr

Also sage ich, es geht mir gut, wenn ich danach gefragt werde, und lächele. Sie seufzte; sie ging in das Bad, auch hier ein Schlachtfeld, aber sie sah es nicht, sie sah in den Spiegel. War sie das, diese Frau, die ihr da fragend und skeptisch entgegensah, eine Frau undefinierbaren Alters, nicht mehr jung, aber auch nicht alt. Eine Frau – trotz allem – dachte sie und lächelte ein wenig. Ich muß mich beeilen, dachte sie dann, ich werde nicht fertig, bis die Kinder wiederkommen. Sie machte ihre Arbeit, aber ihre Gedanken waren nicht bei der Sache. Du mußt deine Gedanken bei deiner Arbeit haben, sagte ihr Mann, wenn er zufällig sah, wie geistesabwesend sie dabei war. Aber kann man von einem Menschen erwarten, daß er Tag für Tag denkt, jetzt fege ich, jetzt schäle ich Kartoffeln. Es wäre grausam, dachte sie, lieber schneide ich mir in die Finger. Dann dachte sie an ihr Spiegelbild.

Die ersten Jahre ihrer Ehe fielen ihr ein. Stundenlang war sie damals durch die Stadt gelaufen und hatte die Gesichter der Frauen studiert, nicht der jungen, nein, der älteren. Sie war bestürzt gewesen, was sie alles herausgelesen hatte. Noch sah sie die Reihen verbitterter und verhärmter Gesichter vor sich. Ein Lichtblick fehlt ab und zu, dachte sie, etwas Schönes fehlt, etwas, was ganz nutzlos ist und nur Freude macht.

Das Kätzchen aus Kopenhagener Porzellan fiel ihr wieder ein. Sie hatte es damals auf ihren Streifzügen durch die Stadt in einem Schaufenster entdeckt. Kühl und glänzend hatte es da gelegen, der Inbegriff aller Schönheit war es für sie gewesen, aber auch unerschwinglich. Wochenlang hatte sie immer einen Grund gefunden, an dem Schaufenster vorbeizugehen. Immer begehrenswerter war ihr das Figürchen erschienen, doch eines Tages war es fort gewesen, und nirgendwo hatte sie ein ähnliches wiedergesehen.

Die Waschmaschine brummte. Sie mußte die trockene Wäsche abnehmen und in die Schränke räumen, die Kartoffeln mußten aufgesetzt werden, alles Handgriffe, die sie wie im Traum beherrschte. Das Bad mußte in Ordnung gebracht werden. Sie scheuerte das Becken und rieb die Kräne blank, aber in den Spiegel darüber sah sie nicht, sie horchte auf die Schritte auf der Straße, ihre Jüngste würde gleich heimkehren.

49 *geistesabwesend:* mit ihren Gedanken irgendwo anders; 53 *das Spiegelbild:* wie sie im Spiegel aussieht; 59 *verhärmte Gesichter:* Gesichter, in denen die Sorgen und Leiden eines harten Lebens sichtbar sind; 63 *der Streifzug:* Weg, Wanderung; 65 *der Inbegriff aller Schönheit:* das reinste Symbol der Schönheit; 66 *unerschwinglich:* unbezahlbar; 77 *der Kran:* (hier) der Wasserhahn; 78 *sie horchte auf die Schritte:* sie hörte genau auf die Schritte.

B2–4.1

Ü5 – **„verwüsteten" (Zeile 5), „Schlachtfeld" (Zeile 6), „zerwühlte" (Zeile 7): Was bedeuten diese Wörter? Schlagen Sie eventuell im Wörterbuch nach.**

– Haben diese Wörter für Sie eine positive oder eine negative Tendenz? Warum?

– Suchen Sie weitere Beispiele dieser Art im Text.

Ü6

dem Speicher trocknen kann.

Du hast es gut, hatte ihre Mutter gesagt, du hast sonst nichts zu tun, du brauchst nur für deine Familie zu sorgen, du hast nur die Kinder und sonst nichts. Ihre Mutter lebte auf dem Land, und für sie war die Vorstellung von einem Stadthaushalt und angeneh-

– Sieht Christel Dorpat das auch so? – „Ja, weil ....." / „Nein, denn ....."

– Sammeln Sie Argumente für Ihre Meinung:

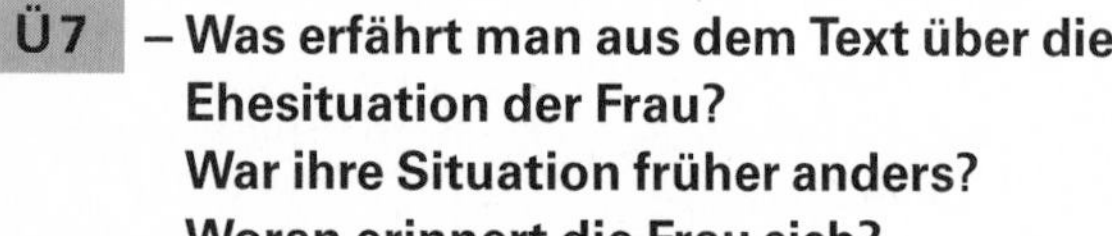

Ü7 – **Was erfährt man aus dem Text über die Ehesituation der Frau? War ihre Situation früher anders? Woran erinnert die Frau sich?**

– Suchen Sie die entsprechenden Stellen im Text und fassen Sie den Inhalt kurz zusammen.

Ü8 **Wie sieht der Ehemann die Situation? Stellen Sie sich vor, er trifft einen Freund, der ihn fragt: „Und wie geht's deiner Frau?" – Was antwortet er wohl?**

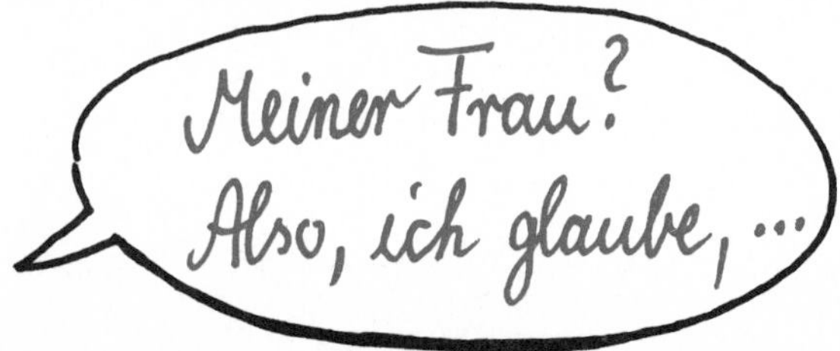

*Ursula Krechel, *1947 in Trier, Schriftstellerin, publiziert seit 1974. Besonders ihre Gedichte sind von vielen Kritikern gelobt worden. In ihrem Werk spielt das Verhältnis von Frauen und Männern eine wichtige Rolle. In ihrer Gedichtsammlung „Nach Mainz!" schreibt sie auch über ihre Mutter. Wir drucken den ersten Teil ihres Gedichts ab.*

3

Meine Mutter

Als meine Mutter ein Vierteljahrhundert lang
Mutter gewesen war und Frau, aber das konnte sie
vergessen mit der Zeit, als sie so geworden war
wie eine anständige Frau werden mußte
klüger als die Großmutter, ergebener als die Tanten
sparsamer in der Küche und in der Liebe als eine
der das Glück in den Schoß gefallen war
als sie genug Krümel von der Tischdecke geschnippt
als sie die Hoffnung begraben hatte, einmal eine Dame
in Pelz zu sein wie in den Modeheften vor dem Krieg
die sie immer noch hinten in der Speisekammer hütete
als sie anfing, den Töchtern ins Gesicht zu sehen
auf der Suche nach Spuren, die sie im eigenen Gesicht
nicht fand, als sie nicht mehr vor Angst aufwachte
weil sie vom Bügeleisen geträumt hatte
das nicht ausgeschaltet war, als sie schon manchmal
wagte, die Beine am frühen Nachmittag
übereinanderzuschlagen, fraß sich ein Krebs
in ihre Gebärmutter, wuchs und wucherte
und drängte meine Mutter langsam aus dem Leben.
[...]

1 *das Vierteljahrhundert:* 25 Jahre
4 *eine anständige Frau:* (hier) eine Frau, die sich so verhält, wie die Leute es erwarten
5 *ergebener:* braver, angepaßter
7 *in denSchoß gefallen:* ohne Mühe bekommen
8 *der Krümel:* sehr kleines Stückchen Brot oder Kuchen
geschnippt: mit dem Finger weggeschossen
9 *die Hoffnung begraben hatte:* zu hoffen aufgehört hatte
Dame in Pelz: Dame mit teurem Pelzmantel
10 *das Modeheft:* die Modezeitschrift
11 *hütete:* sorgfältig aufbewahrte
13 *die Spur:* (hier) Zeichen, Hinweis
17 *die Beine ... übereinanderzuschlagen:* (hier) sich hinzusetzen und nicts zu tun
18 *der Krebs:* (hier) sehr schwere Krankheit
19 *die Gebärmutter:* weibliches Organ im Unterleib (Uterus)
wucherte: wurde sehr schnell größer
20 *drängte ... aus dem Leben:* tötete ... langsam

B4.2

Ü 9 **Lesen Sie dieses Gedicht bitte einige Male durch. Welchen Eindruck macht dieser Text auf Sie?**

Ü 10 **Ursula Krechel „spielt" mit *Nebensätzen*, die mit dem Wort *als* eingeleitet sind, z. B.:**

- Als meine Mutter ein Vierteljahrhundert lang Mutter gewesen war und Frau, ...
- als sie so geworden war ...
- als ...

– Schreiben Sie die Liste weiter.

– Was erfährt man aus den *als*-Sätzen über die Mutter? Erkennen Sie eine Steigerung? Geben Sie bitte Beispiele.

Ü 11 **Einem *als*-Nebensatz folgt normalerweise *ein Hauptsatz*, z. B.: „*Als* ich niemanden sah, *ging ich zurück ins Haus.*"**

– Wo beginnt in Ursula Krechels Gedicht der Hauptsatz?

– Was drückt der Hauptsatz aus?

Ü 12 **Stellen Sie sich vor, daß aus diesem Gedicht ein Lied gemacht wird: Welche Art von Musik würde Ihrer Meinung nach gut dazu passen?**

JAZZ KLASSISCHE MUSIK ROCK
SOUL BLUES
REGGAE GOSPEL SONG HEAVY METAL
FOLKLORE CHANSON

TIP: Vielleicht können Sie das Gedicht mit der "richtigen" Musik auf Band spielen.

4 Verstehen, Behalten, Vergessen

Der junge Mann links ist Ausländer. Auf einem Postamt in der Bundesrepublik erlebt (sieht und hört) er eine Szene zwischen einem Kunden und dem Postbeamten am Schalter 2. Die beiden sprechen ziemlich schnell; der junge Mann versteht nicht alles.

Ü 13 **Was glauben Sie:**
- **Worüber sprechen die beiden wohl? (Was sagt der Kunde, was der Beamte?)**
- **Ist das Gespräch höflich, freundlich, ...?**

Ü 14
- **Hören Sie jetzt das Gespräch von der Cassette.**
- **War das Gespräch für den Kunden positiv oder negativ?**
- **Notieren Sie gemeinsam mit Ihrem Nachbarn, was Sie verstanden haben.**

Ü 15
- **Vergleichen Sie jetzt das, was Sie notiert haben, mit dem Text des Gesprächs: Er ist unten auf dieser Seite abgedruckt. Hatten Sie beim ersten Zuhören „genug" verstanden?**
- **Welche Teile des Dialogs hatten Sie beim Hören nicht verstanden? Warum nicht? (Zu schnell gesprochen, unbekannte Wörter .....?)**

● Ja sagen Sie mal, was soll *das* denn?
○ Das? Das möchte ich wegschicken – als Paket.
● Als was?
○ Als Paket! Als was denn sonst?!
● Äh ... als was, bitte?? Das soll'n Paket sein?
○ Na, das sagte ich doch!
● Dieses Kunstwerk –
○ Na und?!
● – Oder 'ne Plastik – oder oder was is das?
○ Na das ist doch egal!
● Oder oder ... is da vielleicht 'ne Leiche drin?
○ Also bitte, machen Sie keine dummen Witze! Das muß man doch irgendwie wegschicken können!
● Aber nicht mit der Post!!!
○ Ja womit denn sonst?
● Auf keinen Fall, das sag' ich Ihnen! Wie soll'n wir das denn transportieren?!
○ Das ist doch *Ihr* Problem!!
● Was is denn da eigentlich drin, sagen Sie?
○ Das geht Sie doch überhaupt nichts an!!! Das ist ein Paket, und damit basta!
● So, dann sage ich Ihnen hiermit, daß ich dieses Paket nicht annehmen werde.
○ Dazu sind Sie verpflichtet!
● Da is am Ende 'ne Bombe drin?!
○ Also, jetzt reicht's mir aber!!! Wo ist der Leiter dieses Postamts?
● Der ist im 1. Stock. Aber nehmen Sie ihm gleich dieses Bombenpaket mit, und weg von meinem Tisch damit!! Der wird sich freuen. Und Sie werden sehen, was Sie davon haben!!!
○ Und *Sie* auch!

Das menschliche Gedächtnis

5

Der junge Ausländer hat die Szene mit den beiden Personen gesehen und ihr Gespräch gehört. Er hat nur einen kleinen Teil davon verstanden; aber das war genug, um den Inhalt des Dialogs ungefähr zu verstehen. Wie ist das möglich?

So funktioniert unser Gedächtnis:

a

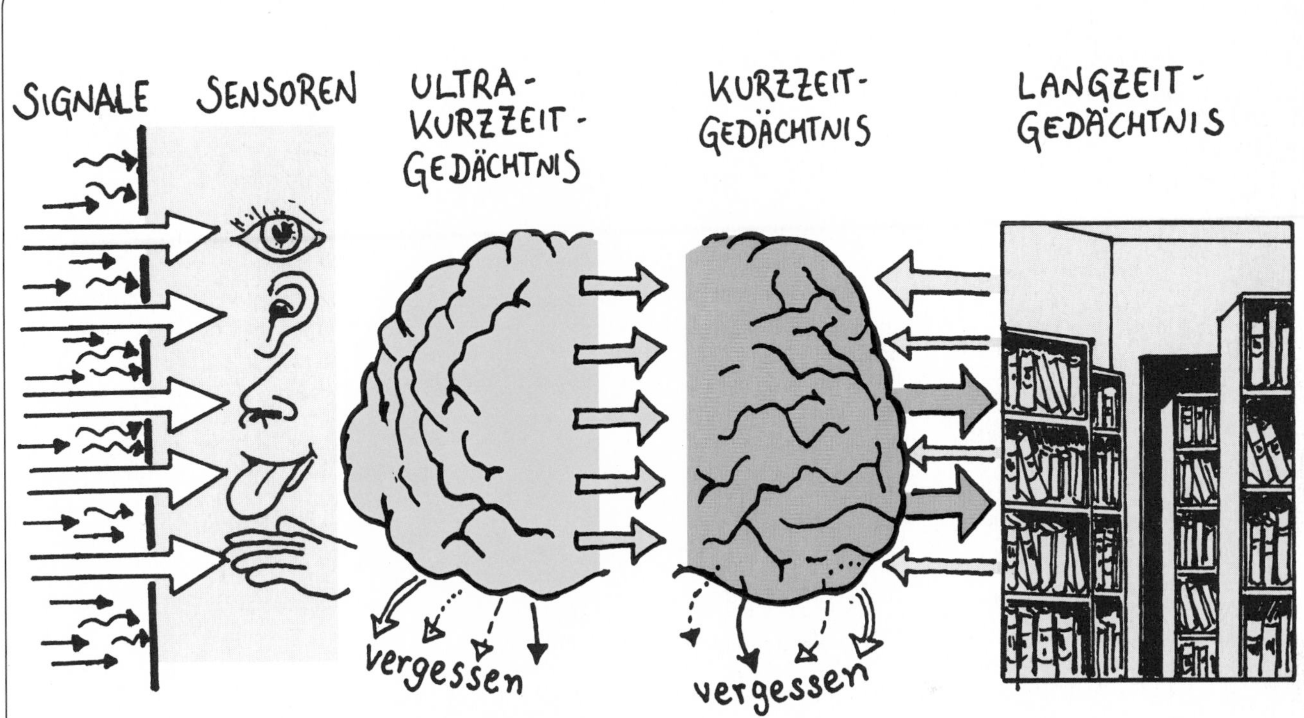

Die Augen und Ohren („Sensoren") des jungen Mannes haben zuerst nur einige Signale (Wörter und Bilder) aufgefangen und im *Ultrakurzzeitgedächtnis* festgehalten. Alles andere ging verloren und wurde sofort vergessen.

Diese wenigen Signale wurden an das *Kurzzeitgedächtnis* weitergegeben. Hier wurden sie untersucht, identifiziert und kombiniert.

Dabei arbeitet das Kurzzeitgedächtnis mit dem *Langzeitgedächtnis* zusammen. Es vergleicht die neuen Signale mit den bekannten Wörtern und Bildern, die schon im Langzeitgedächtnis vorhanden sind.

Wenn ein neu gehörtes Wort teilweise mit einem Wort übereinstimmt, das schon im Langzeitgedächtnis ist, kann es sofort identifiziert werden. Es genügen wenige Signale, um durch einen Vergleich die Bedeutung dieser Wörter oder Bilder zu erkennen.

Aber der Vergleich muß sehr schnell gelingen, weil schon die nächsten Signale „vor der Tür" des Kurzzeitgedächtnisses ankommen. Was nicht sofort identifiziert werden kann, wird vergessen.

Ü 16
- **Welche neuen Wörter des Gesprächs (S. 142 unten) haben Sie behalten?**
- **Prüfen Sie noch einmal, welche Wörter, Ausdrücke und Sätze des Gesprächs Sie sofort verstanden haben. Kannten Sie diese Wörter schon (ganz oder teilweise)?**
- **Was passiert, wenn man einen Augenbick zu lange über ein gehörtes Wort nachdenkt?**
- **Was ist schwerer zu verstehen: ein Hör-Text oder ein Lese-Text? Warum?**

Ü 17 – Können Sie auf diesem Bild etwas erkennen? Wenn ja: beschreiben Sie.
– Haben Sie sofort ein Bild erkannt oder erst nach längerem Suchen?
– Was hat Ihnen bei der ‚Konstruktion' des Bildes geholfen?

Ü 18

– Können Sie diesen Text lesen und verstehen?
– Haben Sie zuerst einzelne Buchstaben, Wörter, Satzteile oder ganze Sätze erkannt?
– Gibt es im Text a (S. 143) eine Erklärung dafür, daß man den Text rechts lesen kann, obwohl die Buchstaben nur teilweise zu erkennen sind?

Eine Witwe hatte zwei Töchter, davon war die eine schön und fleißig, die andere häßlich und faul. Sie hatte aber die häßliche und faule, weil sie ihre rechte Tochter war, viel lieber, und die andere mußte alle Arbeit tun und der Aschenputtel im Hause sein. Das arme Mädchen mußte sich täglich auf die große Straße bei einem Brunnen setzen und mußte so viel spinnen, daß ihm das Blut aus den Fingern sprang.

b

Das *Kurzzeitgedächtnis* ist die wichtigste Zentrale in unserem Gedächtnis-System. Hier werden neue Informationen/Signale identifiziert (oder nicht!). Außerdem werden hier die identifizierten Wörter und Bilder so kombiniert und geordnet, daß unser *Langzeitgedächtnis* sie gut aufbewahren kann.

Man hat das *Langzeitgedächtnis* oft mit einer Bibliothek verglichen. Für ein neues Buch (Wort, Bild) müssen wir den richtigen Platz suchen (in richtiger Nachbarschaft), sonst finden wir es nie wieder! Wir müssen viele verschiedene Erinnerungen an das Buch haben, an seinen Inhalt, seine Größe, Farbe, wann und wo wir es gekauft haben oder wer es uns geschenkt hat. Und wir müssen seinen Titel oft nennen – dann finden wir es leichter wieder.

Ü 19 – **Welche Erfahrungen haben *Sie* mit Ihrem Gedächtnis gemacht? – „Ich kann besonders gut behalten (Wörter/Ausdrücke/Texte), ...**

1. was ganz neu ist.
2. was ich zum Teil schon kenne.
3. was oft wiederholt wird.
4. was mich interessiert (Thema, Problem).
5. was ich dringend brauche (z. B. für Unterhaltungen).
6. was Ähnlichkeit mit meiner Muttersprache hat.
7. was ich für eine Prüfung gelernt habe.
8. was ich oft gehört und gelesen habe.
9. was ich oft benutzt (ausgesprochen) habe.
10. was schön klingt.
11. was ich geschrieben habe.
12. ......"

– **Vergleichen Sie Ihre Erfahrungen in der Gruppe.**

Mach sechs aus sechzehn!

Die Leistungsfähigkeit unseres Kurzzeitgedächtnisses ist sehr begrenzt. Etwa sieben Elemente können wir gleichzeitig behalten, mehr nicht.
Eine Zahlenreihe wie

2808174922031832

überfordert uns ganz klar.
Wenn wir jedoch wissen, daß das Goethes Lebensdaten sind –

***28.08.1749 †22.03.1832**

– dann zerfällt diese Zahlenreihe in sechs Einheiten. Und die machen keine großen Schwierigkeiten mehr.

„Goethe in der Campagna",
Gemälde von Wilhelm Tischbein, 1786/88.

Ü20 Wie viele Einheiten kann unser Kurzzeitgedächtnis gleichzeitig behalten?

– Machen Sie einen Versuch mit der Zahlenreihe

2808174922031832.

Wie viele Zahlen können Sie behalten?

– Können Sie Goethes Lebensdaten auf einmal behalten?

– Machen Sie den gleichen Versuch mit Telefonnummern Ihrer Nachbarn (Vorwahl, Rufnummer).

Ü21 Wir machen aus kleinen Einheiten größere Einheiten und erweitern so unser Kurzzeitgedächtnis:

Machen Sie einen Versuch mit dem folgenden Beispiel:

Decken Sie den Text erst ganz ab; decken Sie dann Zeile für Zeile auf und lesen Sie.

HANSHAUSREGNENSTRÖMESCHUHLOCH
Hans Haus Regnen Ströme Schuh Loch
Hans (ist zu) Hause. (Es) regnet (in) Strömen. (Sein) Schuh (hat ein) Loch.
Hans ist zu Hause, weil es in Strömen regnet und sein Schuh ein Loch hat.

Tips zum Üben und Lernen (Aus: Metzig/Schuster, *Lernen zu lernen*) 6

a) Übungen verteilen
b) Vor dem Schlafengehen wiederholen
c) Auf Tonband sprechen und abhören
d) Sich selbst laut vorsprechen
e) Stichworte machen und danach laut einen Vortrag halten
f) Jemandem erzählen, was im Text steht
g) Sich von anderen abhören lassen
h) Sich Fragen zum Text stellen und diese laut beantworten
i) Die 5 wichtigsten Gedanken aus jedem Kapitel aufschreiben
j) Sich zu den wichtigsten Gedanken ein Beispiel, eine Anwendung, ein Experiment o.ä. ausdenken und aufschreiben
k) Ein Schema zeichnen
l) Bildhafte Vorstellungen entwickeln
m) Stoff neu gliedern
n) Neue Überschriften zu den Kapiteln erfinden

Erläuterungen: a) *Übungen verteilen:* Sie arbeiten an 3 Abenden je ½ Std. statt an einem Abend 1½ Std. e) Sie wollen zu einem Thema (z.B. „Ein interessanter Abend") etwas auf deutsch sagen; Sie notieren erst einige Stichwörter und erzählen dann dazu eine Geschichte. k) Sie lesen/hören z.B. den Lebenslauf von Gerlinde Geffers (20A1) und machen sich dazu eine Skizze:

Lehrerin → ~~Arbeit~~ → alternative
Zeitung → Italien ...

Ü22 – Welche Übungsformen haben Sie schon probiert? Mit welchem Erfolg?

– Haben Sie noch andere, eigene Vorschläge und Tips zum Lernen?

7a

Ich male mir den Winter

Ich male ein Bild,
ein schönes Bild,
ich male mir den Winter.
Weiß ist das Land,
schwarz ist der Baum,
grau ist der Himmel dahinter.

Sonst ist da nichts,
da ist nirgends was,
da ist weit und breit nichts zu sehen.
Nur auf dem Baum,
auf dem schwarzen Baum
hocken zwei schwarze Krähen.

Aber die Krähen,
was tun die zwei,
was tun die zwei auf den Zweigen?
Sie sitzen dort
und fliegen nicht fort.
Sie frieren nur und schweigen.

Wer mein Bild besieht,
wie's da Winter ist,
wird den Winter durch
und durch spüren.
Der zieht einen dicken Pullover an
vor lauter Zittern und Frieren.

Josef Guggenmos

Weiß ist das Land (Zeile 4)

Ü23 Schreiben Sie die passenden Zeilen (Verse) aus dem Gedicht neben diese Bilder.

Ü24 Vergleichen Sie die Verse und die Bilder: Wie „malt" der Dichter sein „Winterbild"?

Ü25 Wie ist das ganze Gedicht aufgebaut? Bitte notieren Sie:

Zeile 1-3: Der Dichter spricht von dem Bild, das er malen will.

Zeile 4 -

Ü26 – Hören Sie das Gedicht von der Cassette und betrachten Sie die Bilder.
– Versuchen Sie, einige Verse auswendig zu lernen.

b

①

Das	*Land*	*ist*	*weiß.*
Il	paese	è	bianco.
Der	*Baum*	*ist*	*schwarz.*
L'	albero	è	nero.
Der	*Himmel*	*ist*	*grau.*
Il	cielo	è	grigio.

②

Weiß	*ist*	*das*	*Land.*
Bianco	è	il	paese.
Schwarz	*ist*	*der*	*Baum.*
Nero	è	l'albero.	
Grau	*ist*	*der*	*Himmel.....*
Grigio	è	il	cielo ...

Ü27 – Lesen Sie die entsprechenden Zeilen aus ① und ② laut im Vergleich: Gibt es einen Unterschied im Klang, in der Betonung, in der Bedeutung?

– Untersuchen Sie bei ① und ② die Reihenfolge der Satzteile: Was ist anders?
– Im Italienischen ist der Effekt ähnlich wie im Deutschen. Wie ist es in *Ihrer* Sprache?

Aber die Krähen,
was tun die zwei,
was tun die zwei auf den Zweigen?

Ü28 – Der Dichter benutzt Wiederholungen. Suchen Sie weitere Wiederholungen im Text.
– Wie wirken diese Wiederholungen auf *Sie?*

(1) Der junge Mann telefoniert seit einer halben Stunde (Ortsgespräch). Die Frau muß dringend zu Hause anrufen, nur ganz kurz. Sie klopft vorsichtig an die Tür; der Mann redet einfach weiter. Da macht sie die Tür der Telefonzelle auf und sagt: „.....“ – Aber der junge Mann .....

(2) Die Frau und der Mann glauben beide, daß sie jetzt an der Reihe sind. Der Mann behauptet, die Frau sei nach ihm gekommen und habe sich einfach nach vorne gestellt. Die Frau fragt den Beamten, wer seiner Meinung nach zuerst an der Reihe ist. Aber der will dazu nichts sagen.

(3) Der Beamte fragt die Frau, ob sie die Paketkarte schon ausgefüllt hat. Sie meint, das sei doch ein Päckchen und dafür brauche man kein Formular auszufüllen. Der Beamte antwortet: „Das hier ist kein Päckchen. Fünf Kilo. Das ist ein Paket!“ Das Paket kostet fünf Mark achtzig; die Dame findet das sehr teuer. Sie hat noch mehr Pakete und fürchtet, daß sie nicht genug Geld bei sich hat.

Ü 1

Bilden Sie Arbeitsgruppen und wählen Sie für Ihre Arbeitsgruppe die Situation (1) oder (2) oder (3). Schreiben Sie dazu einen Dialog und spielen Sie ihn den anderen vor.

Der Adversativsatz → 10B4, 12B

1

Micha ◆ Lena
Astronaut werden ◆ Tänzerin werden
Haus bauen ◆ Haus kaufen

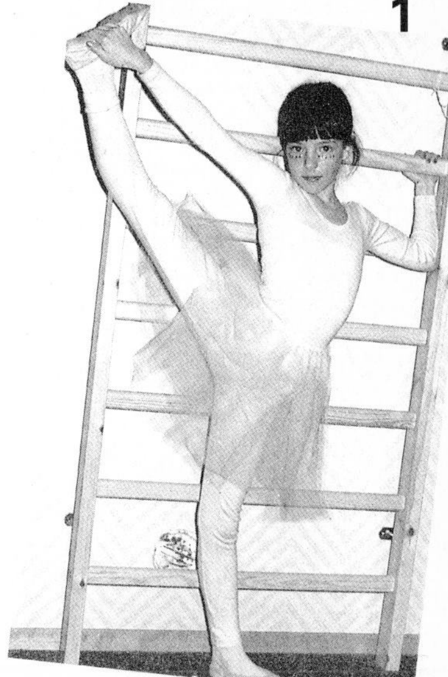

1. **Während** | Micha Astronaut werden will | , | will Lena Tänzerin werden | .

2. **Während** | Lena ein Haus kaufen will | , | will Micha ein Haus bauen | .

NEBENSATZ , HAUPTSATZ .

Andere Möglichkeiten:

Micha will Astronaut werden, Léna **aber** will Tänzerin werden. / Lena will **aber** Tänzerin werden.

Lena will ein Haus kaufen, { **aber** Micha will / **dagegen** will Micha } ein Haus bauen.

Hauptsatz , Hauptsatz .

Ü1–2

Koordination von Sätzen

2

2.1

Sie (scheuerte) das Becken **und** (rieb) die Hähne (blank), **aber** in den Spiegel darüber (sah) sie nicht, sie (horchte) auf die Schritte auf der Straße, ...	HAUPTSATZ **und** HAUPTSATZ , **aber** HAUPTSATZ , HAUPTSATZ , ...

2.2

Immer begehrenswerter (war) ihr das Figürchen (erschienen) , **doch** eines Tages (war) es fort (gewesen) , **und** nirgendwo (hatte) sie ein ähnliches (wiedergesehen).	HAUPTSATZ, **doch** HAUPTSATZ, **und** HAUPTSATZ.

3 Mehrfache Subordination von Sätzen → 10B5

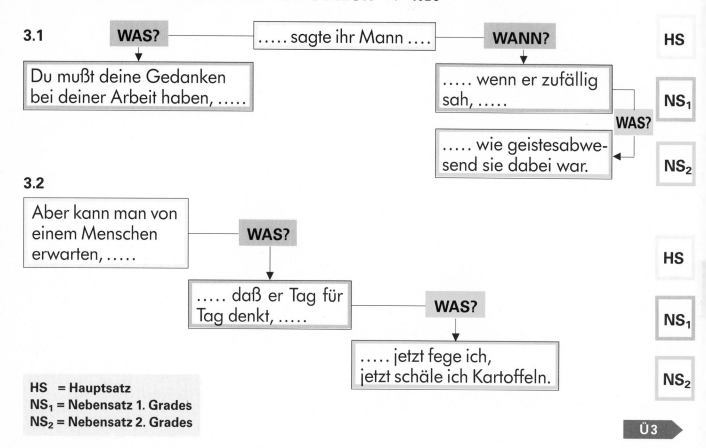

3.1

WAS?	..... sagte ihr Mann	**WANN?**

- **WAS?** → Du mußt deine Gedanken bei deiner Arbeit haben, ...
- ..... sagte ihr Mann .... — **HS**
- **WANN?** → ..... wenn er zufällig sah, ... — **NS_1**
  - **WAS?** → ..... wie geistesabwesend sie dabei war. — **NS_2**

3.2

- Aber kann man von einem Menschen erwarten, ... — **HS**
  - **WAS?** → ..... daß er Tag für Tag denkt, ... — **NS_1**
    - **WAS?** → ..... jetzt fege ich, jetzt schäle ich Kartoffeln. — **NS_2**

HS = **Hauptsatz**
NS_1 = Nebensatz 1. Grades
NS_2 = Nebensatz 2. Grades

Ü3

4 Attribute I

4.1

..... den schmalen	Flur	.....
..... die verwüsteten	Zimmer	zu beiden Seiten .....
..... jede vierte	Woche	.....
..... soviel angenehme	Sachen,	die wir früher gar nicht kannten .....
..... diese	Frau,	die ihr da entgegensah, ...
..... eine	Frau	undefinierbaren Alters,
		nicht mehr jung, aber auch nicht alt .....
..... die ersten	Jahre	ihrer Ehe .....
..... das	Kätzchen	aus Kopenhagener Porzellan .....
..... auf ihren	Streifzügen	durch die Stadt .....
..... der junge	Mann	links .....
..... ein kleiner	Teil	davon .....
ADJEKTIV **PARTIZIP** **INDEFINITPRON. + ORDINALZAHL** **ZAHLWORT + ADJEKTIV** **DEMONSTRATIVPRONOMEN** **POSSESSIVPRONOMEN**	**SUBSTANTIV**	**PRÄPOSITIONALPHRASE** **RELATIVSATZ** **GENITIVATTRIBUT** **VERKÜRZTER NEBENSATZ** **ADVERB** **PRONOMINALADVERB**

4.2

Pieke Biermann

Hausarbeit ist Arbeit

Die meisten zur Hausarbeit gehörigen Tätigkeiten verlangen erhebliches organisatorisches Geschick und planerische Intelligenz. Wichtigste Fähigkeiten, die Mädchen und Frauen während einer durchschnittlich 20 Jahre dauernden Ausbildung tagtäglich eintrainiert werden, sind: Materialkenntnis, zeitliche Koordination, ökonomische Organisation.

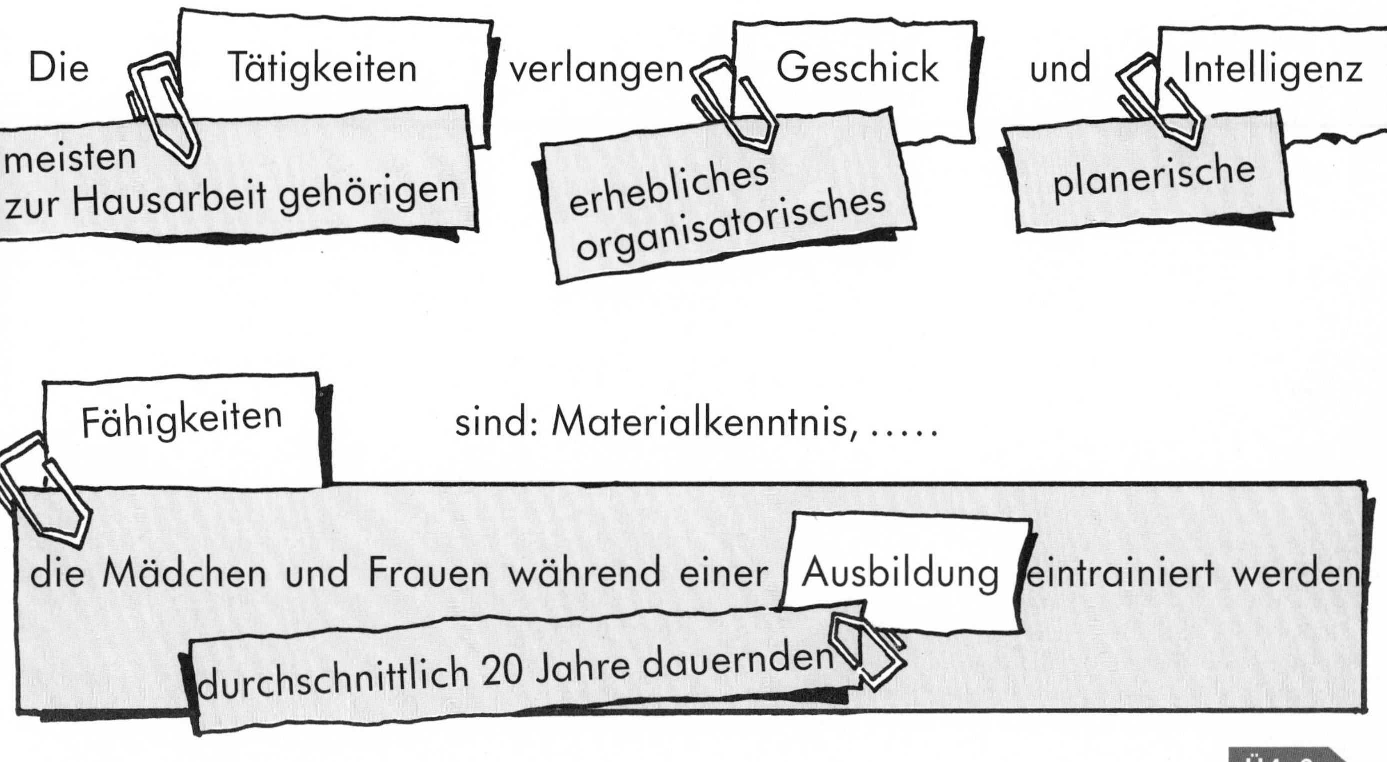

Die
Tätigkeiten
meisten
zur Hausarbeit gehörigen
verlangen
Geschick
erhebliches organisatorisches
und
Intelligenz
planerische
Fähigkeiten
sind: Materialkenntnis, ...
die Mädchen und Frauen während einer
Ausbildung
eintrainiert werden
durchschnittlich 20 Jahre dauernden

Ü4–6

Ü 1 Drücken Sie den Unterschied/Gegensatz aus.

Beispiel: Micha will Astronaut werden ◆ Lena will Tänzerin werden
a) Während Micha Astronaut werden will, will Lena Tänzerin werden.
b) Micha will Astronaut werden, aber Lena will Tänzerin werden.
c) Micha will Astronaut werden, dagegen will Lena Tänzerin werden.

Aufgaben:
1. Männer bekommen für diese Arbeit 20 Mark pro Stunde ◆ Frauen bekommen für dieselbe Arbeit nur 16 Mark pro Stunde. 2. Manche glauben immer noch, Männer seien klüger als Frauen ◆ In Wirklichkeit ist der Intelligenzquotient von Männern und Frauen etwa gleich. 3. Männer erreichen ein Durchschnittsalter von 70 Jahren ◆ Frauen werden im Durchschnitt 75 Jahre alt. 4. Ein Drittel aller Mädchen wird in nur vier Berufen ausgebildet ◆ Jungen können zwischen viel mehr Berufen wählen. 5. 1957 waren noch 607.000 Arbeitnehmer im Bergbau beschäftigt ◆ Im Jahr 1987 waren es nur noch 156.000. 6. 1967 gab es in der Bundesrepublik noch 95 Zechen ◆ 20 Jahre später waren es nur noch 32. 7. Die meisten Mädchen erlernen immer noch die „typischen Frauenberufe" ◆ Anke hat einen „typischen Männerberuf" erlernt. 8. Die öffentlich-rechtlichen Rundfunkanstalten werden vor allem durch Rundfunkgebühren finanziert ◆ Die privaten Rundfunkanstalten finanzieren sich vor allem durch Werbung.

Ü2 ADVERSATIVSATZ oder TEMPORALSATZ? Drücken Sie den Inhalt des Nebensatzes anders aus.

Beispiel:

a) Während sie gingen, sprachen sie miteinander.
Sie gingen und sie sprachen (gleichzeitig) miteinander: TEMPORALSATZ

b) Während Micha Astronaut werden will, will Lena Tänzerin werden.
Micha will Astronaut werden, aber Lena will Tänzerin werden: ADVERSATIVSATZ

Aufgaben:

1. Während wir uns unterhielten, tranken wir Kaffee. 2. „Nun sind sie alle fort", dachte sie, während sie die Tür hinter ihrer Jüngsten schloß. 3. Während Eckehard in einer Wohngemeinschaft lebt, wohnt Stefanie noch zu Hause bei ihren Eltern. 4. Elham möchte immer mit seiner Familie zusammenleben, während Petra lieber von ihrer Familie getrennt lebt. 5. Während sie ihre Hausarbeit machte, dachte sie an das Kätzchen aus Kopenhagener Porzellan. 6. Während Ulla ihr Medizinstudium abschloß, machte Knut die Hausarbeit. 7. Während die Polizei den vermißten Jungen suchte, schlief dieser friedlich in einem Schneehaufen. 8. Während sie abends auf Monika warteten, versuchten sie sich vorzustellen, was Monika in der Stadt machte.

Ü3 Analysieren Sie die folgenden Sätze nach den Mustern in 21B3.

1. Nun sind sie alle fort, dachte sie, als sie die Tür hinter ihrer Jüngsten schloß, jetzt bin ich allein, jetzt kann ich machen, was ich will. 2. Das ist deine eigene Schuld, pflegte ihr Mann zu sagen, wenn sie ihm schon mal ihr Herz ausschüttete, ich habe dir schon immer gesagt, ... 3. Es gibt so viele angenehme Sachen, die wir früher, als ich noch jung war, gar nicht kannten, pflegte ihre Mutter zu sagen, wenn sie ihr von ihrer Arbeit erzählte. 4. Ich sage, daß es mir gut geht, wenn ich danach gefragt werde, weil es doch niemanden wirklich interessiert, wie es mir geht. 5. Sie (die Beamten) lieben ihre Arbeit nicht, obwohl sie wissen, daß sie getan werden muß, weil Leute am Schalter stehen, die etwas von ihnen wissen wollen. 6. Nachdem Anke die Schule verlassen hatte, absolvierte sie eine Lehre in einem Beruf, den fast nur Jungen erlernen, weil es ihr Traum war, an der Werkbank zu stehen und Maschinenteile zu fertigen. 7. Weil Jahr um Jahr zuviel Stahl produziert wurde, für den es keine Käufer gab, wurden die Verluste immer größer, so daß ein Hüttenwerk nach dem anderen geschlossen werden mußte. 8. Weil man erwartet, daß auch in Zukunft die Stahlproduktion zurückgeht, kommt es darauf an, im Ruhrgebiet neue Industrien anzusiedeln, damit die Region nicht mehr so sehr von Kohle und Stahl abhängig ist.

Ü4 Grenzen Sie die Satzglieder ab und markieren Sie die Attribute (nach dem Muster in 21B4).

1. Ernst Jandl ist ein bekannter österreichischer Dichter der Gegenwart, der Gedichte und Hörspiele geschrieben hat. In seinem Aufsatz über „Die schöne Kunst des Schreibens" vergleicht Jandl seine Technik des Schreibens mit der Technik des Fotografierens. Das Gedicht „familienfoto" zeigt Jandls fotografische Technik sehr gut.

2. Ein zweieinhalbjähriges Mädchen stürzte aus dem zweiten Stock eines Hamburger Mehrfamilienhauses direkt in die Arme eines zufällig vorübergehenden Passanten. Das Kind und sein 50jähriger Retter wurden leicht verletzt.

3. Im Jahr 1284 kam ein seltsam aussehender Mann, der bunte Kleider anhatte, nach Hameln und sagte: „Ich bin Rattenfänger; für 1000 Taler werde ich eure Stadt von allen Ratten und Mäusen befreien." Die Bürger der Stadt versprachen ihm den geforderten Lohn, und der Rattenfänger zog sein Pfeifchen heraus und fing an zu pfeifen. Da kamen alle Ratten und Mäuse aus den Häusern der Stadt heraus und folgten dem Rattenfänger, der sie in den Fluß Weser hineinführte.

4. Joseph von Eichendorff ist ein sehr bekannter Dichter der deutschen Romantik, einer literarischen Epoche in der ersten Hälfte des 19. Jahrhunderts. Als Student machte er weite Wanderungen durch Deutschland und Österreich. Nach der Beendigung seines Studiums nahm er an den Kriegen gegen Napoleon teil. Eichendorffs bekannteste Erzählung ist „Aus dem Leben eines Taugenichts".

Ü5 Markieren Sie im Text „Ein Vormittag" (S. 139) alle Attribute.

Ü6 Was sehen Sie? Beschreiben Sie die Dinge und Personen auf dem Bild und verwenden Sie dabei Attribute.

Beispiel: Eine *alte* **Postkutsche** **mit** *vier großen* **Rädern und** *viel* **Gepäck** *auf dem Dach.* .....

Wortbildung: Komposita

5.1

Liselotte Rauner

Titel

Vater ist:
Abteilungs-Leiter
Haushalts-Vorstand
Erziehungs-Berechtigter
Auto-Besitzer
Haus-Eigentümer
Konten-Inhaber
Vereins-Präsident und
Schützenkönig
Mutter ist:
Hausfrau

Abteilung/s/-Leiter
Haushalt/s/-Vorstand
Erziehung/s/-Berechtigter
Verein/s/-Präsident
Auto/∅/-Besitzer
Haus/∅/-Eigentümer
Schützen-König
Konten-Inhaber } **Plural**

Abteilungsleiter: der Leiter der/einer Abteilung
Haushaltsvorstand: der Vorstand des/eines Haushalts
Erziehungsberechtigter: jemand, der die „elterliche Gewalt ausübt"
Vereinspräsident: der Präsident des/eines Vereins
Autobesitzer: der Besitzer des/eines Autos
Hauseigentümer: der Eigentümer des/eines Hauses
Schützenkönig: der König der Schützen
(*Kontoinhaber:* der Inhaber des/eines Kontos bei der Bank)
Konteninhaber: der Inhaber von zwei oder mehr Konten

Ü7 Die Schreibung dieser Wörter ist anders als im Wörterbuch. Durch den Bindestrich – macht Liselotte Rauner auf etwas aufmerksam: Was denken Sie?

5.2 Komposita mit *Haus-*

'Haus·da·me ⟨f.⟩ *angestellte Leiterin eines Haushalts*

'Haus·frau ⟨f.⟩ *das Hauswesen besorgende Ehefrau;* ⟨allg.⟩ *die im Haus wirtschaftende Frau; Gastgeberin;* Sy *Hausherrin;* ⟨oberdt.⟩ *Hausbesitzerin, Vermieterin;* sie ist eine gute, schlechte ~

'Haus·halt ⟨m. 1⟩ *die Wirtschaftsführung einer zusammenwohnenden Familie od. Lebensgemeinschaft sowie alle dabei nötigen Arbeiten (Kochen usw.); alle Mitglieder einer solchen Familie od. Gemeinschaft; alle Einnahmen u. Ausgaben eines Staates od. einer Körperschaft;* seinen eigenen ~ einrichten, führen, gründen; jmdm. den ~ führen

'Haus·hal·ter, 'Haus·häl·ter ⟨m. 3⟩ *jmd., der einen Haushalt führt;* Sy *Hauser* ⟨österr.⟩; er ist sein eigener ~
'Haus·häl·te·rin ⟨f. 22⟩ *den Haushalt führende Angestellte;* Sy *Wirtschafterin, Hauserin* ⟨österr.⟩

'Haus·herr ⟨m.⟩ *Familienoberhaupt; Gastgeber;* ⟨oberdt.⟩ *Inhaber eines Hauses*
'Haus·her·rin ⟨f.⟩ = *Hausfrau*

'Haus·leu·te ⟨nur Pl.⟩ *der Hausmeister u. seine Frau;* ⟨schweiz.⟩ *die Mieter eines Hauses*

'Haus·mann ⟨m.⟩ = *Hausmeister; Ehemann, der den Haushalt besorgt*

'Haus·mei·ster ⟨m.⟩ *jmd., der vom Hauseigentümer für Ordnung u. Sauberkeit im Haus beauftragt wurde;* Sy *Hausmann, Hausbesorger* ⟨österr.⟩; → a. *Hausleute;* ⟨schweiz.⟩ *Hauseigentümer*

'Haus·stand ⟨m.; unz.⟩ *Haushalt u. Familie;* einen eigenen ~ gründen

'Da·me ⟨f. 19⟩ **1** ⟨zählb.; urspr.⟩ *adlige Frau;* ⟨danach⟩ *vornehme, kultivierte Frau od. Mädchen aus guter Familie; Tischnachbarin, Tanzpartnerin; höchster Stein das Damespiels;* ⟨Schach⟩ *die Königin;* ⟨Kart.⟩ *dritthöchste Spielkarte;* meine ~n und Herren! *(Anrede);* nach dem Tanz führt der Herr seine ~ an ihren Platz zurück; die ~ des **Hauses** *Hausherrin, Gastgeberin;* die ~ seines

Herr ⟨m. 16⟩ **1** *(urspr. Standestitel für Adlige nach Fürsten u. Grafen);* ⟨allg.⟩ *Besitzer, Gebieter, Herrscher; Vorgesetzter; (respektvolle Anrede für Männer; vor den Namen gesetzte Anrede für Männer);* der ~ *Gott;* darf ich den ~n hier hereinbitten? *(sehr höfl. Anrede);* ein ~ möchte Sie sprechen, wartet draußen; mein ~ *(höfl. Anrede)* **2** er war nicht mehr ~ seiner selbst *er konnte sich nicht mehr beherrschen, war außer sich;* meine (sehr verehrten) **Damen** und ~en! *(Anrede an eine Versammlung);* ~ Meier; ~ **Direktor,** ~ Hauptmann; ~ **Doktor,** ~ Professor; **Gott,** der ~; ~ du meine **Güte!** ⟨umg.⟩ *(Ausruf des Schreckens, Erstaunens);* der ~ **Jesus;** der ~ des **Hauses** *Hausherr, Hauseigentümer; Gastgeber;* ~ der **Lage** sein *eine Situation beherrschen;* die ~en der

Ü8 Vergleichen Sie die Bedeutungen der folgenden Wortpaare mit Hilfe der Definitionen im Wörterbuch (oben):

1. Hausfrau – Hausmann
2. Hausfrau – Hausherr
3. Hausfrau – Hausdame
4. Hausfrau – Haushälterin
5. Hausdame – Dame des Hauses
6. Dame des Hauses – Herr des Hauses
7. Hausherrin – Hausherr
8. Hausherr – Herr des Hauses
9. Hausmann – Hausherr
10. Hausmann – Hausmeister
11. Hausmann – Hausleute
12. Haushalt – Hausstand

Ü9 Wie drückt man diese Begriffe/Bedeutungen in Ihrer Sprache aus?

Einige Beispiele aus drei germanischen Sprachen (Englisch, Niederländisch, Norwegisch) und drei romanischen Sprachen (Französisch, Italienisch, Spanisch):

ama, amo, capo di casa, caretaker, casalinga, dame de compagnie, dame voor de huishouding, domestica, dueña/dueño de la casa, femme de ménage, gouvernante, head of the household, home, host, hostess, household, householder, house husband, housekeeper, housekeeping, housewife, huisvrouw, husfar, husmor, husvert, lady of the house, madre de familia, maître de céans, maîtresse de maison, massaia, ménagère, mistress, mujer casera, padrona di casa, patronne, tenants, vert [...]

5.3 Das „Fugen-/s/" in Komposita

Regel 1

Wenn das erste Substantiv in einem Kompositum auf *-ung* endet, folgt diesem in der „Fuge" zum zweiten Substantiv immer ein *-s-*.

Beispiele: Abteilungsleiter, Erziehungsberechtigter

Dieselbe Regel gilt auch für Substantive auf *-heit* (Freiheitsraum), *-ion* (Dokumentationszentrum), *-ität* (Qualitätsware), *-keit* (Höflichkeitsformel), *-ling* (Lieblingssportler), *-schaft* (Eigenschaftswort), *-tum* (Eigentumswohnung).

⚠ Diese einfache und sichere Regel gilt für fast alle *femininen* Substantive.
Bei *Maskulina* und *Neutra* dagegen sollten Sie im Wörterbuch nachschlagen!

Ü 10 **Suchen Sie weitere Komposita *mit* Fugen-/s/ in diesem Buch oder in einem Wörterbuch.**

Regel 2

Wie alle Komposita mit *Haus-* (das schon mit einem *-s* endet!) haben auch andere Substantive, die auf *-s* enden, keinen Platz für ein Fugen-/s/.

Beispiele: Gas(pedal), Glas(teller), Gras(halm), Kreis(verkehr), Preis(liste)
Genauso: Fuß(ball), Fluß(bett), Platz(karte)

Ü 11 **Suchen Sie weitere Komposita *ohne* Fugen-/s/.**

6 „als"

1. Zum Ausdruck eines Vergleichs

a) nach Komparativ:

Er ist heute lustiger als sonst.

b) nach Adverb:

Er ist heute ganz anders als sonst.

2. Zur Einleitung von Nebensätzen

a) „gleichzeitig mit ..."

Als ich krank war, hatte ich viel Zeit zum Lesen.

b) „zu der Zeit, da ..."

Damals, als das geschah, war sie erst 16.

Als meine Mutter ein Vierteljahrhundert lang
Mutter gewesen war und Frau, aber das konnte sie
vergessen mit der Zeit, als sie so geworden war
wie eine anständige Frau werden mußte
klüger als die Großmutter, ergebener als die Tanten
sparsamer in der Küche und in der Liebe als eine
der das Glück in den Schoß gefallen war
als sie genug Krümel von der Tischdecke geschnippt
als sie die Hoffnung begraben hatte, einmal eine Dame
in Pelz zu sein wie in den Modeheften vor dem Krieg
die sie immer noch hinten in der Speisekammer hütete
als sie anfing, den Töchtern ins Gesicht zu sehen
auf der Suche nach Spuren, die sie im eigenen Gesicht
nicht fand, als sie nicht mehr vor Angst aufwachte
weil sie vom Bügeleisen geträumt hatte
das nicht ausgeschaltet war, als sie schon manchmal
wagte, die Beine am frühen Nachmittag
übereinanderzuschlagen, fraß sich ein Krebs
in ihre Gebärmutter, wuchs und wucherte
und drängte meine Mutter langsam aus dem Leben.
[...]

Ü 12 **Bestimmen Sie im Text die Typen von „als":**

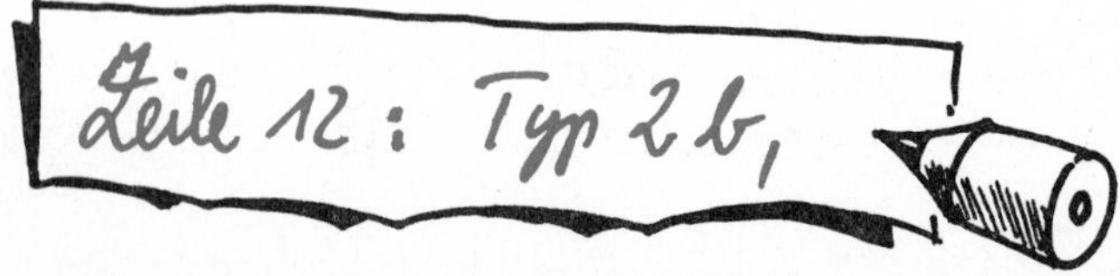

Handelsblatt
Kölner Stadt-Anzeiger
Frankfurter Rundschau
Hamburger Abendblatt
STUTTGARTER ZEITUNG
Bild
alles neu
78 Retter tot
DIE WELT
die tageszeitung
Süddeutsche Zeitung
Frankfurter Allgemeine
DER TAGESSPIEGEL
Deutsche Helfer und Hilfsgüter in den Kaukasus unterwegs
Gorbatschows Einstieg

REISEN

1

Meinungsumfragen 1987

Demokratie–ja. Politiker–nein.

Unter dieser Überschrift standen die folgenden drei Berichte über Meinungsumfragen in der Zeitschrift JUGENDSCALA (Nr. 1 / März 1988).

①

Ergebnisse einer Umfrage des „Mannheimer Instituts für praxisorientierte Forschung" im Auftrag des Bundesinnenministeriums im September 1987:
Die Zufriedenheit mit den demokratischen Verhältnissen in der Bundesrepublik hat deutlich zugenommen. 79 Prozent der Befragten sind mit den politischen Parteien und dem politischen System zufrieden. Vor einem Jahr waren es erst 71 Prozent. Anhänger der CDU und CSU gehören zu den politisch zufriedensten Bundesbürgern. 94 Prozent von ihnen schwören auf die Demokratie in ihrem Land. Bei den Anhängern der FDP sind es 83, bei den Freunden der SPD immer noch 74 Prozent – ein Plus von 10 Prozent in einem Jahr. Selbst die Anhänger der Grünen sind fast zur Hälfte (46 Prozent) mit dem demokratischen System zufrieden. Bleibt die Frage: Sind 54 Prozent im Prinzip dagegen, oder wollen sie es nur besser machen?

②

Ergebnisse einer Umfrage der „Wickert-Institute für Markt- und Meinungsforschung im In- und Ausland" im August 1987:
Die Politiker verlieren immer mehr an Vertrauen. Nur noch 27 Prozent der Deutschen (im Vorjahr: 37) halten „viel" von ihren Volksvertretern. Der Rest hat „gar kein" oder nur „wenig" Vertrauen in die Politiker. Nach der Wickert-Umfrage hatten 60 Prozent der insgesamt 3790 Befragten eine eher negative Meinung über die Politiker. Kritikpunkte: Politiker geben nie Fehler zu, sind unaufrichtig, verstehen nichts von ihrem Fach, sind zu oft auf Reisen, arbeiten zuwenig.

③

Ergebnisse einer Umfrage der „Infratest Forschung KG" im November 1987:
81 Prozent der Bevölkerung schenken ihren Politikern kein Vertrauen. Dies zeigt eine Meinungsumfrage unter 1000 Personen nach dem Politskandal in Schleswig-Holstein. Die meisten glauben, daß es Vorgänge wie in Kiel quer durch alle Parteien gibt. 71 Prozent halten solche Skandale bei der CDU für möglich, 51 Prozent bei der CSU. FDP und SPD folgen mit 42 und 41 Prozent. Nur sieben Prozent sagten, dazu seien auch die Grünen fähig. Die Umfrage ergab außerdem: 72 Prozent der Bürger sind davon überzeugt, daß ihre Politiker nicht immer die Wahrheit sagen.

Im Herbst 1987 wurde deutlich, daß der damalige Ministerpräsident des Bundeslandes Schleswig-Holstein unsaubere Aktionen gegen politische Gegner unternommen hatte.

Ü1

- **„Demokratie – ja. Politiker – nein": Paßt diese Überschrift zu den drei Berichten? Begründen Sie.**
- **In zwei der drei Umfragen geht es um das Vertrauen zu Politikern, nämlich in Text ② und ③. Gibt es große Unterschiede in den Ergebnissen? Welche?**
- **In allen Texten spielen auch die wichtigsten politischen Parteien der Bundesrepublik eine Rolle: die CDU, die CSU, die SPD, die FDP und die GRÜNEN. Welche Informationen über diese Parteien liefern die drei Texte?**

Vergleichen Sie die Ergebnisse in der Gruppe und diskutieren Sie.

B1–2

Interviews über Politiker

2

Ein politischer Skandal beschäftigte 1987 und 1988 die Öffentlichkeit in der Bundesrepublik Deutschland. Uwe Barschel, Ministerpräsident des Landes Schleswig-Holstein, hatte im Wahlkampf unsaubere Methoden benutzt, um an der Macht zu bleiben. Als die Presse alles aufdeckte, verfing er sich in einem Netz von Lügen und mußte von seinem Amt zurücktreten. Einige Zeit danach wurde er in Genf tot aufgefunden. Die Affäre löste eine heftige Diskussion aus: Ist unsere Demokratie krank? Kann man Politikern noch vertrauen? Und: Wie sollte ein idealer Politiker sein?
Wir fragten junge Leute auf der Straße.

(1)

Sylvia, 18 Jahre

Ich glaube, daß Affären und Skandale Einzelfälle in der Politik sind. Aber daß so etwas vorkommen kann, das macht natürlich schon nachdenklich.

(2)

Mein Idealpolitiker müßte menschlicher sein. Das sind Politiker keineswegs. Ich hatte mal Gelegenheit, einer Debatte zuzuhören. Das war miserabel. Miserabel, weil sie immer um den heißen Brei herum reden und nicht zur Sache kommen. Sie kommen nicht zum Kern der Sache, weil sie nicht ehrlich sind. Ob man ihnen vertrauen kann? Ich würde sagen nein. In der Politik kann man aber auch nicht ehrlich sein, weil die Wahrheit weh tut.

Hans-Dietrich, 19 Jahre

(3)

Politikern vertrauen? Bestimmt nicht! Nach dem jüngsten Skandal scheint es doch so, daß Politik und Ehrlichkeit nicht zusammenpassen. Ich hoffe bloß, daß es nicht typisch für die deutsche Politik ist.

Andreas, 22 Jahre

(4)

Islin, 23 Jahre

Politiker sind wohl sehr abhängig von anderen Leuten in ihrer Partei und auch abhängig von der Industrie. Und wer alleine etwas durchsetzen will, der bekommt Ärger mit seiner Partei.
Deshalb bin ich auch nicht so wahnsinnig enttäuscht nach einer Wahl, wenn Politiker nicht das halten, was sie versprochen haben. Man sollte schon vorher skeptisch sein, wenn man das alles hört.

Ü2 Diskutieren Sie folgende Fragen:

B3

- **Welche Tendenzen sind erkennbar?**
- **Gibt es große Unterschiede zwischen den Auffassungen der vier Interviewten?**
- **Würden junge Leute in Ihrem Land auch so reagieren? Warum (nicht)?**

AGEUMFRAGEUMFRAGEUMFRAGEUMFRAGEUMFRAGEUMFRAGEUMFRAGEUMFRAGEUMFRAGE

Ü3 Organisieren Sie eine kleine Umfrage über Politiker in *Ihrer* Gruppe!

- **Stellen Sie u. a. die folgenden Fragen:**
  Ist unsere Demokratie krank?
  Kann man Politikern noch vertrauen?
  Wie sollte ein idealer Politiker sein?
- **Suchen Sie sich zwei Partner und interviewen Sie sie. Notieren Sie die Antworten der anderen.**
- **Tragen Sie Ihre Ergebnisse vor und diskutieren Sie.**

3 Das politische System der Bundesrepublik

1. Die Bundesrepublik Deutschland ist eine *parlamentarische Demokratie.* Die wichtigste parlamentarische Einrichtung ist der *Bundestag* in Bonn. Er wird alle vier Jahre von der Bevölkerung neu gewählt. Der Bundestag beschließt Gesetze, wählt den Regierungschef, den *Bundeskanzler,* und kontrolliert die Regierung. Die wichtigsten *Parteien* in der Bundesrepublik sind:

- die CDU (Christlich-Demokratische Union; nicht in Bayern!)
- die CSU (Christlich-Soziale Union; nur in Bayern!)
- die FDP (Freie Demokratische Partei; die Liberalen)
- die GRÜNEN (alternative Partei der Umwelt-, Frieden- und Frauenbewegung)
- die SPD (Sozialdemokratische Partei Deutschlands)
- die PDS (Partei des demokratischen Sozialismus)

In Bundestag und Regierung arbeiten die CDU und die CSU eng zusammen.
Es gibt daneben noch einige kleinere Parteien, aber die haben keine Sitze im Bundestag. Es gilt nämlich die „5%-Klausel": Eine Partei kommt erst dann ins Parlament, wenn sie mindestens 5% aller Wählerstimmen erhält.

2. Die Bundesrepublik ist eine Föderation: Sie besteht aus 16 *Bundesländern.* Diese Bundesländer haben eigene Parlamente und Regierungen. Diese entscheiden über viele Bereiche selbständig, nicht aber z. B. über Außenpolitik und Verteidigung.
Auch die Länderparlamente (*Landtag, Bürgerschaft*) werden von der Bevölkerung gewählt. Auch hier gilt die 5%-Klausel.

Ü4 **Vergleichen Sie dieses politische System mit Ihrem Land: Was ist gleich, was ist anders? Machen Sie mit Ihrem Partner eine Liste.**

4 Vor einer Landtagswahl

Am 8. Mai 1988 fand im Bundesland Schleswig-Holstein eine wichtige Landtagswahl statt. Nach der letzten Wahl – acht Monate vorher – war es nicht möglich gewesen, eine Regierung mit parlamentarischer Mehrheit zu bilden. Bei dieser erneuten Wahl gab es drei Hauptpersonen, die Politiker Björn Engholm (SPD), Heiko Hoffmann (CDU) und Wolf-Dieter Zumpfort (FDP).
In Presse, Rundfunk und Fernsehen fand diese Wahl große Aufmerksamkeit.

Ü5 **Lesen Sie den Artikel aus der „Süddeutschen Zeitung" vom Tag vor der Wahl. Was erfährt man daraus über das Parlament und die Parteien in Schleswig-Holstein? Machen Sie eine Stichpunktliste.**

Am Sonntag wählt Schleswig-Holstein

Kiel (AP)
Acht Monate nach dem Patt bei der Landtagswahl im September vorigen Jahres wird in Schleswig-Holstein am Sonntag wieder ein neues Landesparlament gewählt. Die vorgezogene Neuwahl war ausgeschrieben worden, nachdem die Mehrheitsverhältnisse den Kieler Landtag praktisch handlungsunfähig gemacht hatten und die CDU-Regierung Schwarz seit dem Rücktritt des früheren Ministerpräsidenten Barschel nur noch geschäftsführend im Amt war. Rund zwei Millionen Wahlberechtigte sind aufgerufen, über die 74 Landtagssitze zu bestimmen. Bei der ersten vorgezogenen Landtagsneuwahl in der Geschichte des Landes bewerben sich zwölf Parteien; so viele wie nie zuvor. Bei der Wahl am 13. September waren die Sozialdemokraten unter ihrem Spitzenkandidaten Engholm zwar mit 45,2 Prozent der Wählerstimmen stärkste Fraktion geworden. Sie erreichten jedoch mit 36 Abgeordneten zwei Sitze weniger, als zur Mehrheit notwendig gewesen wären.

B4

Nach der Landtagswahl: Ergebnisse und Folgen

5

Nicht nur vor dem 8. Mai 1988 wurde viel über die Wahlen in Schleswig-Holstein geschrieben und gesprochen. Auch am Wahltag selbst war diese Landtagswahl das wichtigste Thema der Medien, besonders in Rundfunk und Fernsehen. In den Abendnachrichten brachte das Radio stündlich die neuesten Ergebnisse bis tief in die Nacht.

Ü 6

- **Hören Sie die Spätnachrichten im Rundfunk von der Cassette. Notieren Sie Zahlenangaben über Wählerstimmen, Prozentanteile der Parteien und Sitze im Landtag.**
- **Vergleichen Sie Ihre Notizen mit den Daten, die von zwei Zeitungen am Tag nach der Wahl publiziert wurden. Gibt es Unterschiede? Welche?**
- **Diskutieren Sie Ihre Beobachtungen.**

Das vorläufige amtliche Endergebnis	Landtag 1988		
	Gesamt-Stimmen	Proz.	Sitze
Berechtigt ...	2042226		
Abgegeben ..	1580613	77,4	
Gültig	1576249		
SPD	857688	54,8	46
CDU	521014	33,3	27
FDP	69588	4,4	—
Grüne	44886	2,9	—
SSW	26646		1
Sonstige	46426	2,9	—

Landshuter Zeitung

NIEDERBAYERISCHES HEIMATBLATT FÜR STADT UND LAND · GEGRÜNDET 1849

Nummer 107 — Montag, 9. Mai 1988 – Bittag, Beatus, Beate, Theresia

Kiel: Absolute Mehrheit für SPD

Schwere Verluste für die CDU

Sozialdemokraten errangen 54,8 Prozent der Stimmen – CDU büßte 9,3 Prozent ein – FDP und Grüne verpaßten Einzug in Landtag von Schleswig-Holstein – Engholm neuer Regierungschef

Frankfurter Rundschau

Unabhängige Tageszeitung

Montag, 9. Mai 1988 · J...

Engholm gewinnt die absolute Mehrheit

FDP nicht mehr im Kieler Landtag

KIEL, 8. Mai (AP/FR). Bei der Landtagswahl in Schleswig-Holstein hat die SPD am Sonntag die absolute Mehrheit erobert. Die FDP wird nicht mehr im Landtag vertreten sein.

Acht Monate nach Bekanntwerden der Affäre um den früheren Ministerpräsidenten Uwe Barschel und dem Patt bei der Wahl im September vorigen Jahres holten die Sozialdemokraten nach den ersten Hochrechnungen am Sonntag 52 bis 53,8 Prozent der Stimmen und damit mindestens 43 der 76 Landtagsmandate. Ihr Spitzenkandidat Björn Engholm wird damit der erste SPD-Ministerpräsident des nördlichsten Bundeslands seit 38 Jahren.

Der CDU gaben die Hochrechnungen nach erdrutschartigen Verlusten nur noch 34,1 bis 36 Prozent nach 42,6 Prozent bei der letzten Wahl.

6

Romantisches Heidelberg

Heidelberg liegt am Neckar, etwa hundert Kilometer südlich von Frankfurt, und hat 130000 Einwohner.

Für die Touristen aus der ganzen Welt ist Heidelberg eine „heimliche Hauptstadt“: 3500000 Gäste pro Jahr besuchen die alte Stadt am Neckar. Die meisten Besucher kommen aus Amerika und Japan. Heidelberg ist für sie das Symbol für „Good Old Germany“. Man besucht das Schloß mit dem großen Weinfaß, die alte Brücke mit dem prächtigen Tor und die kleinen schiefen Häuser der Altstadt. Und man sucht nach dem Karzer (früher das „Gefängnis“ für Studenten) und den alten Studentenlokalen, um die berühmte romantische Atmosphäre zu finden.

Für die Studenten von heute ist das Leben weniger romantisch. 28000 studieren an der Universität, die über 600 Jahre alt ist.

Ü7 **Suchen Sie im Text Wörter, die zum „romantischen Heidelberg“ gehören.**

Welche anderen Wörter fallen Ihnen noch ein?

Ü8 **Im Text finden Sie viele Hinweise, die Genaueres über Heidelberg aussagen.**

Beispiele:

Heidelberg liegt am Neckar
→ ist .....
→ hat .....

In Heidelberg gibt es .....
→ kann man .....

7 Drei Tage in Heidelberg

Heidelberg-Arrangements

Für Einzelreisende:

3 Tage Heidelberg mit Herz

Standard: Unterbringung in Pensionen, Gasthöfen, kleineren Hotels, DM 159,–

Komfort: Unterbringung in Hotelzimmern mit Bad, DM 199,–

Sie erhalten Gutscheine für 2 Übernachtungen in Pensionen, Gasthöfen und kleineren Hotels, für die Stadtrundfahrt, für das Menü „Heidelberger Studentenliebe“ in einem typischen Heidelberger Restaurant, für „Alt-Heidelberg-Spezial“, das Lieblingsgericht eines Heidelberger Chefkochs, das in einem ausgesuchten Restaurant speziell für Sie zubereitet wird, für einen Museumspaß, einen Schiffsausflug nach Neckarsteinach, für eine 20%ige Ermäßigung auf die Vorstellungen der Städtischen Bühne Heidelberg und für eine Informationsmappe mit originellen Aufenthaltsvorschlägen. Voranmeldung erforderlich. Einzelzimmer-Zuschlag DM 10,– pro Übernachtung.

Ü9 **Suchen Sie Informationen zu den folgenden touristischen Fragen in diesem Angebot für Gäste:**

- **Was kosten „3 Tage Heidelberg“**
  a) in einfachen Hotels,
  b) in komfortablen Hotels?
- **Was kostet die Nacht im Einzelzimmer extra?**
- **Gibt es im Programm auch eine Stadtbesichtigung?**
- **Ist der Eintrittspreis für Museen im Arrangement enthalten?**
- **Bekommt man damit Theaterkarten billiger?**
- **Muß man sich rechtzeitig anmelden?**

Ein romantisches Lied

JOSEPH VIKTOR VON SCHEFFEL

Alt Heidelberg

Alt Heidelberg, du feine,
du Stadt an Ehren reich,
am Neckar und am Rheine
kein' andre kommt dir gleich.

Stadt fröhlicher Gesellen,
an Weisheit schwer und Wein,
klar ziehn des Stromes Wellen,
Blauäuglein blitzen drein.

Und kommt aus lindem Süden
der Frühling übers Land,
so webt er dir aus Blüten
ein schimmernd Brautgewand.

Auch mir stehst du geschrieben
ins Herz gleich einer Braut,
es klingt wie junges Lieben
dein Name mir so traut.

Und stechen mich die Dornen
und wird mir's drauß zu kahl,
geb ich dem Roß die Spornen
und reit ins Neckartal.

Alt(es) Heidelberg, du schöne, du berühmte Stadt, keine andere (Stadt) am Neckar und Rhein kann sich mit dir vergleichen.

Du Stadt voll fröhlicher Studenten, reich an Weisheit und Wein, im klaren Wasser des Flusses (Neckar) spiegeln sich blaue Mädchenaugen wie Blitze.

Und kommt aus dem warmen Süden der Frühling über das Land, dann macht er dir aus Blüten ein leuchtendweißes Brautkleid.

Auch in mein Herz bist du eingeschrieben wie eine Braut, wenn ich deinen Namen höre, fühle ich meine Liebe zu dir.

Und wenn das Leben für mich zu hart und leer wird, gebe ich meinem Pferd die Sporen und reite (zurück) ins Neckartal (nach Heidelberg, zu dir).

Joseph Viktor von Scheffel, 1826–1886, studierte in Heidelberg und wurde als Verfasser von Studentenliedern bekannt. Auch mit volkstümlichen Romanen hatte er großen Erfolg.

Ü 10 **Das Bild ist eine Illustration zum Theaterstück „Alt Heidelberg", das von der Liebe eines Prinzen zur Tochter eines Heidelberger Wirts handelt. Was geschieht auf dem Bild? Was sagt der Prinz, was die Tochter?**

Ü 11 **Scheffel stellt im Lied Heidelberg als seine „Geliebte" dar. Wie beschreibt er sie?**

Ü 12 **Wie wird im Gedicht die Atmosphäre von Heidelberg geschildert? Vergleichen Sie mit den Texten 22A 6–7.**

Ü 13 **In einem Buch steht, das Lied enthalte „... die Melodie der Sehnsucht ebenso wie die des Heimatstolzes". Stimmt das? Überprüfen Sie das am Text.**

9

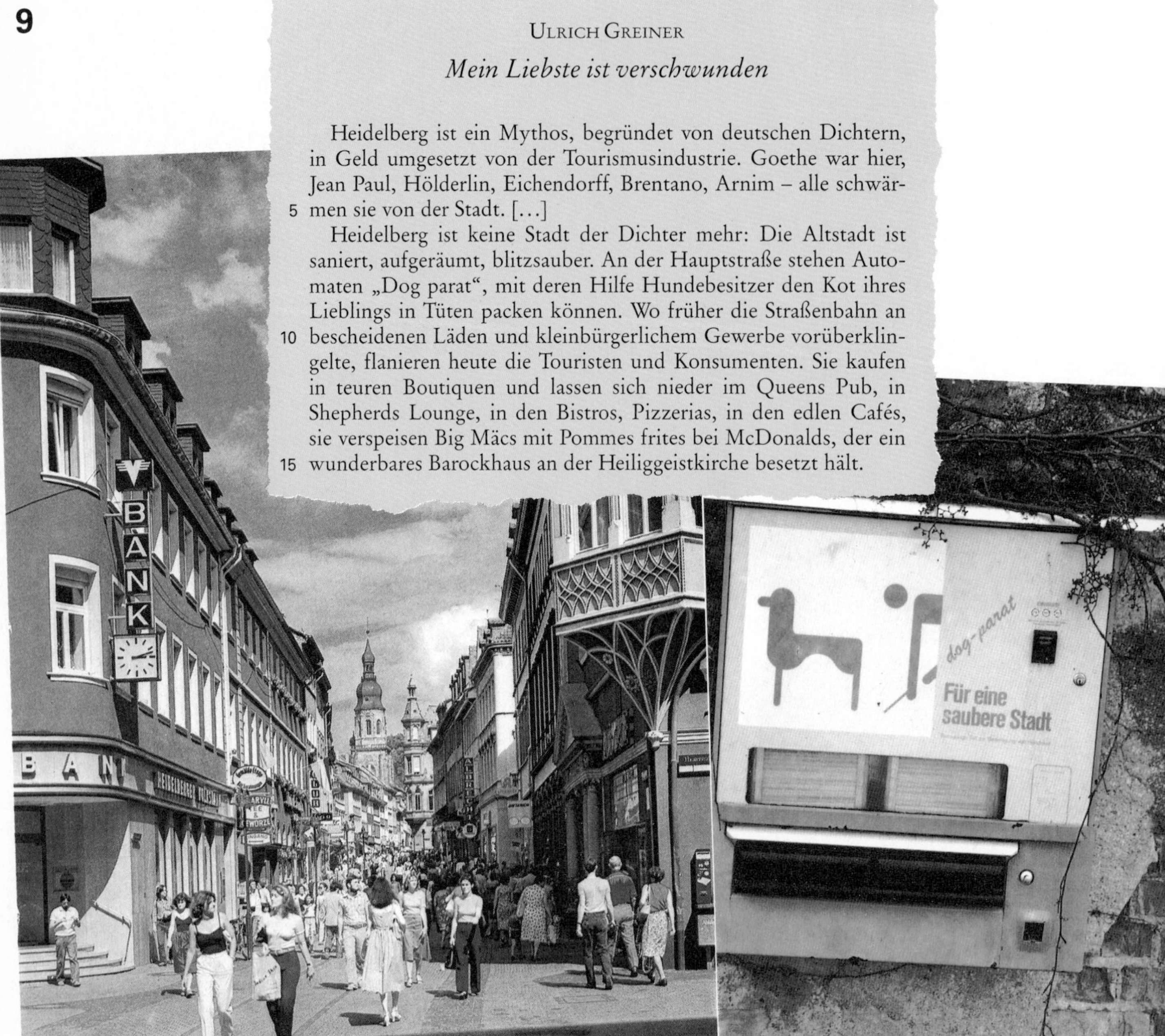

ULRICH GREINER

Mein Liebste ist verschwunden

Heidelberg ist ein Mythos, begründet von deutschen Dichtern, in Geld umgesetzt von der Tourismusindustrie. Goethe war hier, Jean Paul, Hölderlin, Eichendorff, Brentano, Arnim – alle schwärmen sie von der Stadt. […]

Heidelberg ist keine Stadt der Dichter mehr: Die Altstadt ist saniert, aufgeräumt, blitzsauber. An der Hauptstraße stehen Automaten „Dog parat“, mit deren Hilfe Hundebesitzer den Kot ihres Lieblings in Tüten packen können. Wo früher die Straßenbahn an bescheidenen Läden und kleinbürgerlichem Gewerbe vorüberklingelte, flanieren heute die Touristen und Konsumenten. Sie kaufen in teuren Boutiquen und lassen sich nieder im Queens Pub, in Shepherds Lounge, in den Bistros, Pizzerias, in den edlen Cafés, sie verspeisen Big Mäcs mit Pommes frites bei McDonalds, der ein wunderbares Barockhaus an der Heiliggeistkirche besetzt hält.

2 *ein Mythos:* eine Legende / Sage, an die man glaubt
begründet: begonnen, geschaffen
3 *in Geld umgesetzt:* für Geld verkauft
5 *schwärmen:* begeistert sein, besingen
7 *saniert, aufgeräumt:* renoviert/modernisiert und ordentlich
8 *Kot:* (hier) Hundedreck
10 *kleinbürgerliches Gewerbe:* Werkstätten und Läden von Schuhmachern, Bäckern, Metzgern usw.
11 *flanieren:* spazieren(gehen)
12 *lassen sich nieder:* setzen sich gemütlich hin
14 *verspeisen:* essen
15 *Barockhaus:* Haus aus der Barockzeit (ca. 1600–1750)
besetzt hält: fest im Besitz hat

Ü 14 Der Autor des Textes beschreibt kritisch die Veränderung der Stadt durch den Tourismus:
– Was war Heidelberg früher?
– Was hat sich verändert (Häuser, Straßen, Verkehr, Geschäfte, Gasthäuser)?

Ü 15 Berichten Sie: Kennen Sie weitere Beispiele dafür, wie durch den Tourismus eine Stadt, eine Landschaft, ein Land verändert worden ist?
Was hat sich dabei ganz besonders verändert – die Menschen, die Arbeit, die Städte und Dörfer, die Natur?

EURO - COMBI
Aktiv-Schaum
Qualitätswäsche
Unterboden-Wäsche
1. Wagen mittig vor die Maschine fahren
2. Bei Radanschlag Handbremse fest anziehen
3. Türen und Fenster schließen, Antenne einschieben, etc.
4. Lochkarte eingeben und Taste drücken
5. Bei Ende des Waschprogrammes Wagen aus Halle fahren
FANAL
Kasse
Benzin bleifrei
Betrag 020,19 DM
Abgabe 021,05 Liter
Preis/L 095,9 Pf 3
FANAL

Ü 1 Welche Äußerungen gehören zusammen? – Machen Sie Dialoge und spielen Sie diese.

Ja, kann ich auch mit Scheck bezahlen?

Wieso? Da steht doch nur "Fenster und Türen schließen"!

Schon wieder?! Der braucht ja dann einen Liter auf 500 km!

Ein Liter Öl fehlt.

Haben Sie denn das Schild nicht gelesen?

Sowas habe ich ja noch nie erlebt!

Der Wagen ist alt das ist normal

58 Mark 20, bitte. Brauchen Sie eine Quittung?

Was habe ich denn falsch gemacht?

Zwischen den Flüssen Lech und Rhein wohnen die *Schwaben.* Sie sind als besonders tüchtige und sparsame Leute bekannt. In den vielen Erzählungen von den „Sieben Schwaben", wie sie z.B. in der Sammlung der Gebrüder Grimm (Anfang des 19. Jahrhunderts) zu finden sind, werden sie jedoch als ängstlich, angeberisch und dumm verspottet.

Die sieben Schwaben.

Einmal kamen die sieben Schwaben zusammen. Der erste war der Herr Schulz, der zweite der Jackli, der dritte der Marli, der vierte der Jergli, der fünfte der Michal, der sechste der Hans, der siebente der Veitli. Sie wollten durch die Welt wandern und große Abenteuer erleben! Damit sie aber gut bewaffnet waren, ließen sie sich einen langen, starken Spieß machen. An dem hielten sich alle sieben fest. Vorne

ging der tapferste, das war der Herr Schulz; ihm folgten die anderen der Reihe nach und ganz hinten kam der Veitli.

So marschierten sie in die Welt hinaus. Es war Frühsommer, die Vögel sangen, und die Bauern machten Heu auf den Wiesen.

Eines Tages waren sie einen weiten Weg gegangen. Es war Abend, und sie sahen in der Ferne schon das Dorf, in dem sie übernachten wollten.

Da kam plötzlich hinter einem Busch eine große Hornisse hervor; sie flog an ihnen vorbei und brummelte ganz feindlich. Der Herr Schulz erschrak sehr: „Hört! Hört!", rief er, „ich höre eine Trommel!" Der Schweiß brach ihm am ganzen Leib aus. Der Jackli, der hinter ihm ging und den Spieß hielt, schrie: „Und ich kann schon das Pulver riechen." Da ließ derHerr Schulz den Spieß fallen, rannte davon und sprang über einen Zaun. Da lag ein Rechen. Der Herr Schulz sprang auf den Rechen, und der Rechenstiel schlug ihm fürchterlich ins Gesicht.

Da ging der Herr Schulz in die Knie, hielt sich die Augen zu und schrie: „Ich ergebe mich, ich ergebe mich! Nehmt mich gefangen!" Die anderen sechs warfen auch sofort den Spieß weg und riefen: „Wir auch! Wir auch! Wir auch!"

Endlich, als sie merkten, daß gar kein Feind da war, der sie fangen wollte, suchten sie ihren Spieß wieder und schämten sich sehr. Und damit sie von den Leuten nicht ausgelacht würden, versprachen sie einander: „Keiner erzählt etwas davon!" Aber die Leute erfuhren es doch und lachten wieder einmal über einen „Schwabenstreich".

7 *der Spieß:* ; 19 *die Hornisse:* eine sehr große Wespe (Insekt), die stechen kann; *brummeln:* brummen; 21 *die Trommel:*
21 *Der Schweiß brach ihm ... aus:* er schwitzte plötzlich sehr; 26 *der Rechen:* ; 28 *fürchterlich:* sehr stark, schlimm

Ü1 Versuchen Sie, die Geschichte mit Ihren eigenen Worten zu erzählen:

- **Wann und wo spielt sie?**
- **Was passiert zuerst?**
- **Was tut Herr Schulz, was tun die anderen?**
- **Wie geht die Geschichte aus?**

Ü2 Vielleicht gibt es eine ähnliche Gruppe von Menschen in Ihrem Land, von der auch dumme „Streiche" erzählt werden. Können Sie den anderen eine solche Geschichte erzählen?

Funktionsverb-Gefüge

Die „Wickert-Institute" **haben** in einer Umfrage **die Frage gestellt,** was die Deutschen von ihren Volksvertretern halten. Das Ergebnis dieser Umfrage **fand große Beachtung**: Die meisten haben gar kein oder nur wenig Vertrauen zu den Politikern. Folgende Kritikpunkte **wurden zur Sprache gebracht**: Politiker geben nie Fehler zu und sind unaufrichtig.
In der Umfrage eines Mannheimer Instituts **stand** die Zufriedenheit mit den demokratischen Verhältnissen in der Bundesrepublik **zur Diskussion.** 79 Prozent der Befragten **gaben zur Antwort,** daß sie mit dem politischen System zufrieden sind.

FUNKTIONSVERB ← stellen → **VOLLVERB**

die Vase auf den Tisch stellen

„fragen" ← verschiedene Bedeutungen → „stellen"

Funktionsverb-Gefüge			Bedeutung
(große) Beachtung	finden	=	(sehr) beachtet werden
Anerkennung	finden	=	anerkannt werden
zur Sprache	bringen	=	nennen, besprechen
zum Halten	bringen	=	anhalten
zur Sprache	kommen	=	genannt, besprochen werden
zum Halten	kommen	=	halten (stehenbleiben)
zur Diskussion	stehen	=	diskutiert werden (können)
in Rechnung	stellen	=	berechnen
(zur) Antwort	geben	=	antworten
den Rat	geben	=	raten
das Versprechen	geben	=	versprechen
Abschied	nehmen	=	sich verabschieden
eine Entwicklung	nehmen	=	sich entwickeln
in Kenntnis	setzen	=	informieren
sich in Bewegung	setzen	=	sich zu bewegen beginnen
Vorbereitungen	treffen	=	vorbereiten
eine Vereinbarung	treffen	=	vereinbaren

Ü 1

2 Nebensätze mit „ohne daß / ohne ..... zu" → 12B

2.1

Die Politiker verlieren an Vertrauen, **ohne daß** die Zufriedenheit mit den demokratischen Verhältnissen in der Bundesrepublik abgenommen hat.

HAUPTSATZ , NEBENSATZ .

Das bedeutet:
Die Politiker verlieren an Vertrauen , **(aber) gleichzeitig** hat die Zufriedenheit ..... **nicht** abgenommen.

2.2

a. Man kann sagen , **ohne daß** man allzusehr übertreibt: „Die Zufriedenheit ..... ist sehr groß."

GLEICHES SUBJEKT

b. Man kann sagen , **ohne** allzusehr **zu übertreiben:** „....."

HAUPTSATZ , NEBENSATZ .

Ü2–3

3 Nebensätze mit „anstatt daß / anstatt ..... zu" → 12B

a. **Anstatt daß** sie zur Sache kommen , reden Politiker immer um den heißen Brei herum.

GLEICHES SUBJEKT

b. **Anstatt** zur Sache **zu kommen** , reden Politiker immer um den heißen Brei herum.

NEBENSATZ , HAUPTSATZ .

Das bedeutet:
Politiker kommen **nicht** zur Sache , **sondern** reden (**statt dessen**) immer um den heißen Brei herum.

Ü4

4 Attribute II → 21B4

Acht Monate nach dem Patt bei der Landtagswahl im September vorigen Jahres ...
... nach dem Patt bei der Landtagswahl im September vorigen Jahres ...
... bei der Landtagswahl im September vorigen Jahres ...
... im September vorigen Jahres ...
... vorigen Jahres ...

Acht Monate nach dem Patt bei der Landtagswahl im September vorigen Jahres wird in Schleswig-Holstein am Sonntag wieder ein neues Landesparlament gewählt.

Ü5

Erich Kästner

Sachliche Romanze

Als sie einander acht Jahre kannten
(Und man darf sagen: sie kannten sich gut),
Kam ihre Liebe plötzlich abhanden.
Wie andern Leuten ein Stock oder Hut.

Reziproke Verben → 14B4 5

5.1

a. Sie (kannten) ein/ander acht Jahre.

Das bedeutet: Eine(r) kannte den/die andere(n) acht Jahre.

b. Sie (kannten) sich gut.

Das bedeutet: Er kannte sie gut, und sie kannte ihn gut.

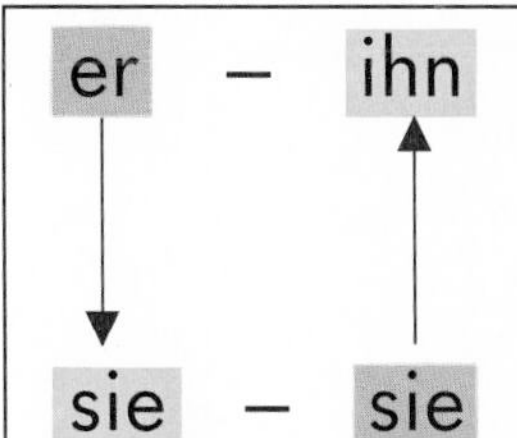

5.2

a. Sie (waren) ein/ander vor acht Jahren (begegnet).

Das bedeutet: Eine(r) war dem/der anderen vor acht Jahren begegnet.

b. Sie (waren) sich vor acht Jahren (begegnet).

Das bedeutet: Er war ihr / Sie war ihm } vor acht Jahren begegnet.

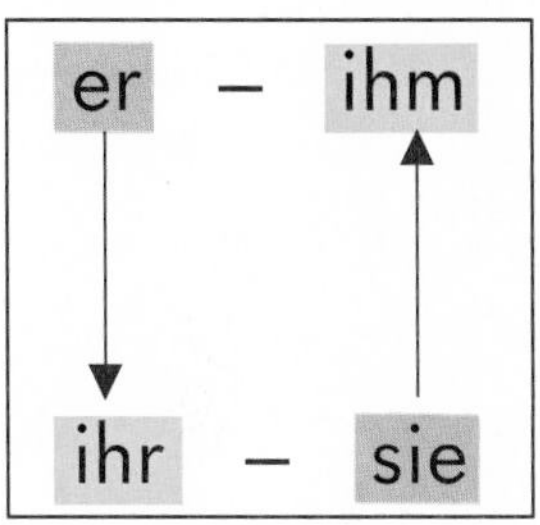

5.3 Sie (unterhielten) sich nicht mehr mit/ein/ander

Das bedeutet: Er unterhielt sich nicht mehr mit ihr, und sie unterhielt sich nicht mehr mit ihm.

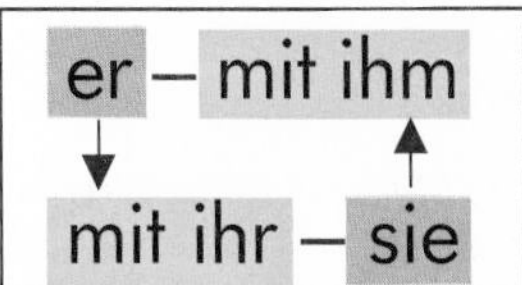

5.4 Reziproke Verben

mit Akkusativergänzung	mit Dativergänzung	mit Präpositionalergänzung
sich lieben / **einander** lieben **sich** hassen / **einander** hassen **sich** küssen / **einander** küssen **sich** verstehen / **einander** verstehen **sich** besuchen / **einander** besuchen	**sich** helfen / **einander** helfen **sich** begegnen / **einander** begegnen	**sich** unterhalten / **sich *mit*einander** unterhalten **sich** (***mit*einander**) streiten **sich** einigen / **sich *mit*einander** einigen **sich** trennen / **sich *von*einander** trennen

Ü 6

Ü 1 Sagen Sie das anders: Gebrauchen Sie anstatt der „Funktionsverb-Gefüge" passende Verben.

Beispiel: Die Wickert-Institute *haben die Frage gestellt* .....
Die Wickert-Institute **haben gefragt** .....
Das Ergebnis dieser Umfrage *fand große Beachtung.*
Das Ergebnis dieser Umfrage **wurde sehr beachtet.**

Aufgaben:
1. Das Ergebnis dieser Umfrage *fand große Beachtung.* 2. Folgende Kritikpunkte *wurden zur Sprache gebracht:* ..... 3. Die Zufriedenheit mit den demokratischen Verhältnissen *stand zur Diskussion.* 4. 79% der Befragten *gaben zur Antwort,* daß sie mit dem politischen System zufrieden sind. 5. Gorbatschows Bemühungen um Abrüstung *fanden* auch in den USA *Anerkennung.* 6. Das Flugzeug ist erst kurz vor Ende der Landebahn *zum Halten gekommen.* 7. Für die Reparatur meines Autos *hat* mir die Werkstatt über 800 Mark *in Rechnung gestellt;* deshalb *gebe* ich dir *den guten Rat:* Such' dir eine andere Werkstatt! 8. Ich *gebe* dir *mein Versprechen,* dir immer die Wahrheit zu sagen. 9. Die politischen Beziehungen zwischen den USA und der UdSSR *nehmen* zur Zeit *eine gute Entwicklung.* 10. Langsam *hat* sich der Zug *in Bewegung gesetzt.* 11. Die beiden Regierungen *haben folgende Vereinbarungen getroffen:* .....

Ü 2 Drücken Sie den Inhalt der folgenden Aussagen mit zwei Hauptsätzen aus.

Beispiel: Die Politiker verlieren an Vertrauen, ohne daß die Zufriedenheit mit den demokratischen Verhältnissen abgenommen hat.
Die Politiker verlieren an Vertrauen, aber gleichzeitig hat die Zufriedenheit mit den demokratischen Verhältnissen nicht abgenommen.

Aufgaben:
1. Es werden immer mehr Autos produziert, ohne daß die Zahl der Arbeitsplätze dadurch zunimmt. 2. Die Probleme der armen Länder in Afrika werden immer größer, ohne daß die Industrieländer zu wirksamer Hilfe bereit sind. 3. Im Ruhrgebiet gehen immer mehr Arbeitsplätze in der Stahlindustrie verloren, ohne daß bis jetzt genug neue Arbeitsplätze in anderen Wirtschaftszweigen geschaffen wurden. 4. Viele Ausländer werden zu Fremden im eigenen Land, ohne daß sie in der Bundesrepublik heimisch werden. 5. Der „Taugenichts" zog aus seinem Dorf hinaus in die Welt, ohne daß seine Bekannten und Kameraden das bemerkten.

Ü 3 Gebrauchen Sie Infinitivsätze mit „ohne zu ...".

Beispiel: Man kann sagen, ohne daß man allzusehr übertreibt: .....
Man kann sagen, ohne allzusehr zu übertreiben: .....

Aufgaben:
1. Warum hast du das getan, ohne daß du mich vorher gefragt hast? 2. Ich habe ihn wohl beleidigt, ohne daß ich es wollte. 3. Wieso hast du so viele Leute eingeladen, ohne daß du mir etwas davon gesagt hast? 4. Ich fahre niemals in ein anderes Land, ohne daß ich mich vorher darüber informiert habe. 5. Ein kleines Mädchen stürzte aus einem Mehrfamilienhaus, ohne daß es sich dabei verletzte. 6. Ein siebenjähriger Junge schlief mehrere Stunden lang in einem Schneehaufen, ohne daß er eine Unterkühlung erlitt.

Ü 4 Gebrauchen Sie „anstatt daß" und/oder „anstatt zu ...".

Beispiel: Politiker kommen *nicht* zur Sache, sondern reden immer um den heißen Brei herum.
a) Anstatt daß sie zur Sache kommen, reden Politiker immer um den heißen Brei herum.
b) Anstatt zur Sache zu kommen, reden Politiker immer um den heißen Brei herum.

Aufgaben:
1. Politiker sollten nicht so viel reden, sondern lieber handeln. 2. Anke wollte nicht dauernd Haare waschen, sondern lieber an der Werkbank stehen und Maschinenteile fertigen. 3. Manche jungen Leute erlernen keinen Beruf, sondern wollen als Hilfsarbeiter sofort Geld verdienen. 4. Gerlinde Geffers arbeitete nicht als Lehrerin, sondern sie wollte es noch einmal „mit Medien" versuchen. 5. Du solltest nicht immer auf fremde Hilfe warten, sondern solltest dir selber helfen. 6. Manche Lehrer gehen nicht auf die Fragen der Schüler ein, sondern lesen den ganzen Unterrichtsstoff vom Blatt ab.

Ü 5 Reziproke oder reflexive Verben? Machen Sie die Probe.

Beispiel: Fritz und Petra **lieben sich:** Er liebt sie, und sie liebt ihn; sie lieben einander = REZIPROK
Fritz und Petra **bedanken sich** bei Meiers: Fritz bedankt sich bei Meiers, und Petra bedankt sich bei Meiers. = REFLEXIV

Aufgaben:
1. Die drei Gehenden **nannten sich** Abel, Babel und Cabel, und während sie gingen, **sprachen sie miteinander.** 2. Sie gingen und **sahen sich um** und sahen, was **sich zeigte.** 3. Da sie **sich ähnelten** (= ähnlich waren), wurden sie für Brüder gehalten. 4. Sie waren aber nur Männer, die gingen gingen gingen, nachdem sie **sich** zufällig **begegnet waren.** 5. Warum **streitet** ihr **euch** denn? – Wir **streiten uns** ja gar nicht, wir diskutieren nur miteinander. 6. Nach den Wahlen **haben sich** die Mehrheitsverhältnisse im Landtag **geändert.** 7. Die Sozialdemokraten **haben sich** auf über 50% **verbessert,** die Christdemokraten **haben sich verschlechtert.** 8. Christdemokraten und Freidemokraten, die eine Koalition bilden wollten, **haben sich getrennt.**

Ansichten/Meinungen ausdrücken 6

– **Ich glaube**, daß Affären und Skandale Einzelfälle in der Politik sind.
– Ob man Politikern vertrauen kann? **Ich würde sagen**, nein.
– Politiker sind **wohl** sehr abhängig von anderen Leuten in ihrer Partei.
– Nach dem jüngsten Skandal **scheint** es **doch** so, daß Politik und Ehrlichkeit nicht zusammenpassen.

Ich würde sagen, daß man Politikern nicht vertrauen kann.
Ich finde, daß Politik und Ehrlichkeit nicht zusammenpassen.
Ich glaube, } daß Politiker sehr abhängig von anderen Leuten in ihrer
Ich denke, } Partei sind.

Ich bin / Wir sind der Ansicht, daß .....
Ich bin / Wir sind der Meinung, daß .....
Ich habe / Wir haben den Eindruck, ...
Ich habe das Gefühl, ...
Mir / Uns scheint, daß .....
Meiner / Unserer Ansicht/Meinung nach kann man .....

Ü 6 **Ergänzen Sie diese Liste von Ausdrücken um weitere Beispiele.**

Zusammengesetzte Adjektive 7

7.1 -artig

Der CDU gaben die Hochrechnungen nach **erdrutschartigen** Verlusten nur noch 34,1 bis 36 Prozent.

= Verluste in der Art eines Erdrutsches
Verluste, die mit einem Erdrutsch zu vergleichen sind
Verluste, die einem Erdrutsch ähnlich sind

Ü 7 **Ordnen Sie zu:**

1. affenartig
2. katzenartig
3. orkanartig
4. panikartig
5. schlangenartig

a) Bewegungen (3×)
b) Flucht
c) Stürme/Sturm

7.2 -(un)fähig

Nachdem die Mehrheitsverhältnisse den Kieler Landtag praktisch **handlungs*un*fähig** gemacht hatten .....

= zum Handeln / zu Handlungen unfähig gemacht hatten,
in die Lage versetzt hatten, nicht (mehr) handeln zu können

Ü8 Ordnen Sie den folgenden Adjektiven je einen der Beispielsätze a) bis l) zu.

1. arbeits(un)fähig – 2. aufnahmefähig – 3. bewegungs(un)fähig – 4. entwicklungs(un)fähig – 5. gehfähig – 6. heirats(un)fähig – 7. leistungs(un)fähig – 8. lern(un)fähig – 9. regierungs(un)fähig – 10. urteilsfähig – 11. widerstandsfähig – 12. zahlungs(un)fähig

a) Er/sie hat die Fähigkeit, die Lage immer richtig zu beurteilen.
b) Die Industrie dieses Landes wäre in der Lage, gute wirtschaftliche Leistungen zu erzielen.
c) Es fehlt ihm/ihr das nötige Geld zur Bezahlung ihrer Schulden.
d) Sind die Länder dieses Kontinents noch in der Lage, sich weiterzuentwickeln?
e) Er/sie konnte wegen Krankheit nicht arbeiten.
f) Die Frage ist, ob er/sie die Kraft hat, mit diesem üblen Klima fertigzuwerden.
g) Um eine Regierung zu bilden, haben diese Parteien nicht die nötigen Stimmen.
h) Nachdem er/sie mehrere Stunden aufmerksam zugehört hatte, konnte er/sie nichts mehr verstehen.
i) Er/sie ist alt genug, um eine Ehe zu schließen.
j) Die Leistungen/Noten dieses Schülers sind zwar schwach, aber das Kind ist nicht dumm.
k) Nach diesem Schreck konnte er/sie sich nicht mehr von der Stelle bewegen.
l) Nachdem er/sie lange Zeit nicht (mehr) gehen konnte, kann er/sie jetzt endlich wieder ein paar Schritte machen.

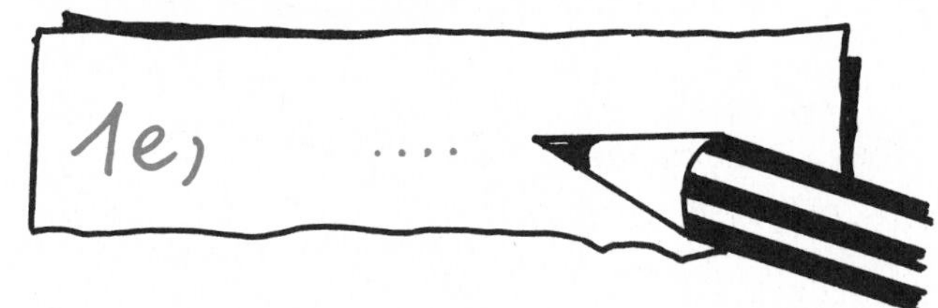

8 un- = „nicht/ohne"

– Politiker sind **un**aufrichtig. (= nicht aufrichtig)
– Der Ministerpräsident benutzte **un**saubere Methoden.
– Die Mehrheitsverhältnisse hatten den Landtag praktisch handlungs**un**fähig gemacht.

Ü9 In *Deutsch aktiv Neu 1A/1B* kommen unter anderem die folgenden Ajektive/Adverbien und Substantive mit *un-* vor:

un-: angenehm, auffällig, bekannt, bemerkt, berechenbar, bestimmt, demokratisch, erwartet, freundlich, gebügelt, gemütlich, Gerechtigkeit, günstig, höflich, kompliziert, kultiviert, möglich, persönlich, regelmäßig, schön, Sinn

– Schreiben Sie diese Wörter mit *un-* auf.
– Suchen Sie zu möglichst vielen einen passenden Beispielsatz.
– Erklären Sie die Bedeutung der Wörter mit *un-*.
– Suchen Sie weitere Adjektive, Adverbien und Substantive mit *un-*.

DIE HEIDE

1 Massentourismus

Die Zahl der Touristen ist zwischen 1950 und 1982 weltweit von 25 Millionen auf 3 Milliarden Reisende pro Jahr gestiegen. Etwa 50% der Reisen führen in westeuropäische Länder. Ein hoher Lebensstandard (gutes Einkommen, viel Urlaub) ist die wichtigste Voraussetzung für diesen Massentourismus.

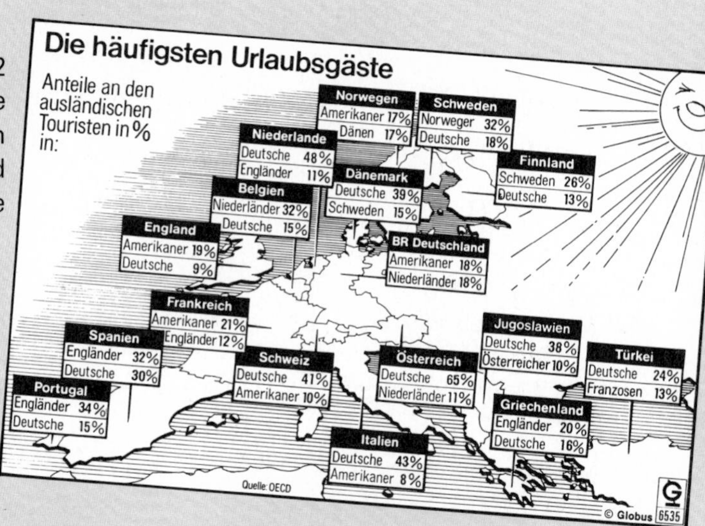

Ü 1 Werten Sie die Graphik „Touristen in Europa" aus:

- **In welchen Ländern ist der Anteil der deutschen Touristen prozentual am höchsten?**
- **Können Sie sich denken, warum? (Klima, Kosten, Gastronomie, Landschaft .....)**

2 Dieselbe Meldung – zwei Zeitungen

①

Die Deutschen sind ganz verrückt aufs Reisen

Berlin (dpa). Die Reiselust der Bundesbürger ist im vergangenen Jahr geradezu sprunghaft gestiegen. Der Trend zum Urlaub im Ausland wird immer stärker. Der Anteil der Personen, die wenigstens eine Urlaubsreise von mindestens fünf Tagen Dauer gemacht haben, liegt in der Bevölkerung (über 14 Jahre) der Bundesrepublik nun bei 64,6 Prozent, 1986 waren es 57,0 Prozent.

Dies geht aus der „Reiseanalyse 1987" des Studienkreises für Tourismus (Starnberg) hervor, die sich auf über 6000 Interviews stützt und gestern auf der Internationalen Tourismus-Börse in Berlin vorgelegt wurde. Das heißt: 1987 waren 31,1 Millionen Bundesbürger verreist, ein Jahr zuvor waren es 27,5 Millionen.

Immer mehr Leute leisten es sich auch, mehrmals im Jahr zu verreisen. 3,8 Millionen Bundesbürger verreisten zweimal, 1,4 Millionen sogar dreimal, heißt es in der Analyse. Die Gesamtzahl aller Urlaubsreisen von Bundesbürgern kletterte um 5,3 Millionen auf 37,7 Millionen. Dabei ist die Bundesrepublik als Urlaubsziel nach wie vor am beliebtesten, verlor 1987 aber weitere Anteile an ausländische Urlaubsgebiete. 30,9 Prozent machten im eigenen Land Urlaub. 1986 waren es immerhin noch 34,4 Prozent der Urlauber.

Bei den ausländischen Ferienzielen liegt nach Angaben des Studienkreises wieder Italien auf dem ersten Platz. Hierhin wurden 12,3 Prozent (4,7 Millionen) der Urlaubsreisen gemacht. Dahinter folgen Spanien (12,3/4,6) und Österreich (10,7/4,0). Die weiteren Plätze: Frankreich (5,9/2,2), Jugoslawien (4,6/1,7), Griechenland (3,2/1,2), Schweiz (2,5/1,0), Niederlande (2,1/0,8) und Dänemark (1,5/0,6).

Die Befragung ergab auch, daß im Januar 1988 das Interesse der Bundesbürger an Urlaubsreisen im laufenden Jahr (im Vergleich zum Vorjahreszeitraum) leicht gestiegen ist. Die Zahl derjenigen, die mit mehr oder weniger großer Sicherheit in den Urlaub reisen werden, stieg um eine Million.

Im Jahr 1987 haben die Deutschen für Reisen ins Ausland 46 Milliarden Mark ausgegeben. Die *Deutsche Presse-Agentur (dpa)* hatte am 8. März 1988 einen Bericht über die „Reiseanalyse 1988" des Starnberger Studienkreises für Tourismus herausgegeben. Am folgenden Tag verarbeiteten fast alle deutschen Tageszeitungen diese dpa-Meldung in eigenen Artikeln.

Hier sind zwei ganz unterschiedlich lange Artikel zu diesem Thema.

B1–2

②

Immer mehr verreisen

Bayern bei uns vorn, Italien im Ausland

Immer mehr Deutsche leisten sich eine Urlaubsreise: Im vergangenen Jahr waren mit 31,1 Mio. Bundesbürgern über 3,5 Mio. mehr auf Ferientour als im Jahr zuvor. Das ergaben Berechnungen des Studienkreises für Touristik (Starnberg). 3,8 Millionen gönnten sich eine zweite Reise, dreimal in Urlaub fuhren sogar 1,4 Millionen. Ausländische Reiseziele gewinnen wieder an Bedeutung: Im vergangenen Jahr war Italien vor Spanien das begehrteste Urlaubsland. In der Bundesrepublik ist weiter Bayern am beliebtesten.

Ü2 **Vergleichen Sie die Überschriften der beiden Artikel: Welche Informationen hebt der kürzere Bericht hervor, was betont der längere?**

Ü3 **Untersuchen Sie die beiden Artikel mit Hilfe der folgenden Fragen genauer:**

1. Wie viele Deutsche sind 1986 bzw. 1987 ins Ausland gereist?
2. Wie war die Mindestreisedauer?
3. Wie viele Leute haben eine zweite / eine dritte Reise gemacht?
4. In welchem Artikel findet man genauere Informationen über „die Deutschen"?
5. Woher stammen die Informationen, die beide Artikel verarbeiten?
6. Wie viele Deutsche wurden zum Thema „Reiselust" interviewt?
7. Welche Länder sind bei den Deutschen als Reiseziele am beliebtesten? Wie genau sind dazu die Angaben in beiden Zeitungen?
8. Wie ist die Prognose für den Tourismus im Jahre 1988?
9. Wie wird die Information der dpa-Meldung kommentiert?

Interview mit einem Tourismus-Experten 3

Herr Schanz, Mitinhaber eines großen Reisebüros in Gütersloh, beobachtet die Reisegewohnheiten und -wünsche der Deutschen seit Jahren.
Im Interview gibt er Auskunft zu

- den Reisegewohnheiten seiner Kunden;
- Veränderungen, die er in der letzten Zeit gegenüber früheren Jahren feststellen konnte;
- Angaben des Studienkreises für Tourismus in der „Reiseanalyse 1987";
- Unterschieden in den Reisegewohnheiten verschiedener Personengruppen (ältere und jüngere Menschen; Frauen und Männer);
- beliebten Reisezielen seiner Kunden für ihren Urlaub;
- Ausgaben seiner Kunden für Reisen und Urlaub;
- Entwicklungen, die er für die Zukunft bei den Reisegewohnheiten und den Reisewünschen der Deutschen erwartet.

Ü4 **Hören Sie das Interview mit Herrn Schanz mehrmals Abschnitt für Abschnitt. Notieren Sie dabei Stichwörter.**

Ü5 **Geben Sie die wichtigsten Aussagen von Herrn Schanz mit eigenen Worten wieder. Sie können das auch in Form einer kurzen Zeitungsmeldung mit Schlagzeile machen.**

4

Kurt Tucholsky

Die Kunst, falsch zu reisen

Wenn du reisen willst, verlange von der Gegend, in die du fährst, alles: schöne Natur, die Vorteile der Großstadt, billige Preise, Meer, Gebirge. Ist das nicht vorhanden, dann schimpfe!

Sei zu Mitreisenden unhöflich, daran erkennt man den „Mann“: Treibe die Deinen an alles heran, was im Reiseführer empfohlen wird, und lauf blind an allem anderen vorüber!

Plane deine Ausgaben, bevor du reist, und zwar auf den Pfennig genau, möglichst 100 Mark weniger – man kann das immer einsparen. Vergiß nie die Hauptregel jeder gesunden Reise: Ärgere dich! Sprich mit deiner Frau nur von den kleinen Sorgen des Alltags! Schreib überall Ansichtskarten: auf der Bahn, im Hotel, auf Bergeshöhen!

Eine richtige Sommerfrische besteht aus einer Anhäufung von Menschen, einem Weinrestaurant und einer Tanzbar. Besuche diese Örtlichkeiten des Frohsinns täglich und möglichst in kurzer Hose! Wenn du eintrittst, sprich laut und deutlich: „Na, elegant ist es hier gerade nicht!“ Wenn du dich amüsierst, dann lach, aber so laut, daß sich die anderen ärgern, die in ihrer Dummheit nicht wissen, worüber du lachst!

Bist du im Ausland und sprichst fremde Sprachen nicht sehr gut, dann schrei, man versteht dich dann besser!

Seid ihr mehrere Männer und habt zuviel getrunken, dann singt aus tiefster Brust, das hat die Natur gern!

Handle! Schimpfe! Lärme! Ärgere dich!

4 *Treibe die Deinen an alles heran ...:* Führe deine Familie mit Gewalt zu allem ...
5 *blind:* (hier) ohne bewußt zu schauen
9 *die Hauptregel:* das wichtigste Prinzip
12 *die Sommerfrische:* ein Ort, wo man sich im Sommer / im Urlaub gerne aufhält
13 *die Örtlichkeiten:* (hier) Gebäude, Einrichtungen
20 *aus tiefster Brust:* (hier) laut und begeistert

B3

*<u>Kurt Tucholsky</u>, *9. 1. 1890 in Berlin, † durch Selbstmord 21. 12. 1935 im schwedischen Exil. Pazifist und Kritiker seiner Zeit, der mit satirischer Prosa, Gedichten, Szenen und Chansons gegen Spießertum, Militarismus und Nationalismus ankämpfte. Seine Bücher wurden von den Nazis 1933 verbrannt.*

Ü6 Schreiben Sie selbst eine „Satire“ zu einem anderen Thema, z. B.:

- **Wenn du dich wirklich gut unterhalten willst, (dann) .....**
- **Wenn du deine Ruhe haben willst, (dann) .....**
- **Wenn du den Partner fürs Leben suchst, (dann) .....**
- **Wenn du ein fremdes Land richtig kennenlernen willst, (dann) .....**

5

Was machen Sie in Ihrer Freizeit?

Weniger Arbeit bedeutet oft mehr Freizeit, mehr Urlaub. Was machen die Leute eigentlich in ihrer Freizeit? Unser Reporter hat sich mit einigen Mitgliedern einer „Freizeit-Sportgruppe" in München unterhalten.

Ü7 Vier Mitglieder der Freizeit-Sportgruppe werden interviewt. Über sie erfährt man u.a. folgendes:

(1) Er ist Chemiker. In seiner Freizeit spielt er besonders gerne Squash. Er erklärt den anderen, wie man Squash spielt.

(2) Sie macht in ihrem Urlaub vor allem Bergtouren.

(3) Er arbeitet bei einer Versicherung. In seiner Freizeit besucht er ein „Fitness-Center".

(4) Sie ist Handarbeitslehrerin. Sie ist zum erstenmal in der Gruppe und sucht noch eine passende Sportart.

– Hören Sie nun das Interview von der Cassette. Wer sagt was? Ordnen Sie den Personen (A) – (D) die Kurztexte (1) – (4) zu:

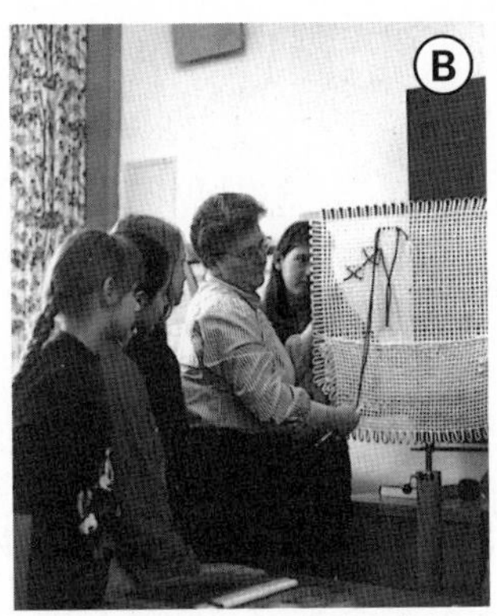

Ü8 – Was wird eigentlich in einer *Freizeit-Sportgruppe* gemacht?

Gymnastik, Boxen, Turnen, Volleyball, Reiten, Jogging, Fußball, Tischtennis, Schwimmen, Fitness-Training, Sqash, Schießen, Tennis, Radfahren, Langlauf, Leichtathletik ... ?

Volleyball

Freizeit-Sportgruppe

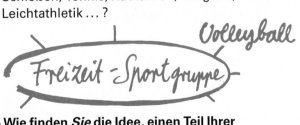

– Wie finden *Sie* die Idee, einen Teil Ihrer Freizeit in einer Freizeit-Sportgruppe zu verbringen?

Ü9 Was haben *Sie* gestern abend / am letzten Wochenende / im letzten Urlaub gemacht? Erzählen Sie.

Ü10 – Wie verbringen die Leute in Ihrem Land ihre Freizeit? Berichten Sie.

– Gibt es wichtige Unterschiede zwischen Ihrem Land und der Bundesrepublik im Freizeitverhalten? Diskutieren Sie.

6 LÜNEBURGER HEIDE

Die Lüneburger Heide – eine Landschaft aus Sand und Sumpf, Wiesen und Wäldern: herb und schön, voller Poesie, manchmal auch geheimnisvoll und etwas melancholisch.
Heute ist die Heide ein großer Naturschutzpark: mit kleinen Wäldern und stillen Mooren, mit seltenen Vögeln und Pflanzen, mit rosa Teppichen aus Heidekraut – und mit vielen Schafen, die dort „Heidschnucken" heißen.
Die Heide liegt zwischen Hannover und Hamburg.

Ü 11 **Charakterisieren Sie diese Landschaft:**

Goethe

Johann Wolfgang von Goethe wurde 1749 in Frankfurt/Main geboren. Mit 16 Jahren ging er an die Universität Leipzig, um Rechtswissenschaften zu studieren. 1768 kehrte er nach Frankfurt zurück. 1770–71 schloß er in Straßburg sein Jurastudium ab. Dort lernte er 1770 Friederike Brion kennen.
Goethe war nicht nur an Poesie, sondern auch an Kunst und Wissenschaften (Philosophie, Physik) und Magie interessiert. Neben vielen Gedichten schrieb er u.a. die Dramen Faust I und II sowie die Prosawerke Die Leiden des jungen Werthers, Wilhelm Meister, Dichtung und Wahrheit.

JOHANN WOLFGANG VON GOETHE

Heidenröslein

Sah ein Knab' ein Röslein stehn,
Röslein auf der Heiden,
War so jung und morgenschön,
Lief er schnell, es nah zu sehn,
Sah's mit vielen Freuden.
Röslein, Röslein, Röslein rot,
Röslein auf der Heiden.

Knabe sprach: Ich breche dich,
Röslein auf der Heiden!
Röslein sprach: Ich steche dich,
Daß du ewig denkst an mich,
Und ich will's nicht leiden.
Röslein, Röslein, Röslein rot,
Röslein auf der Heiden.

Und der wilde Knabe brach
's Röslein auf der Heiden;
Röslein wehrte sich und stach,
Half ihr doch kein Weh und Ach,
Mußt' es eben leiden.
Röslein, Röslein, Röslein rot,
Röslein auf der Heiden.

1 *Knab':* junger Mann; *Röslein:* junge Rose/junges Mädchen; 3 *morgenschön:* schön wie der Morgen; 4 *nah:* (hier) aus der Nähe; 12 *leiden:* zulassen, geschehen lassen; 18 *Weh und Ach:* (Ausruf bei Schmerz und Leid)

Vielleicht kennen Sie das „Heidenröslein" schon als romantisches Lied? Es ist als Lied sehr bekannt. Goethe hat es jedoch als Gedicht geschrieben, vermutlich im Sommer 1771. Damals war er 22 Jahre alt.

Ü 12 Wie stellen Sie sich den „Knaben" vor und wie das „Heidenröslein" (Aussehen, Verhalten)?

Viele Blumen haben symbolischen Charakter, besonders in der Dichtung.
Rote Rosen sind oft Zeichen der Liebe. Manchmal ist die Rose auch Symbol für ein junges, unschuldiges Mädchen.

Ü 13 Hören Sie erst das Gedicht, dann das Lied von der Cassette:

- **Was gefällt Ihnen besser? Warum?**
- **Wie finden Sie die Melodie? Paßt sie gut zum Gedicht? Gibt sie die Atmosphäre des Textes und das Verhältnis der beiden Personen treffend wieder?**

Friederike Brion

8

Johann Wolfgang von Goethe

Erlkönig

Wer reitet so spät durch Nacht und Wind?
Es ist der Vater mit seinem Kind;
Er hat den Knaben wohl in dem Arm,
Er faßt ihn sicher, er hält ihn warm. –

Mein Sohn, was birgst du so bang dein Gesicht? –
Siehst, Vater, du den Erlkönig nicht?
Den Erlenkönig mit Kron' und Schweif? –
Mein Sohn, es ist ein Nebelstreif. –

„Du liebes Kind, komm, geh mit mir!
Gar schöne Spiele spiel' ich mit dir;
Manch' bunte Blumen sind an dem Strand;
Meine Mutter hat manch' gülden Gewand."

Mein Vater, mein Vater, und hörest du nicht,
Was Erlenkönig mir leise verspricht? –
Sei ruhig, bleibe ruhig, mein Kind!
In dürren Blättern säuselt der Wind. –

„Willst, feiner Knabe, du mit mir gehn?
Meine Töchter sollen dich warten schön;
Meine Töchter führen den nächtlichen Reihn
Und wiegen und tanzen und singen dich ein."

Mein Vater, mein Vater, und siehst du nicht dort
Erlkönigs Töchter am düstern Ort? –
Mein Sohn, mein Sohn, ich seh' es genau;
Es scheinen die alten Weiden so grau. –

„Ich liebe dich, mich reizt deine schöne Gestalt;
Und bist du nicht willig, so brauch' ich Gewalt." –
Mein Vater, mein Vater, jetzt faßt er mich an!
Erlkönig hat mir ein Leids getan! –

Dem Vater grauset's, er reitet geschwind,
Er hält in den Armen das ächzende Kind,
Erreicht den Hof mit Mühe und Not;
In seinen Armen das Kind war tot.

1 *der Erlkönig:* Erlen und Weiden sind Bäume, die häufig am Wasser, an Bächen, auf feuchten Wiesen, im Moor wachsen; der Erlkönig ist ein Gespenst, ein König der Geister, dessen Land im Nebel zwischen Erlen ist
6 *was birgst du so bang dein Gesicht?:* warum versteckst du so ängstlich dein Gesicht?
8 *der Schweif:* Schwanz
9 *der Nebelstreif:* schmaler Nebelstreifen
13 *gülden:* aus Gold, golden
19 *sollen dich warten:* sollen dich pflegen
20 *Reihn:* Reigen, ein Tanz im Kreis
21 *Und wiegen und tanzen und singen dich ein:* Und schaukeln dich, tanzen und singen, bis du einschläfst
23 *düster:* dunkel, neblig, verschwommen
27 *so brauch' ich Gewalt:* dann wende ich Gewalt an
29 *hat mir ein Leids getan:* hat mir sehr weh getan
30 *Dem Vater grauset's:* Der Vater hat große Angst

Ü 14 Hören Sie zunächst das Gedicht von der Cassette

– Wie finden Sie die Atmosphäre?
– Was können Sie heraushören:

- Wie viele Personen gibt es im Gedicht?
- Was tun sie?
- Wo befinden sie sich?
- Welche Tageszeit wird im Gedicht genannt?

Ü 15 Lesen Sie das Gedicht mehrmals und machen Sie Notizen:

Strophe	Personen	Handlung: Was passiert? Wer spricht mit wem?	Atmosphäre: Naturbilder? Ortsangaben? Zeitangaben?
1	Vater, Kind	sie reiten, Vater hält Kind fest	Wind, Nacht, spät, sicher, warm
2	Erlkönig	Sohn versteckt Gesicht, Vater: „Angst?" Sohn: „Erlkönig!"	Nebelstreif, bang = ängstlich
3			

Ü 16 Im Gedicht wird eine Geschichte erzählt:

– Was denken Sie, was ist vorher passiert?
– Warum reitet der Vater noch so spät durch die Nacht?
– Woher kommt er? Wohin reitet er?

Die Geschichte im Gedicht:
– Er reitet spät am Abend durch das Moor; wie sieht die Landschaft aus?
– Wie geht es dem Kind? Hat es Fieber?
– Was sieht und hört der Sohn? Hört und sieht der Vater dasselbe wie der Sohn?

Ü 17 Wie ist das Gedicht aufgebaut?

– Wo spielen die erste und die letzte Strophe? Was passiert in diesen Strophen?
– Wie oft spricht der „Erlkönig" zum Sohn? Was tut der Sohn, wenn der „Erlkönig" zu ihm gesprochen hat? Wie reagiert der Vater auf das, was der Sohn zu ihm sagt?

Ü 18 Lesen Sie das Gedicht möglichst „dramatisch" mit verteilten Rollen: Erzähler (1. und letzte Strophe), Vater, Sohn, Erlkönig.

Ü 19 Vergleichen Sie das Foto von der Lüneburger Heide (S. 176) mit dem Gedicht.

- ● Haben Sie noch ein Einzelzimmer?
- ○ Haben Sie vorbestellt?
- ● Nein.
- ○ Einen Moment bitte ..... – für eine Nacht oder länger?
- ● Ich weiß noch nicht genau. Erstmal für eine Nacht.
- ○ Ja, da habe ich noch eins: Zimmer 139. Würden Sie bitte den Meldeschein ausfüllen?
- ● Ja, gern.
- ○ Sagen Sie, ist das Ihr Hund?
- ● Ja.
- ○ Wo wollen Sie den denn heute nacht lassen?
- ● Den nehme ich mit aufs Zimmer, der stört nicht.
- ○ Das ist aber bei uns nicht üblich!
- ● Damit habe ich aber noch nie Schwierigkeiten gehabt!
- ○ Äh ....., wir haben im Hof eine Hundehütte –
- ● Nein, da geht er nicht rein!
- ○ .....

Ü1 Wie ist das Gespräch wohl weitergegangen?

Ü2 Joan Cooper erzählt deutschen Freunden von der Übernachtung im Hotel. Was erzählt sie wohl?

Ü3 Joan Cooper führt auf deutsch Tagebuch. Was notiert sie wohl für den 22. August?

Joan Cooper ist weitergereist und macht jetzt für eine Woche Station bei Freunden (Familie Meyer, Kampstr. 42, 6480 Wächtersbach).
Sie stellt fest, daß ihr elektrischer Reisewecker fehlt. Sie hat ihn wahrscheinlich im Hotel „Hoberger Landhaus“ liegengelassen. Sie ruft im Hotel an. Der Herr am Telefon kann sich nicht an den Namen Cooper erinnern. Er fragt Joan, in welchem Zimmer sie übernachtet hat. Das weiß Joan nicht mehr; sie sagt ihm, daß sie die Frau mit dem Hund war. „Ach ja, natürlich!“ – der Herr erinnert sich jetzt und verspricht ihr, gleich nachzusehen, ob der Wecker gefunden worden ist. Er fragt, wohin der Wecker geschickt werden soll .....

Ü4 Schreiben Sie zusammen mit Ihrem Nachbarn / Ihrer Nachbarin das Telefongespräch als Dialog auf.

Ü5 Spielen Sie das Gespräch vor.

Konstruktion mit „sein zu .....“ 1

1.a. Die Reiselust der Deutschen **ist** nicht **zu bremsen**.	=	**1.b.** Die Reiselust der Deutschen **kann** nicht **gebremst werden**.
2.a. Sie **ist** z. T. dadurch **zu erklären**, daß Urlaub und Freizeit zugenommen haben.	=	**2.b.** Sie **kann** z. T. dadurch **erklärt werden**, daß Urlaub und Freizeit zugenommen haben.
3.a. Es **ist** aber auch **zu berücksichtigen**, daß die Einkommen gestiegen sind.	=	**3.b.** Es **muß** aber auch **berücksichtigt werden**, daß die Einkommen gestiegen sind.
4.a. Nicht **zu vergessen ist** auch, daß das Reiseangebot größer geworden ist.	=	**4.b.** Nicht **vergessen werden darf** auch, daß das Reiseangebot größer geworden ist.

sein + zu + **INFINITIV AKTIV** = können* / müssen* / nicht dürfen* } + **INFINITIV PASSIV**

***Die Wahl des Modalverbs ist vom Kontext abhängig.**

Ü 1

Konstruktion mit „haben zu .....“ → 12A2 2

Der Verkäufer **hat** eine neue Ware **zurückzunehmen**, wenn die Ware einen Fehler hat.	=	Der Verkäufer **muß** eine neue Ware **zurücknehmen**, wenn .....
Der Verkäufer **hat** dem Kunden einen Preisnachlaß **zu gewähren**, wenn der Kunde die fehlerhafte Ware behalten will.	=	Der Verkäufer **muß** dem Kunden einen Preisnachlaß **gewähren**, wenn .....
Das Geschäft **hat** die neue Ware kostenlos **zu reparieren**, wenn der Kunde damit einverstanden ist.	=	Das Geschäft **muß** die neue Ware kostenlos **reparieren**, wenn .....

haben + zu + **INFINITIV AKTIV** = müssen + **INFINTIV AKTIV**

Ü 2

3 Modalverben: Partizip II → 9B1–3

3.1 Modalverb = Vollverb → 6B2

1.	Ich	habe	die neuen Wörter nicht	**gekonnt.**
2.	Wir	haben	schon früh nach Hause	**gemußt.**
3.	Sie	haben	nicht allein ins Kino	**gedurft.**
4.	Sie	hat	das nicht	**gewollt.**
5.	Man	hat	uns nicht in Ruhe	**gelassen.**
6.	Er	hat	unsere Hilfe nicht	**gebraucht.**
		„haben"		**PARTIZIP II = Normalform**

3.2 Modalverb + Vollverb → 6B2

1.	Ich	habe	leider nicht alles	verstehen	**können.**
2.	Wir	haben	schon früh nach Hause	fahren	**müssen.**
3.	Sie	haben	nicht allein in Urlaub	fahren	**dürfen**
4.	Sie	hat	ihm nicht	weh tun	**wollen.**
5.	Man	hat	die Reisegewohnheiten	analysieren	**lassen.**
6.	Er	hat	uns nicht	zu helfen	**brauchen.**
		„haben"		**Vollverb +**	**PARTIZIP II = INFINITIV } Ersatzform**

Diese Formen sind relativ *selten*. Statt dessen wird das Präteritum verwendet, z. B.:
1. Ich **konnte** leider nicht alles **verstehen**.

3.3 Häufiger Gebrauch der Partizip II-Ersatzform

1.	Das	hätte	ich dir gleich	sagen	**können.**
	Du	hättest	ruhig auf mich	warten	**können.**
2.	Ihr	hättet	ja nicht	mitkommen	**müssen.**
	Das	hätte	ich eigentlich	wissen	**müssen.**
3.	Das	hättest	du nicht	tun	**dürfen.**
4.	–	–	–	–	–
5.	Ich	hätte	dich das bestimmt	wissen	**lassen.**
6.	Ihr	hättet	gar nicht so früh	zu kommen	**brauchen.**
7.	Ich	hätte	doch mit ins Theater	gehen	**sollen.**
	Du	hättest	ihn	ausreden lassen	**sollen.**
		KONJUNKTIV II (vom Plusquamperfekt)			

Ü3

Nebensätze ohne Konjunktion 4

4.1 Konditionalsätze → 12B1, 17B10

1.a. Ist das nicht vorhanden, dann schimpfe!
= (**Wenn** das nicht vorhanden ist, dann schimpfe!)

1.b. Bist du im Ausland und sprichst fremde Sprachen nicht sehr gut, dann .....
= (**Wenn** du im Ausland bist und fremde Sprachen nicht sehr gut sprichst, dann .....)

2. Hätte ich das Geld dafür, würde ich ausziehen.
= (**Wenn** ich das Geld dafür hätte, würde ich ausziehen.)

3. Wäre ich mit 17 ausgezogen, hätte es eine Auseinandersetzung gegeben.
= (**Wenn** ich mit 17 ausgezogen wäre, hätte es eine Auseinandersetzung gegeben.)

4.2 Konzessivsatz → 12B4

Sind die Äpfel **auch** noch grün, so pflückt Herr B. sie (dennoch).
(= **Obwohl** die Äpfel noch grün sind, pflückt Herr B. sie.)
(= Herr B. pflückt die Äpfel, **obwohl** sie noch grün sind.)

4.3 daß-Sätze → 9B4, 20B2

1. Herr A. glaubt, Neumanns sind in Urlaub.
(= Herr A. glaubt, **daß** Neumanns in Urlaub sind.)

2. Der Bundespräsident hat gesagt, es gehe um neue Arbeitsplätze.
(= Der Bundespräsident hat gesagt, **daß** es um neue Arbeitsplätze gehe.)

Ü 4–5

Ü1 Sagen Sie das anders: Gebrauchen Sie ein passendes Modalverb.

Beispiel: Die Reiselust der Deutschen ist nicht zu bremsen.
Die Reiselust der Deutschen kann nicht gebremst werden.

Aufgaben:
1. Bei Buchung einer Reise sind 10% des Reisepreises zu bezahlen. 2. Dieses Hotel ist nicht zu empfehlen, es liegt direkt an der Hauptstraße. 3. Das Visum ist spätestens acht Wochen vor Reiseantritt zu beantragen. 4. „Ihr Paß ist leider nicht mehr zu verlängern." 5. Die Zollbestimmungen sind unbedingt zu beachten. 6. Hunde sind an der Leine zu führen. 7. Den Anweisungen des Personals ist Folge zu leisten. 8. „Ihr Auto ist leider nicht mehr zu reparieren." 9. Es ist darauf zu achten, daß .....

Ü2 Sagen Sie das anders: Gebrauchen Sie Konstruktionen mit „haben zu .....".

Beispiel: Der Verkäufer muß eine neue Ware zurücknehmen, wenn .....
Der Verkäufer hat eine neue Ware zurückzunehmen, wenn .....

Aufgaben:
1. Ich mußte nichts verzollen. 2. Der Mieter muß die Miete spätestens am dritten Werktag eines Monats bezahlen. 3. Ich muß nichts verbergen, denn ich habe nichts Böses getan. 4. „Wenn ich rede, müßt ihr zuhören." 5. Kinder müssen ihren Eltern (nicht) immer gehorchen. 6. „Sie müssen tun, was ich Ihnen sage!"

Ü3 Ergänzen Sie die Lücken.

1. Herr Schanz hat Veränderungen in den Reisegewohnheiten seiner Kunden feststellen ..... . 2. Der Arbeitskreis für Touristik hat die Reisegewohnheiten analysieren ...... 3. „Ich habe leider nicht alles behalten ..... , was du gesagt hast." 4. „Ich habe dir nicht weh tun ..... , das habe ich wirklich nicht ..... ." 5. „Du kommst nicht mit? Das hättest du mir auch früher sagen ..... !" 6. „Wo warst du?" – „Beim Arzt! Ich habe mich gründlich untersuchen ..... .". 7 „Ihr hättet gar nicht so früh zu kommen ..... , die Party beginnt erst um neun Uhr." 8. „Ich habe dich rufen ..... , weil ich deine Hilfe brauche." 9. „Eine Fremdsprache in drei Monaten lernen? Das hätte ich nie ..... !" 10. „Du hättest ihn ausreden lassen ..... , dann hättest du erfahren, daß ---" – „Quatsch, ich habe ihn ja ausreden ..... , aber ....."

Ü4 Sagen Sie das anders: Gebrauchen Sie die passenden Konjunktionen.

Beispiel: Ist das nicht vorhanden, dann schimpfe.
Wenn das nicht vorhanden ist, dann schimpfe.

Aufgaben:
1. Willst du reisen, dann verlange von der Gegend, in die du fährst, alles. 2. Seid ihr mehrere Männer und habt zuviel getrunken, dann singt aus tiefster Brust! 3. Habe ich auch nur wenig Zeit, so besuche ich dich doch. 4. War das Wetter im Urlaub auch (noch so) schlecht, so haben wir uns dennoch gut erholt. 5. Hätten wir früher gewußt, daß ihr nach Hamburg fahrt, dann wären wir mitgefahren. 6. Ist der Wein auch (noch so) sauer, wir trinken ihn, das freut den Bauer(n). 7. Hast du auch Blasen an den Füßen, so laufe weiter – bis nach Gießen. 8. Hast du in der Liebe Glück, dann nimm dir von dem Glück ein Stück. 9. Macht dir das Lernen keinen Spaß, nimm *Deutsch aktiv*, dann hast du was!

Ü5 Das folgende Gedicht von Eichendorff enthält Nebensätze ohne Konjunktion. Welche? Lesen Sie den Text laut.

Der verliebte Reisende

Lied, mit Tränen halb geschrieben,
Dorthin über Berg und Kluft,
Wo die Liebste mein geblieben,
Schwing dich durch die blaue Luft!

Ist sie rot und lustig, sage:
Ich sei krank von Herzensgrund;
Weint sie nachts, sinnt still bei Tage,
Ja, dann sag: ich sei gesund!

Ist vorbei ihr treues Lieben,
Nun, so end auch Lust und Not,
Und zu allen, die mich lieben,
Flieg und sage: ich sei tot!

Zeitangaben

5.1 Zeitpunkte: *wann?*

1. Die Deutsche Presse-Agentur (dpa) hatte [am 8. März 1988] einen Bericht über die „Reiseanalyse 1987" herausgegeben.
2. [Am folgenden] Tag verarbeiteten fast alle deutschen Tageszeitungen diese dpa-Meldung in Artikeln.
3. Plane deine Ausgaben, [bevor] du reist.

Variante 1

1.a. [Am 9. März 1988] berichteten fast alle deutschen Tageszeitungen über die „Reiseanalyse 1987".

2.a. Diese Analyse hatte dpa [am Vortag] / [einen Tag vorher/zuvor] herausgegeben.

3.a. Plane deine Ausgaben [vor] (Antritt/Beginn) der Reise.

Variante 2

1.b. [Nachdem] dpa [am 8. März 1988] über die „Reiseanalyse 1987" berichtet hatte, erschienen [einen Tag danach/später] / [am folgenden/nächsten Tag] in fast allen deutschen Tageszeitungen Artikel zu diesem Thema.

Ü6 **Ergänzen Sie:**

a) Am 9. März 1988 ______,
nachdem ______
am Tag zuvor ______.

b) Am 8. März 1988 ______,
einen Tag danach/später ______.

c) Plane deine Ausgaben ______/
______.

5.2 Zeitraum: *wann?*

4. [Im vergangenen Jahr] waren mit 31,1 Mio. Bundesbürgern über 3,5 Mio. mehr auf Ferientour als [im Jahr zuvor].
5. [Im vergangenen Jahr] war Italien vor Spanien das begehrteste Urlaubsland.
6. Die Befragung ergab auch, daß [im Januar 1988] das Interesse der Bundesbürger an Urlaubsreisen [im laufenden Jahr] (im Vergleich [zum Vorjahreszeitraum]) leicht gestiegen sei.

Varianten

4.a. [Im letzten/vorigen Jahr] waren mit 31,1 Mio. Bundesbürgern über 3,5 Mio. mehr auf Ferientour als [ein Jahr davor] / [im vorletzten Jahr].

5.a. [Letztes/voriges Jahr] war Italien vor Spanien das begehrteste Urlaubsland.

5.3 Zeitspanne: *von wann bis wann?*

7. Die Zahl der Touristen ist [zwischen 1950] [und 1982] von 25 Millionen auf rund 3 Milliarden Reisende gestiegen.

Variante

7.a. Die Zahl der Touristen ist [von 1950 bis 1982] von 25 Millionen auf rund 3 Milliarden Reisende gestiegen.

Ü 7 **Ergänzen Sie**

a) Zwischen 1987 und 1988 ist der Ferientourismus der Bundesbürger *von* _____ *auf* _____ gestiegen.

b) _____ 1987 _____ 1988 ist der Ferientourismus der Bundesbürger *um* _____ gestiegen (27,6 Mio. → 31,1 Mio. = ?).

5.4 Häufigkeitsangaben: *wie oft?*

8. Immer mehr Leute leisten es sich auch, [mehrmals im Jahr] zu verreisen.
9. 3,8 Millionen Bundesbürger verreisten [zweimal], 1,4 Millionen sogar [dreimal], heißt es in der Analyse.
10. Besuche diese Örtlichkeiten des Frohsinns [täglich] und möglichst in kurzer Hose.
11. Vergiß [nie] die Hauptregel jeder gesunden Reise: Ärgere dich!

Varianten

8/9.a. Immer mehr Leute leisten es sich auch, [jährlich zweimal/dreimal/mehrmals] zu verreisen.

1

(1)

(2)

(3)

Fredrik Vahle

Die Krähe

Bb
Eb
Der Bau - er, der ging in den Win - ter - wald. War-um? Dar - um!
Bb
F
Schnee fiel in der Nacht. Sein Bart war voll Reif, und die
Bb
F
Bb
Fü - ße wa-ren kalt. War - um? Dar - um! Die Krä - he hat ge - lacht.

2. Im allerersten Baume saß
ein schwarzes Tier.
Warum? Darum!
Schnee fiel in der Nacht.
Das war eine Krähe, und die schrie
so laut wie vier.
Warum? Darum!
Die Krähe hat gelacht.

3. Da wurde unser Bauer vor Angst
ganz klein.
Warum? Darum!
Schnee fiel in der Nacht.
Und schlupfte kopfüber in ein
Mauseloch rein.
Warum? Darum!
Die Krähe hat gelacht.

4. Doch da sah er sein Gewehr,
und da wurd er wieder groß.
Warum? Darum!
Schnee fiel in der Nacht.
Und er zielte auf die Krähe,
und der Schuß krachte los.
Warum? Darum!
Die Krähe hat gelacht.

5. Und die Krähe, die schleppte er
schnell nach Haus.
Warum? Darum!
Schnee fiel in der Nacht.
Und dann kam er zwei Tage aus dem
Haus nicht mehr raus.
Warum? Darum!
Die Krähe hat gelacht.

6. Aus dem Fett von der Krähe
machte er zu Haus –
Warum? Darum!
Schnee fiel in der Nacht.
– alle Schmalztöpfe voll und noch
zwölf Kerzen daraus.
Warum? Darum!
Die Krähe hat gelacht.

7. Auch der Braten von dem Krähen-
fleisch war riesengroß.
Warum? Darum!
Schnee fiel in der Nacht.
Und der Bauer, der schmatzte wie ein
Scheunendrescher los.
Warum? Darum!
Die Krähe hat gelacht.

(4)

(5)

(6)

(7)

8. Mit den Federn stopfte er alle Betten aus.
Warum? Darum!
Schnee fiel in der Nacht.
Von nun an schlief jeder schön warm in dem Haus.
Warum? Darum!
Die Krähe hat gelacht.

9. Aus der Haut, ja da machte er zwölf Paar Schuh.
Warum? Darum!
Schnee fiel in der Nacht.
Und die Oma, die kriegte Pantoffeln dazu.
Warum? Darum!
Die Krähe hat gelacht.

10. Und dann hat der Bauer an sich selbst gedacht.
Warum? Darum!
Schnee fiel in der Nacht.
Und hat sich aus dem Kopf einen Kleiderschrank gemacht.
Warum? Darum!
Die Krähe hat gelacht.

11. Und am nächsten Tag, da ging er wieder in den Wald.
Warum? Darum!
Schnee fiel in der Nacht.
Und da hat er sie gehört, ach, da wurd ihm heiß und kalt.
Warum? Darum!
Die Krähe hat gelacht.

1. *Sein Bart war voll Reif:* Sein Bart war weiß gefroren
2. *schlupfte ... rein:* kroch ... hinein
6. *der Schmalztopf:* Topf für Fett (Schmalz: Fett zum Braten und Backen)
7. *der schmatzte wie ein Scheunendrescher los:* er aß sehr viel, laut und schnell
8. *die Feder:* 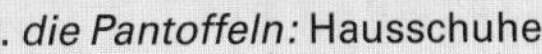
9. *die Pantoffeln:* Hausschuhe 

Ü1 Lesen Sie den Liedtext und betrachten Sie dazu die Bilder.

8

9

10

11

Ü2 Hören Sie das Lied von der Cassette; es stammt aus einer Sammlung für Kinder. „Die Krähe" – ist das für Sie ein komisches, ein verrücktes, ein erschreckendes Lied?

Ü3 Sie können das Lied auswendig lernen und in der Gruppe singen, wenn Sie Lust haben.

Ein Gruppenspiel – ein Partnerspiel

2

1 Die Wort-Reihe

Alle sitzen im Kreis. Ein(e) Kursteilnehmer(in) sagt ein Wort, z. B. „Hund". Nun sagt der Nachbar / die Nachbarin rechts ein anderes Wort, das ihm / ihr spontan dazu einfällt, z. B. „Straße".
So geht das Spiel weiter im Kreis herum. Wem nicht schnell ein Wort einfällt, der scheidet aus. Wer als letzte(r) übrig ist, hat gewonnen.

Variante 1: Alle Wörter eines Spiels müssen zu einem Thema passen, z. B. Familie, Arbeit, Freizeit usw.
Variante 2: Alle Wörter müssen zu einer Wortart gehören, z. B. Substantiv, Adjektiv, Verb.

2 Nichts als Komplimente!

Immer zwei Kursteilnehmer(innen) sind Spielpartner. Sie sagen abwechselnd einzelne Sätze zum Partner: Das dürfen aber nur Komplimente sein, also freundliche, positive, lobende Aussagen.
Wer dem anderen kein Kompliment mehr machen kann, hat verloren. Dann beginnt das nächste Gespräch mit neuen Partnern.

Variante 1: Sie sagen zu Ihrem Partner nur unfreundliche, negative, kritische Sätze!
Variante 2: Sie sagen einander nur höfliche, leere, neutrale Phrasen, ohne eine Meinung zu äußern.

3

Wolfgang Ecke

Der Bildband

Als Frau Knödler den Verlust bemerkte, war es wenige Minuten vor Ladenschluß. Überraschung und Verständnislosigkeit hielten sich zunächst die Waage.

Doch je länger sie über das Geschehnis nachdachte, um so mehr geriet sie in eine Stimmung, die man allgemein als ‚gerechten Zorn' bezeichnet.

Und Amanda Knödler, Inhaberin der Bücherei am Kaisereck, rief Herrn Schatz an. Franz Schatz war nicht nur ihr Untermieter, sondern auch Detektiv in einer Versicherung.

„Nur immer der Reihe nach, Frau Knödler!" beschwichtigte Herr Schatz die aufgeregte Frau, als er eine halbe Stunde später eintraf. „Also, wie war das?"

„Ich hatte den Bildband gerade ausgepackt und dort drüben ins Regal gestellt. Im Laden waren nur zwei Kunden: Frau Stolze und Herr Langbein. Beide leihen seit Jahren aus. Sie sind sozusagen Stammkunden meiner Leihbuchabteilung ..."

Hier unterbrach Herr Schatz: „Haben die beiden auch heute ausgeliehen?"

Amanda Knödler nickte. „Ja. Herr Langbein zwei Kriminalromane und Frau Stolze ein Buch über Astrologie. Ich mußte es ihr heraussuchen, weil sie ihre Brille vergessen hatte. Sie ist ja so kurzsichtig, daß sie nicht einmal ein Fünfmarkstück in ihrer Hand erkennen kann. Gerade als ich ihr das Buch gab, klingelte das Telefon ..."

Wieder unterbrach Herr Schatz: „Hatten die beiden Herrschaften denn die Möglichkeit, den Bildband unterzubringen?"

„Ja. Frau Stolze trug eine größere Einkaufstasche, und Herr Langbein ..." Frau Knödler überlegte einen Augenblick angestrengt ... „ja, Herr Langbein hatte eine Aktenmappe bei sich."

„Und als die beiden gegangen waren, fehlte der Bildband?" – „So war es!" stimmte Frau Knödler zu. „Und nach ihnen war auch kein Kunde mehr da. Es kann also nur Frau Stolze oder Herr Langbein gewesen sein."

„Wer verließ den Laden zuerst?" Wieder mußte Frau Knödler nachdenken. „Zuerst ging Herr Langbein ..."

„Na schön. Dann geben Sie mir mal jetzt die Adressen der beiden Stammkunden. Mal sehen, was sie zu sagen haben."

———

Herr Langbein blickte mißtrauisch durch den Türschlitz. „Was wollen Sie?" – „Ich würde gern einmal eintreten, Herr Langbein. Frau Knödler von der Bücherei schickt mich."

Albert Langbein wies auf einen Stuhl. „Bitte, nehmen Sie Platz. Was hat Frau Knödler denn auf dem Herzen?"

Schatz setzte sich und steuerte ohne Umschweife auf sein Ziel los: „Frau Knödler hat heute nachmittag einen kostbaren Bildband, Wert 120 Mark, ins Regal gestellt. Der ist verschwunden! Sie sind, wie mir Frau Knödler sagte, ein langjähriger Kunde ..."

Langbein nickte eifrig. „Bin ich ... und verschwunden, sagen Sie ... doch nicht etwa der dicke Bildband mit den antiken Ausgrabungen ...?" „Genau der!" stimmte Schatz zu. „Ist Ihnen etwas aufgefallen?"

Sekundenlang starrte Albert Langbein seinen Besucher an. Dann erwiderte er: „Verstehe. Sie wollen wissen, ob ich den Bildband gestohlen habe ... Ich war es selbstverständlich nicht. Aber vielleicht sehen Sie sich einmal die Frau an, die mit mir im Laden war ... und jetzt darf ich Sie bitten zu gehen!" Resolut und bestimmt zeigte Herr Langbein zur Tür.

———

Frau Stolze gab sich wesentlich freundlicher. Sie bot Schatz sogar ein Glas Bier an. Als dieser dann zu der entscheidenden Frage kam, zwinkerte sie überrascht. „Ich soll den Bildband mitgenommen haben? Nein, lieber Herr, da irren Sie sich." Dann flüsterte sie aufgeregt: „Aber ich habe was beobachtet ... Da war doch ein Mann im Laden ... ich stand einige Meter weg ... Er wußte nicht, daß ich ihn sehe ... und dieser Mann blätterte in einem dicken Buch, wo drauf stand ‚Antike Ausgrabungen'."

„Hm ...", sagte Herr Schatz. „Haben Sie auch gesehen, daß er es eingesteckt hat?" Frau Stolze schüttelte bedauernd den Kopf. „Nein, das habe ich nicht gesehen."

„Na, das macht nichts. Wir sind den Dingen ganz schön nähergekommen."

Frau Stolze atmete auf. „Dann haben Sie mich wohl jetzt nicht mehr in Verdacht?"

„Sicher werden Sie noch von der Sache hören, Frau Stolze. Meine Mission ist erfüllt. Ich sollte mich ja nur erkundigen ..."

Eine halbe Stunde später stand Herr Schatz wieder seiner Wirtin gegenüber. Und Frau Knödler war ehrlich erfreut, daß der Ausflug ihres Untermieters von Erfolg gewesen war. Und sie nahm sich vor, mit der diebischen Person ein ernstes Wörtchen zu reden.

1–2: Frau K. bemerkte kurz vor 18 Uhr, daß in ihrer Buchhandlung ein wertvolles Buch mit Fotografien (= der Bildband) fehlte.
13 *beschwichtigte:* beruhigte
26 *Sie ist ... kurzsichtig:* Sie kann ohne Brille nicht weit sehen
55 *ohne Umschweife:* direkt, sofort
90 *die Mission:* die Aufgabe, der Auftrag
96 *die diebische Person:* Dieb, Diebin

Ü4 **In dieser Geschichte gibt es drei Gesprächsszenen. Wer sind die Gesprächspartner?**

Ü5 **Wer hat den Bildband gestohlen? Begründen Sie.**

Ü6 **Spielen Sie die Gesprächsszenen. „Herr Schatz" macht über jedes Gespräch Notizen.**

Tierische Welt 4

Der Mensch mit Tiermasken a

Ü7 Ordnen Sie den folgenden Komposita die richtige Definition aus dem Wörterbuch zu:

1. Brumm**bär**	a) jemand, der gerne und viel liest
2. Nacht**eule**	b) jemand, der gerne Spaß macht, auch auf Kosten anderer
3. Schmutz**fink**	c) jemand, der gerne bis spät in die Nacht hinein aufbleibt, um zu feiern oder zu arbeiten
4. Angst**hase**	d) Mensch, der oft schlechte Laune hat und bärbeißig in seinen Bart brummt
5. Lese**ratte**	e) Bücherliebhaber, eifriger Buchleser
6. Spaß**vogel**	f) ängstlicher Mensch
7. Bücher**wurm**	g) schmutziger Mensch (nach dem Vogel Fink, der oft im Pferdemist pickt)

(Definitionen nach: G. Wahrig, Deutsches Wörterbuch)

„Tierische“ Sachen b

Ü8 Ordnen Sie einige der folgenden (Ausdrücke mit) Komposita dem passenden Bild zu:

1. ein **Affen**theater machen
2. einen **Bären**dienst erweisen
3. eine **Esels**brücke bauen
4. **Hühner**auge
5. **Hunde**wetter
6. **Katzen**jammer
7. sich den **Löwen**anteil sichern

a

b

c

d

c Wie der Mensch sich mit Tieren vergleicht

Ü 9 Schreiben Sie Vergleiche mit Tieren auf und überprüfen Sie sie mit einem Wörterbuch.

arbeiten (1)		ein Aal (a)
brüllen (2)		ein Bär (b)
dumm (3)		ein Bock (c)
flink (4)		ein Fuchs (d)
falsch (5)		eine Gans (e)
fromm (6)		ein Hund (f)
glatt (7)	wie	eine Katze (g)
müde (8)		ein Lamm (h)
schlau (9)		ein Pferd (i)
schwarz (10)		ein Rabe (j)
stark (11)		ein Stier (k)
stur (12)		ein Wiesel (l)

71.

Affenarten.

Apes. *Espèces de singes.*

1k) arbeiten wie ein Stier

......

Ü 10 Suchen Sie Vergleiche mit Tieren in Ihrer Sprache. Was ist ähnlich/anders?

d Der Mensch als Tier – in Redensarten

Ü 11 Erklären Sie einige der folgenden Redensarten mit Hilfe eines Wörterbuchs:

1. *der Bock:* den Bock zum Gärtner machen
2. *die Fliege:* zwei Fliegen mit einer Klappe schlagen
3. *der Floh:* jemandem einen Floh ins Ohr setzen
4. *der Hahn:* Hahn im Korb sein
5. *der Kater:* einen (schweren) Kater haben
6. *die Katze / die Maus:* Katz und Maus mit jemandem/miteinander spielen
7. *das Schwein:* Schwein haben
8. *der Wolf:* mit den Wölfen heulen

**Ü 12 Suchen Sie Redensarten mit Tieren in Ihrer Sprache.
Vergleichen Sie sie mit dem Deutschen (und mit anderen Sprachen).**

5

Ein Dialogspiel und ein Spielprojekt

① Entweder – oder

In Gesprächen muß man oft auf Alternativfragen antworten: „Entweder ... oder ...?" Man muß sich für eine der beiden Möglichkeiten entscheiden und klar antworten; einen Mittelweg gibt es nicht.

Die Gruppe sitzt im Kreis. Frau Miller stellt Herrn Dubois eine solche Alternativfrage, die sie interessiert, z. B.:

„Herr Dubois, sind Sie für oder gegen die 35-Stunden-Woche für alle Arbeitnehmer?"

Herr Dubois antwortet und begründet seine Entscheidung, z. B.:

„Ich bin für die Arbeitszeitverkürzung auf 35 Stunden, weil dadurch die Arbeitslosigkeit verringert werden kann."

Nun fragt Herr Dubois Frau Pertini, z. B.:

„Frau Pertini, fahren Sie lieber mit dem Auto oder mit der Bahn in Urlaub?"

Frau Pertini antwortet, begründet usw.

② Fernsehsendung: ein abendfüllendes Projekt

Die Gruppe baut zuerst aus einem großen Pappkarton ein Spiel-Fernsehgerät.
Das sieht so aus:

Immer zwei Partner besprechen dann, welche Fernsehsendung sie miteinander produzieren wollen. Sie üben den Ablauf der Sendung.

In der Gruppe werden die einzelnen Sendungen vorgespielt und zu einem vollen „Abendprogramm" zusammengestellt.

Ein(e) Kursteilnehmer(in) ist die Sprecherin / der Sprecher, die/der die Zuschauer durch das Programm führt.

Natürlich gibt es zwischen den einzelnen Sendungen auch Werbung.

Ideen zu einzelnen Sendungen/Sendeteilen:

- Nachrichten mit Wetterkarte und -vorhersage
- Zirkus im Fernsehen (ein Clown tritt auf)
- Bericht von der Generalversammlung der UNO in New York
- Festrede eines Politikers
- Sportreportage
- Programmvorschau für den nächsten Tag

6

Der Mensch:
Geschöpf – Herrscher – ...?

[26] Dann sprach Gott: Laßt uns Menschen machen als unser Abbild, uns ähnlich. Sie sollen herrschen über die Fische des Meeres, über die Vögel des Himmels, über das Vieh, über die ganze Erde und über alle Kriechtiere auf dem Land. [27] Gott schuf also den Menschen als sein Abbild; als Abbild Gottes schuf er ihn. Als Mann und Frau schuf er sie. [28] Gott segnete sie, und Gott sprach zu ihnen: Seid fruchtbar, und vermehrt euch, bevölkert die Erde, unterwerft sie euch, und herrscht über die Fische des Meeres, über die Vögel des Himmels und über alle Tiere, die sich auf dem Land regen.

Die Bibel: Genesis 1, 26–28 (Altes Testament)

Und der Mensch unterwarf sich die Erde. Er erforschte die Natur. Er lernte ihre Kräfte und Gesetze kennen. Er machte sich Werkzeuge, Geräte, Instrumente.
Er bildete Wörter und Begriffe. Er baute Maschinen, Apparate, Anlagen und Automaten.
Mechanik, Elektronik, künstliche Intelligenz sind Stationen auf dem Weg des technischen Fortschritts.
Automaten und Roboter sind Helfer und Vertreter des Menschen geworden.

Werkzeuge, Maschinen, Instrumente, Apparate, Automaten und Roboter sind Erfindungen des Menschen:

- Allesbrenner, Anrufbeantworter, Blitzableiter, Büchsenöffner, Feuerlöscher, Staubsauger, Wagenheber
- Fernsprecher, Klarspüler, Lautsprecher, Schnellreiniger, Trockenrasierer

Sie werden personifiziert. Sie treten auf wie Menschen:

- Nachrichtensprecher(in), Buchhändler(in), Busfahrer(in), Schnellrichter(in), Arzthelferin

Ü 13 Bilden Sie die passenden Komposita: Womit wird .....?

1. ..... die Richtung angezeigt; 2. ..... das Eis gebrochen; 3. ..... der Schall / der Stoß gedämpft; 4. ..... der Rundfunk empfangen; 5. ..... der Rost entfernt; 6. ..... Strom erzeugt; 7. ..... der Rasen gemäht; 8. ..... Glas geschnitten; 9. ..... die Wäsche getrocknet; 10. ..... das Geschirr gespült; 11. ..... Rauch verzehrt; 12. ..... Unkraut vertilgt; 13. ..... Wasser geworfen?

Ü 14

– Bilden Sie aus den Verben 1–19 und den Substantiven a) – s) Komposita wie

Uhrzeiger

1. abschneiden
2. beschleunigen
3. bohren
4. brechen
5. drücken
6. führen
7. halten
8. klopfen
9. knacken
10. messen
11. mischen
12. rechnen
13. regeln
14. schreiben
15. spenden
16. wickeln
17. wischen
18. zeigen
19. ziehen

– Was bedeuten diese Komposita?

a) Belichtungs-/Entfernungs-
b) Beton-
c) Eis-
d) Fahrten-
e) Korken-/Schrauben-
f) Locken-
g) Nuß-
h) Opern-
i) Scheiben-
j) Seifen-
k) Socken-
l) Stein-
m) Strom-
n) Taschen-
o) Teilchen-
p) Teppich-
q) Tür-
r) Uhr-
s) Zigarren-

„Fünf vor zwölf",
Collage von Detlev Meyer, 1983

Ü 15 Was bedeuten die folgenden Wörter? Benutzen Sie Wörterbücher.

1. Nachtaufklärer; 2. Jagdbomber; 3. Düsenjäger; 4. Nachtjäger; 5. Truppentransporter; 6. Minenleger; 7. Minensucher; 8. Atomfrachter; 9. Atomtransporter; 10. Flugzeugträger; 11. Raketenkreuzer; 12. Raketenzerstörer; 13. Flammenwerfer; 14. Granatwerfer; 15. Nebelwerfer; 16. Raketenwerfer; 17. Torpedobootzerstörer; 18. Kommandocomputer

Der Mensch:
Geschöpf –
Herrscher –
Zerstörer?

7

JÜRGEN THEOBALDY

Kleinstadtgedicht

Ein italienischer Herbst
mit Sonne auf den Balkonen
und reifen Zwetschgen
in den Kisten der Supermärkte.
Du holst die Sommerhemden
aus der Wäscherei, gehst
den Weg am Fluß entlang,
und im Laden an der Ecke
kaufst du Blumen (ja Blumen).
Dort siehst du deine Gewohnheiten
immer teurer werden.
Und massig Arbeitslose
gibt es, massig, sagt er.
Was wir uns gefallen lassen,
sagt die Frau ohne Kleingeld
neben dir, im Fernsehen
zeigen sie nur noch Morde,
Morde und Filme von gestern.

4 *die Zwetschge:* kleine Pflaume
11 *deine Gewohnheiten:* (hier) Dinge, die man regelmäßig tut oder kauft oder konsumiert
13 *massig:* (hier) sehr viele
18 *der Mord:*

Kleinstadtgedicht – so lautet die Überschrift von Jürgen Theobaldys Gedicht. Mit dem Begriff „Kleinstadt" sind positive und negative Vorstellungen verbunden. Im Wörterbuch *Der Große Duden* stehen z.B. folgende Definitionen von „Kleinstadt", „Kleinstädter" und „kleinstädtisch":

...heit durch Aufspaltung in Kleinstaaten: die de...
...ne K. im 19. Jahrhundert; **~stadt,** die *kleinere Stadt (amtlich von 5 000 bis 20 000 Einwohnern) mit überschaubaren, aber auch beschränkteren Verhältnissen,* dazu: **~städter,** der (oft abwertend): *jmd., der in einer Kleinstadt wohnt u. von ihr geprägt ist,* **~städtisch** ⟨Adj.⟩ (oft abwertend): *zu einer Kleinstadt gehörend, einer Kleinstadt, dem Leben in einer Kleinstadt entsprechend:* -e Enge, Beschränktheit; ...**tellen** ⟨sw. V.; hat⟩: *auf kleine Stärke einstellen:* ...

Ü 16 **Paßt die Überschrift *Kleinstadtgedicht* zu diesem Text? Warum (nicht)? Begründen Sie Ihre Meinung mit Textstellen.**

Ü 17 **– Welche positiven, welche negativen Elemente finden Sie in diesen Definitionen?**
– Enthält auch das Gedicht diese Elemente? Belegen Sie Ihre Meinung.

8 Reisen mit dem Auto oder per Bus können problematisch sein, besonders in der Urlaubssaison: Der Straßenverkehr ist dann oft so stark, daß es kilometerlange Staus gibt.
Wenn Sie hungrig, durstig und schwitzend im Stau stehen, könnte der (rechts abgebildete) „Stau-Versorger" auftauchen – ein ganz neuer Job .....

Startausrüstung: Fahrrad mit Camping-Anhänger und Verpflegung.
Tätigkeit: Autofahrer, die in einen Stau geraten, sind von der Außenwelt völlig abgeschnitten und zahlen Ihnen jeden Preis, den Sie fordern, um mit dem Lebensnotwendigsten versorgt zu werden.
Gewinn: Jeder Preis, den Sie fordern.

Ü 18 **Interviewen Sie den „Stau-Versorger". Nehmen Sie Ihr Interview auf Band/Cassette auf und spielen Sie es in der Gruppe vor.**

O Hallo, Sie! Haben Sie einen Augenblick Zeit für ein paar Fragen?

Eulenspiegel

Till Eulenspiegel soll um 1300 in Kneitlingen, einem kleinen Dorf bei Braunschweig, geboren sein.
Gestorben ist er angeblich 1350 in der Stadt Mölln (bei Lübeck). Dort kann man heute sein Denkmal sehen und sein Grab in der Sankt-Nicolai-Kirche besuchen.
Die meiste Zeit seines Lebens war Eulenspiegel auf Wanderschaft. Er lebte immer allein.
Eulenspiegel hat seine Zeitgenossen oft „zum Narren gehalten":
Er hat sich Streiche ausgedacht, die den Menschen deutlich machten, daß sie eigentlich selbst „Narren" (dumme Menschen) sind.
Eulenspiegels Streiche wurden zum erstenmal 1515 in einem Buch aufgeschrieben. Davor hatten die Leute seine Taten mündlich weitererzählt.
Eine der bekanntesten Erzählungen ist:

Wie Eulenspiegel einem Esel das Lesen beibrachte

Eulenspiegel zog im Land herum und behauptete, er sei der größte Gelehrte aller Zeiten und könne alle Fragen beantworten und alle Aufgaben lösen.

So kam er auch nach Erfurt. Dort wollten ihm die Studenten und Professoren der Universität eine besonders schwierige Aufgabe stellen. Sie kauften einen Esel, brachten ihn zum Gasthof „Zum Turm", wo Eulenspiegel wohnte, und fragten ihn, ob er dem Esel das Lesen beibringen könne. „Selbstverständlich", antwortete Till, „aber so ein Esel ist ein dummes Tier. Es wird ziemlich lange dauern!"

„Wie lange denn?" – „Mindestens 20 Jahre!"

Eulenspiegel verlangte 500 alte Groschen für seinen Unterricht. Er bekam einen Vorschuß, und man ließ ihn mit seinem „Schüler" allein.

Da nahm Eulenspiegel ein großes altes Buch, und zwischen die ersten Seiten des Buches legte er Hafer. Hafer fressen Esel besonders gern! Deshalb blätterte der Esel mit seinem Maul die Blätter des Buches um und rief dabei: „I-a, I-a!"

Nach einer Woche ging Till zu den Professoren und sagte: „Ein paar Buchstaben hat der Esel in dieser Woche schon gelernt! Wann wollen Sie ihn prüfen?"

Die Professoren kamen am nächsten Tag. Till legte dem Esel das Buch vor. Der Esel, der hungrig war, blätterte in dem Buch und rief: „I-a, I-a!"

„Sehen Sie", rief Till, „I und A hat er schon gelernt! Morgen lernen wir das O und das U!" Wütend gingen die Professoren fort.

Eulenspiegel ließ den Esel frei. „Geh zu den anderen Erfurter Eseln!" rief er, nahm seine Sachen und verließ die Stadt noch am selben Tag.

1 *der Esel:* (hier) sehr dummer Mensch
beibringen: etwas mit Erfolg lehren

14 *der Groschen:* Silbermünze
18 *der Hafer:* Getreideart

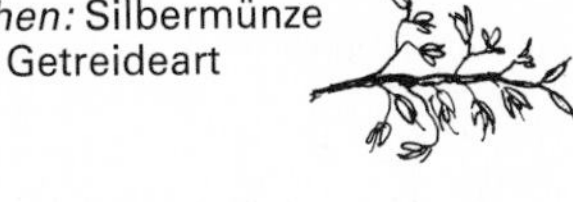

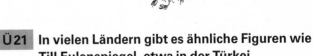

Ü 19 **Lesen Sie die Geschichte einmal kurz durch und versuchen Sie, die Handlung zu erzählen.**

Ü 20 **Lesen Sie die Erzählung genau (Abschnitt für Abschnitt mit Hilfe der Worterklärungen) und erzählen Sie sie mit allen Details nach.**

Ü 21 **In vielen Ländern gibt es ähnliche Figuren wie Till Eulenspiegel, etwa in der Türkei *Nasreddin Hodscha* (→ *Deutsch aktiv Neu,* Lehrbuch 1, S. 117).**
Welche ähnlichen Figuren gibt es in den Erzählungen Ihres Landes? Erzählen Sie etwas über diese Figur(en) und ihre Streiche.

Quellennachweis für Texte und Abbildungen

Texte

S. 11 Uwe Timm „Erziehung" aus: Rudolf Otto Wiemer „Bundesdeutsch, Lyrik zur Sache Grammatik"
S. 13 Mit frdl. Gen. der Maggi GmbH, Frankfurt
S. 14 Mit frdl. Gen. der Minolta, Langenhagen
S. 17 Lieselotte Rauner „Ein schöner Tag", mit frdl. Gen. der Autorin
S. 24 dpa, Hamburg
S. 28 wie S. 24
S. 29 wie S. 24; Inter Nationes, Bonn (auszugsweise aus: „Bildung und Wissenschaft", 2/1978)
S. 30 AZ, München
S. 31 Der Spiegel, Hamburg
S. 32 AP, Frankfurt
S. 45 Deutscher Wetterdienst, Offenbach
S. 46 wie S. 24
S. 51 Jugendscala, Frankfurter Societätsdruckerei, Frankfurt am Main
S. 52 Hildesheimer Allgemeine Zeitung, Hildesheim
S. 53 wie S. 24; Karl R. Pogarell „Warum nicht deutsch?" aus: „Die Zeit" vom 24. 4. 87
S. 55 Mit frdl. Gen. des Deutschen Kinderschutzbundes e. V., Hildesheim
S. 56 Franz Hohler „Der Verkäufer und der Elch" aus: „Ein eigenartiger Tag", Luchterhand Verlag 1979; dpa, Hamburg
S. 64 Peter Bichsel „Die Tochter" aus: „Eigentlich möchte Frau Blum den Milchmann kennenlernen", Walter Verlag AG, Olten
S. 68 Elham Abdel Attif „Petra denkt anders" aus: H. A. Rau „Ägypten in Deutschland", Express Edition GmbH, Berlin
S. 69 dpa, Hamburg
S. 82 Ernst Jandl „familienfoto" aus: „Der künstliche Baum", 1970 © Luchterhand Literaturverlag, Darmstadt; Ernst Jandl, Auszüge aus: „Die schöne Kunst des Schreibens", 1970 © Luchterhand Literaturverlag, Darmstadt
S. 84 Volker Ludwig „Lied der Kinder", Grips Theater GmbH, Berlin
S. 85 dpa, Hamburg
S. 102 Tülin Emircan „Entfremdung" aus: „Als Fremder in Deutschland", dtv 1770, Deutscher Taschenbuch Verlag, München
S. 103 Bertolt Brecht „Mein junger Sohn fragt mich" aus: „Gesammelte Werke" © Suhrkamp Verlag, Frankfurt a. M. 1967
S. 104 aus: „Stern" 8/88, S. 26, Gruner + Jahr AG, Hamburg
S. 106 Dokumente mit freundlicher Genehmigung von Anne Gerighausen
S. 108 Programmausrisse: Hildesheimer Volkshochschule, Hildesheim
S. 109 zitiert nach „Einführung in die Grammatik und Orthographie der deutschen Gegenwartssprache", Leipzig 1981, Bibliographisches Institut
S. 117 Stichwörter aus: dtv 3136, Wahrig „Wörterbuch der deutschen Sprache", Deutscher Taschenbuch Verlag, München
S. 121 Aufkleber und Textausriß: „Funk & Fernsehen", Nordwestdeutschland GmbH, Isernhagen
S. 123 Werner Erdmann, Essen; „Erna E., Hausfrau" aus: „Bottroper Protokolle" © Suhrkamp Verlag, Frankfurt am Main 1968
S. 124 AP, Frankfurt
S. 125 Neue Westfälische, Bielefeld
S. 126 Peter Bichsel „Die Beamten" aus: „Eigentlich möchte Frau Blum den Milchmann kennenlernen", Walter Verlag AG, Olten
S. 136 Stichwörter aus: „Duden Band 1", Bibliographisches Institut & F. A. Brockhaus AG, Mannheim
S. 137 Überschriften aus: „FrauenBilderLeseBuch", Elefanten Press 1981, Berlin
S. 138 o. re.: © Lena Häublein
S. 139 Christel Dorpat „Ein Vormittag" aus: „FrauenBilderLeseBuch", Elefanten Press 1981, Berlin
S. 141 Ursula Krechel „Meine Mutter" aus: „Nach Mainz" 1977 © by Luchterhand Literaturverlag, Darmstadt
S. 143/144 nach D. E. Zimmer „Das Gedächtnis" aus: „Zeit-Magazin" Nr. 19 v. 30. 4. 87, Die Zeit, Hamburg
S. 145 „Tips zum Üben und Lernen" aus: Metzig/Schuster: „Lernen zu lernen" © Springer-Verlag, Berlin – Heidelberg 1982, mit freundlicher Genehmigung der Autoren
S. 146 Josef Guggenmos „Ich male mir den Winter" mit freundlicher Genehmigung des Autors
S. 151 Pieke Biermann „Hausarbeit ist Arbeit" mit freundlicher Genehmigung der Autorin
S. 153 Lieselotte Rauner „Titel" aus: „FrauenBilderLeseBuch", Elefanten Press 1981, Berlin; Stichwörter aus: Gerhard Wahrig, „Deutsches Wörterbuch" © Mosaik Verlag GmbH, München
S. 156 „Jugendscala", Frankfurter Societätsdruckerei, Frankfurt
S. 158 aus: „Süddeutsche Zeitung" vom 7./8. 5. 88, Süddeutscher Verlag, München
S. 159 Zeitungsausrisse: „Landshuter Zeitung", Landshut; „Frankfurter Rundschau", Frankfurt
S. 160 Verkehrsverein, Heidelberg
S. 162 Ulrich Greiner „Mein Liebste ist verschwunden" aus: „Die Zeit", Hamburg, mit freundlicher Genehmigung des Autors
S. 167 Erich Kästner „Sachliche Romanze" aus: „Gesammelte Schriften für Erwachsene", Atrium Verlag, Zürich 1969 © Copyright by Erich Kästner Erben, München
S. 172 dpa, Hamburg; „Hessisch-Niedersächsische Allgemeine", Kassel
S. 173 © H.-J. Schanz
S. 174 Kurt Tucholsky „Die Kunst, falsch zu reisen" aus: Kurt Tucholsky „Gesammelte Werke", Band III, Copyright © 1960 by Rowohlt Verlag GmbH, Reinbek bei Hamburg
S. 188 Fredrik Vahle „Die Krähe" aus: „Der Liederspatz", Aktive Musik Verlagsgesellschaft mbH, Dortmund
S. 189 Text u. aus: H. Behme „Miteinander reden lernen", iudicium Verlag, München
S. 190 Wolfgang Ecke „Der Bildband" aus: W. Ecke: „Das Schloß der roten Affen", Ravensburger Buchverlag Otto Maier GmbH, Ravensburg
S. 193 wie S. 189
S. 196 Jürgen Theobaldy „Kleinstadtgedicht" aus: „Zweiter Klasse, Gedichte", Rotbuch Verlag, Berlin 1976; Stichwörter aus: „Der große Duden", Band 4, S. 1485, Bibliographisches Institut & F. A. Brockhaus AG, Mannheim

Abbildungen

S. 13 Foto: Gernot Häublein
S. 15 ADAC, München/Gerd Oberländer, München
S. 16 Foto: Keystone Pressedienst, Hamburg
S. 19 Foto: Gernot Häublein
S. 24 Foto: dpa, München
S. 26/27 Fotos (Markt, Leute beim Einkauf, Grinzing): Bavaria Verlag, Gauting; (Uhrturm): Schweizerische Verkehrszentrale (SVZ), Frankfurt; (Roland, Karl Marx, Fiaker, Joh.-Strauß-Denkmal, Feriendorf): Keystone Pressedienst, Hamburg; (alle anderen): Angelika Sulzer
S. 42 li.: Bjarne Geiges; re.: Hago Ziegler
S. 43 Zeichnung: Eberhard Holz; Foto: Angelika Sulzer
S. 51/52 Fotos: dpa, München
S. 54 Graphik: Globus-Kartendienst, Hamburg
Alle anderen Fotos bis S. 54: Ulrike Kment
S. 63 Foto Mi.: Ulrike Kment; alle anderen: Süddeutscher Verlag, Bilderdienst, München
S. 65 Foto: Süddeutscher Verlag, Bilderdienst, München
S. 67 Foto o.: Angelika Sulzer; u.: Gerd Neuner
S. 68 Fotos: Süddeutscher Verlag, Bilderdienst, München
S. 77 Max Beckmann „Vor dem Maskenball", © VG Bild-Kunst, Bonn 1988
S. 81 Foto o. r.: Marlies Coprian; alle anderen: Barbara Stenzel
S. 82 Foto li.: Gernot Häublein, re.: Luchterhand Literaturverlag, Darmstadt, Renate von Mangoldt
S. 83 Foto: Kees van Eunen
S. 84 Signet: Grips Theater, Berlin; Foto: Inge Tele Winkler + Bunk, Berlin
S. 90 Foto li.: Gernot Häublein; re.: Ulla + Knut Kokoschka
S. 94 Joseph Beuys „Lagerplatz 1962–1966, alter Zustand", © VG Bild-Kunst, Bonn 1988
S. 97 Zeichnungen: Verena Ballhaus
S. 98 Stahlstich nach einer Miniatur von Karl Josef Raabe
S. 101 Karl Friedrich Schinkel „Das Felsentor", Bildarchiv Preußischer Kulturbesitz, Berlin
S. 103 Foto: Süddeutscher Verlag, Bilderdienst, München
S. 104 Foto: Regine Körner
S. 106 Fotos: Barbara Stenzel
S. 119 Sticker: mit freundlicher Unterstützung der Rundfunkanstalten; Foto: Süddeutscher Verlag, Bilderdienst, München
S. 120 Foto: Heinz Wilms
S. 122 Foto: Ulrike Kment
S. 123 Foto Mi.: Süddeutscher Verlag, Bilderdienst, München; re.: © Angelika Sulzer
S. 124 Foto: Süddeutscher Verlag, Bilderdienst, München
S. 125 Foto: „Neue Westfälische", Bielefeld
S. 128 Historia-Photo, Hamburg
S. 129 Fotos: Süddeutscher Verlag, Bilderdienst, München
S. 137 Fotos li.: Ulrike Kment; re.: Klaus Rose in: „FrauenBilderLeseBuch", Elefanten Press 1981, Berlin; Zeichnung: Verena Ballhaus
S. 138 Foto o.: Gernot Häublein; Zeichnung: Jenny Scherling; Fotos Mi.: Busch Modellspielwaren, Viernheim; Comic: Kenner Parker Tonka, Rodgau
S. 139 Fotos: Helga Bugdoll aus: „FrauenBilderLeseBuch", Elefanten Press 1981, Berlin;" Mi.: Christel Dorpat
S. 141 Foto: Luchterhand Literaturverlag, Darmstadt © Mara Eggert
S. 144 Foto: R. C. James, Descher Agency, New York
S. 145 Bruckmann Verlag, München
S. 146 Zeichnung aus: „Die Schatzkiste", Österreichischer Bundesverlag, Wien
S. 152 Zeichnung: Verena Ballhaus
S. 155 Fotos o.: Ulrike Kment; u.: Süddeutscher Verlag, Bilderdienst, München
S. 157 Fotos aus: „Jugendscala", Frankfurter Societätsdruckerei, Frankfurt
S. 158 Karte: Karl Oberländer, München
S. 160 Foto: Edm. von König Verlag, Dielheim
S. 161 Postkarte: mit freundlicher Genehmigung von Edition Michel + Co., Frankfurt
S. 162 Foto li.: Edm. von König Verlag, Dielheim; re.: Theo Scherling
S. 163 Fotos: Barbara Stenzel
S. 171 Fotos o.: Ulrike Kment; Mi. Angelika Sulzer; u.: Süddeutscher Verlag, Bilderdienst, München
S. 172 Graphik: Globus-Kartendienst, Hamburg
S. 173 Fotos: H.-J. Schanz
S. 174 Foto: Süddeutscher Verlag, Bilderdienst, München
S. 175 Foto o. und A–C: Ulrike Kment; D: Angelika Sulzer
S. 176 Foto aus: „Jugendscala", Frankfurter Societätsdruckerei, Frankfurt
S. 177 Goethe: Radierung von G. E. Schmoll; Friederike Brion: Wilhelm Tischbein
S. 180 Foto: Ulrike Kment
S. 187 Fotos: Theo Scherling; Zeichnungen: Verena Ballhaus
S. 188 Zeichnungen: Michael Koenig
S. 194 s. S. 187
S. 195 Collage: Detlev Meyer
S. 196 Zeichnung aus: „MAD", Williams-Verlag, Berlin
S. 197 Foto: Städtische Kurverwaltung, Mölln

Eine wertvolle Hilfe beim Erlernen der deutschen Sprache sind

Langenscheidts Taschenwörterbücher

Sie finden die Bände mit dem typischen gelben Einband und dem großen blauen „L" überall auf der Welt.

Fast alle Taschenwörterbücher wurden in den letzten Jahren völlig neu bearbeitet. Jede Neubearbeitung bringt Verbesserungen und neue Wörter.
Es gibt Einzelbände (zum Beispiel Englisch-Deutsch und Deutsch-Englisch) und Doppelbände (beide Teile in einem Band).
Der Wortschatz von 70 000–80 000 Stichwörtern in beiden Teilen jeder Sprache ist sorgfältig ausgewählt. Neben der Umgangssprache werden viele Fachausdrücke aus den verschiedenen Wissensgebieten berücksichtigt.

Langenscheidts Taschenwörterbücher gibt es u. a. für folgende Sprachen:

Arabisch
Deutsch-Arabisch (456 Seiten, Nr. 10065)
Arabisch-Deutsch (624 Seiten, Nr. 10060)
Beide Teile in einem Band (Nr. 11060)

Dänisch
Deutsch-Dänisch (548 Seiten, Nr. 10105)
Dänisch-Deutsch (557 Seiten, Nr. 10100)
Beide Teile in einem Band (Nr. 11100)

Englisch
Deutsch-Englisch (638 Seiten, Nr. 10127)
Englisch-Deutsch (672 Seiten, Nr. 10121)
Beide Teile in einem Band (Nr. 11123)

Französisch
Deutsch-Französisch (640 Seiten, Nr. 10156)
Französisch-Deutsch (576 Seiten, Nr. 10151)
Beide Teile in einem Band (Nr. 11151)

Griechisch
Deutsch-Neugriechisch (487 Seiten, Nr. 10216)
Neugriechisch-Deutsch (552 Seiten, Nr. 10210)
Beide Teile in einem Band (Nr. 11211)

Italienisch
Deutsch-Italienisch (606 Seiten, Nr. 10186)
Italienisch-Deutsch (640 Seiten, Nr. 10181)
Beide Teile in einem Band (Nr. 11181)

Niederländisch
Deutsch-Niederländisch (542 Seiten, Nr. 10236)
Niederländisch-Deutsch (527 Seiten, Nr. 10231)
Beide Teile in einem Band (Nr. 11231)

Polnisch
Deutsch-Polnisch (592 Seiten, Nr. 10265)
Polnisch-Deutsch (624 Seiten, Nr. 10260)
Beide Teile in einem Band (Nr. 11260)

Portugiesisch
Deutsch-Portugiesisch (607 Seiten, Nr. 10275)
Portugiesisch-Deutsch (640 Seiten, Nr. 10271)
Beide Teile in einem Band (Nr. 11271)

Russisch
Deutsch-Russisch (604 Seiten, Nr. 10295)
Russisch-Deutsch (568 Seiten, Nr. 10290)
Beide Teile in einem Band (Nr. 11290)

Schwedisch
Deutsch-Schwedisch (526 Seiten, Nr. 10306)
Schwedisch-Deutsch (552 Seiten, Nr. 10301)
Beide Teile in einem Band (Nr. 11302)

Spanisch
Deutsch-Spanisch (511 Seiten, Nr. 10346)
Spanisch-Deutsch (544 Seiten, Nr. 10341)
Beide Teile in einem Band (Nr. 11342)

Tschechisch
Deutsch-Tschechisch (478 Seiten, Nr. 10365)
Tschechisch-Deutsch (576 Seiten, Nr. 10360)
Beide Teile in einem Band (Nr. 11360)

Türkisch
Deutsch-Türkisch (616 Seiten, Nr. 10376)
Türkisch-Deutsch (552 Seiten, Nr. 10370)
Beide Teile in einem Band (Nr. 11371)

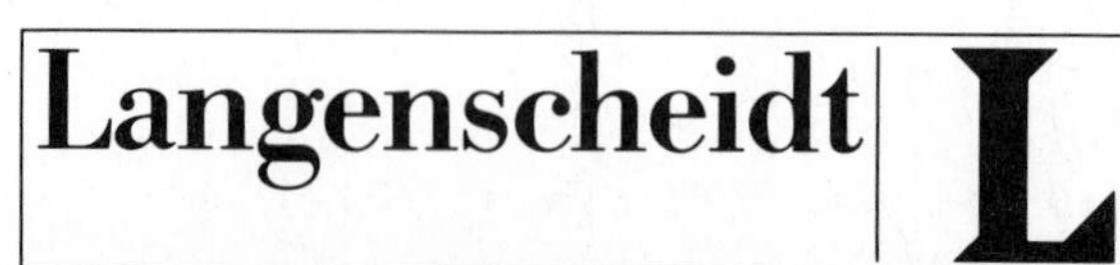